공부 없이 하는 투자는 패도 보지 않고 치는 포커와 같다.

피터 린치

경제적 빈곤은 문제가 아니다.
생각의 빈곤이 문제다.
켄 하쿠다

많은 소득이 행복의 비결이다.
돈 없이 행복하다는 것은 영적 속임수다.

카뮈

투자자는 절대로 빚으로 투자해서는 안 된다.
왜냐하면 빚을 지지 않은 사람만이
자기 생각에 온전히 따를 수 있기 있기 때문이다.

코스톨라니

슈퍼리치들에게 배우는
돈 공부

슈퍼리치들에게 배우는
돈 공부

펴낸날 2021년 1월 10일 1판 1쇄

지은이_신진상
펴낸이_김영선
책임교정_이교숙
교정·교열_남은영, 양다은
경영지원_최은정
디자인_바이텍스트
마케팅_신용천

펴낸곳 (주)다빈치하우스-미디어숲
주소 경기도 고양시 일산서구 고양대로632번길 60, 207호
전화 (02) 323-7234
팩스 (02) 323-0253
홈페이지 www.mfbook.co.kr
이메일 dhhard@naver.com (원고투고)
출판등록번호 제 2-2767호

값 16,800원
ISBN 979-11-5874-099-3

이 도서의 국립중앙도서관 출판예정도서목록(CIP)은 서지정보유통지원시스템 홈페이지(http://seoji.nl.go.kr)와 국가자
료공동목록시스템(http://www.nl.go.kr/kolisnet)에서 이용하실 수 있습니다.(CIP제어번호: CIP2020047010)

MONEY LESSON

슈퍼리치들에게 배우는

돈 공부

신진상 지음

돈의 감각은 타고나는 것이 아니라 길러진다

FROM SUPER RICH

미디어숲

인생에
한 번은 필요한 돈 공부

"우리가 1년 전으로 돌아갈 수 있을까?"

로맨틱 드라마 제목 같은 이 문장이 2020년 3월 이후 신문지상에 많이 오르내리고 있습니다. 이 문장에 들어 있는 의미는 다들 알다시피 바로 코로나19로 우리의 삶이 많이 바뀌었다는 것이죠. 원격 근무, 원격 수업이 빠르게 퍼져 나가고 있고, 모든 일상에 비대면이 자리 잡고 있습니다. 코로나 이전과 이후는 분명 다른 세상입니다.

과연 우리는 1년 전의 세상으로 돌아갈 수 있을까요? 많은 전문가가 '노^{no}'를 넘어 '네버^{never}'라고 답합니다. 설사 치료제와 백신이 개발되더라도 인류는 코로나 이전의 삶으로 절대 돌아갈 수 없을 것이라고 주장합니다. 코로나가 진정되어도 예전처럼 마음 놓고 세계 여행을 다닐 수는 없습니다. 사람들이 많이 모이는 극장, 운동장, 테마파크 등도 여전히 기피 대상일 겁니다. 2차 코로나, 코로나보다 더 센 바이러스는 얼마든지 등장할 수 있기 때문이죠.

제2차 세계대전 이후 세계를 빠른 시간에 급격히 바꾼 코로나는 사람들의 마음마저 바꿔 놓았습니다. 세상이 바뀌면서 달라진 게 또 한 가지 있습니다. 고용과 미래에 대한 불안을 느낀 많은 사람이 주식 시장에 뛰어들고 있다는 것입니다. 이른바 동학개미운동입니다. 예탁금이 사상 처음으로 50조 원을 돌파하고, SK바이오팜이라는 한 기업의 IPO(기업 공개)에 무려 31조 원의 공모금이 모였습니다. (9월 3일에 끝난 카카오 게임즈는 이보다 두 배 가까운 58조원이 몰렸습니다.) 지난 8월 주식시장의 하루 거래대금이 30조원을 처음으로 돌파하기도 했습니다. 대한민국 증시는 매일매일 새 역사를 쓰고 있습니다.

코로나가 지역 사회로 본격적으로 전파되면서 정부는 186조 원의 돈을 새로 찍었습니다. 이 돈은 정부가 강력하게 규제하는 부동산 투자로 흘러간 게 아니라 대부분 증시로 유입되었습니다. 실물 경제가 받쳐주지 않는데 주식 시장만 상승하는 것은 강력한 유동성의 힘 때문이라는 사람도 있습니다. 하지만 그 이후로도 주가는 내려가지 않고 있습니다.

지금까지는 '투자' 하면 부동산, '부동산' 하면 아파트를 떠올렸지만, 이제부터는 모든 국민이 동학 개미가 되어 주식에 관심을 가져야 하는 이유죠. 주식은 부동산보다 국가 경제에 기여하는 바가 훨씬 더 많습니다. 주식 시장이 잘 돌아가야 기업이 잘되고, 수출과 내수 시장 모두 활성화되기 때문이죠. 부동산은 부의 불평등만 심화시키고 거품만 키워 경제 발전에 별로 도움이 안 됩니다. 그런 이유로 현 정부는 적극적으로 주식 시장을 보호하되 부동산 시장은 철저하게 규제하고 있습니다.

현재 주식 시장이 잘 나가는 이유가 있습니다. 그것은 바로 사상 초유의 낮은 금리 때문입니다. 은행에 1억 원을 맡겨 놓아도 한 달에 이자가 20만 원도 안 되는 세상입니다. 은행에 돈을 맡기는 것은 인플레이션을 고려하면 손해입니다.

2020년 대한민국을 이야기하자면 코로나와 주식, 두 단어로 요약됩니다. 모두가 돈을 벌어 경제적 자유를 얻고 싶어 하지만 부자 되기는 갈수록 어려워지고 있습니다. 부자가 되기 어렵다고 지레 단념하기도 합니다. 결정적인 이유는 '시드머니(종잣돈)'가 없어서라는 분들이 많습니다. 돈을 벌려면 종잣돈이 꼭 필요할까요? 투자는 여윳돈이 있어야만 가능한 게 아닙니다. 투자를 못 하는 솔직한 이유는 돈을 모르는 상태에서 세상이 어떻게 바뀔지 미래에 대한 비전 없이 세상과 돈을 대하기 때문입니다. 돈은 공부하면 할수록 눈앞에 선명하게 자기 모습을 드러냅니다. 돈을 벌기 전에 먼저 돈 공부를 하고 투자 시장에 뛰어들어야 하는 이유입니다. 워런 버핏을 비롯해 수많은 투자자가 이구동성으로 하는 말이 있습니다.

"제발 돈 공부 좀 제대로 하고 투자하라!"

돈은 누군가에게 경제적 자유일 수도 있고, 누군가에게 악의 근원일 수도 있습니다. 분명한 사실은 돈이 없으면 고통이 함께한다는 것입니다. 이 책은 돈 때문에 힘들어 하고 돈을 벌고 싶지만 어디서 시작해야 할지 모르는 분들을 위해 쓰였습니다. 돈 이야기를 하지만 돈에 관한 이야기뿐 아니라 인문학, 심리학, 역사학, 정치학, 뇌과학, 4차 산업혁명, 바이오 산업 등 전 분야를 넘나들며 다양한 이야기를 들려 드릴 것입니다. 돈은 경제학으로만 접근해서는 그 실체를 알 수 없고 기술, 정치, 심리 등 다양한 관점에서 봐야 제대로 파악할 수 있습니다.

오크트리캐피털매니지먼트의 회장이자 가치투자의 선도자로 불리는 하워드 막스는 저서 『투자에 대한 생각』에서 투자에 관해 "얼마나 복잡한지 이해한 뒤 서로 다른 측면을 동시에 신중하게 살펴야 하는 철학의 영역"이라고 말했습니다. 투자의 세계에서는 세상 모든 일이 복잡다단하게 얽혀 있습니다. 그것이 부동산이든 주식이든 채권이든 마찬가지입니다.

저는 하워드 막스의 철학을 책에 반영해 복잡한 투자의 실체를 선명하게 밝히고자 노력했습니다. 돈에 대해서 알고 싶은 대한민국의 모든 국민이 부자가 되기 위해 꼭 읽어야 할 내용을 담았습니다. 준비운동으로 독서에 대한 기초체력을 키우는 파트를 제외하면 모두 8단계로 구성됩니다.

스텝 1에서는 돈의 속성과 본질을 파악합니다. 돈에 관한 동서양의 다양한 책들을 읽어 보며 돈이 무엇인지 제대로 알아가는 과정입니다. 지피지기면 백전백승이라는 말을 돈에 비유하자면, 곧 돈은 지피입니다. 돈을 먼저 아는 게 중요하죠.

스텝 2에서는 나를 포함한 인간군에 대해서 알아야 합니다. 그때 필요한 도구는 2가지입니다. 바로 심리학과 뇌과학이죠. 심리학과 뇌과학의 최신 이론에 관한 책과 함께 인간의 욕망을 분석해 봅니다.

스텝 3에서는 인간의 역사에서 돈과 관련된 가장 큰 사건 다섯 가지를 다룹니다. 네덜란드의 튤립 파동에서 2008년 금융 위기까지 탐욕과 두려움은 인류의 역사를 어떻게 바꾸었는지 다룹니다. 세계 경제를 지배하는 유대인도 하나의 사건으로 다룹니다.

스텝 4에서는 내가 살고 있는 대한민국을 이해하는 과정입니다. 이때 돈은 사회학과 정치학의 도움을 받아야 제대로 파악할 수 있습니다. 기본소득과 각자도생이 대립하는 가운데 유튜브, 세대 갈등에 숨어 있는 행간의 의미를 읽는 것이 우리 사회 이해에도 도움이 될 뿐 아니라 돈을 버는 데도 얼마나 요긴한지 밝힙니다.

스텝 5에서는 미국과 중국을 중심으로 유럽과 일본까지 우리가 꼭 알아야 하는 해외 이야기들을 묶었습니다.

우리는 미국과 중국의 영향을 많이 받습니다. 그전까지는 미국과 일본의 영향을 주로 받았죠. 일본의 자리를 중국이 이어받은 셈입니다. 그리고 미국과 중국 중 어느 나라가 우리에게 더 많은 돈을 벌게 해 줄지도 다룹니다.

가장 분량을 많이 할애한 스텝 6에서는 산업 공부를 합니다. 주식으로 돈을 벌려면 기업에 관한 공부가 필요합니다. 개별 기업에 대한 재무제표를 보는 눈도 필요하지만 중요한 건 업황입니다. 어떤 업종이 뜨고 있는지, 앞으로 뜰 것인지를 봐야 합니다.

코로나로 승자는 분명해졌습니다. 언택트라는 별명을 얻었지만 언택트 기업들은 실은 4차 산업혁명의 테마주입니다. 4차 산업혁명의 코어는 인공지능과 빅데이터입니다. 이 주도권을 놓고 중국과 미국이 건곤일척의 대결을 펼치고 있습니다. 중국의 경우 중국 공산당의 생각을, 미국의 경우 애플, 아마존, 구글, 넷플릭스, 테슬라, 페이스북 등 전 세계 '넷심'을 사로잡은 미국 업체가 가진 힘의 원천을 정확하게 꿰뚫고 있어야 돈의 미래가 보입니다.

스텝 7에서는 코로나 이후의 세상 변화에 대해서 다룹니다. 어떤 이는 코로나로 전 세계를 지배해 온 신자유주의 세계화가 끝날 것이라 주장합니다. 반대로 자본주의의 발전을 주장하며 큰돈을 벌 기회라는 이들도 있죠. 저는 두 주장 모두 타당하다고 생각합니다. 미래는 알 수 없기 때문이죠.

스텝 8에서는 이론 공부를 끝낸 뒤 실전 투자에 들어가기 전에 읽으면 좋을 책에 관해 이야기합니다. 지금 주목받는 주식을 중심으로 미국 주식, 부동산, 채권, 금 투자, 달러 투자에서부터 안전한 재테크 수단이라는 보험까지 가능한 모든 투자 수단을 다룹니다. 꼭 코로나 때문이 아니어도, 주식 투자 광풍 때문이 아니더라도 투자 관련 공부는 인생에 한 번은 할 만합니다.

  이 책으로 첫발을 뗄 수 있도록 최선을 다했습니다. 이 책과 함께 돈에 대해 제대로 알고 미래를 읽는 통찰력을 키운 뒤 자신에게 맞는 투자 전략을 세워 경제적 자유를 누리시길 바랍니다.

신진상

'돈이 보이는 책 읽기'는 인간의 삶에 가장 큰 영향을 주는 돈 이야기를 하며
돈에 대한 감각을 키우자는 것이 목적입니다. 돈의 역사에서 돈에 지배당하는
인간의 심리를 공부한 뒤 돈을 움직이는 정치에 대해서도 전문가가 되어야 합니다.
돈과 돈의 맥락에 대해서 배웠다면 실제 돈을 벌어다 주는 업종,
특히 코로나 이후 주목받는 미래의 성장 산업을 공부해야 합니다.

STEP
00

돈이 보이는
책 읽기란
무엇일까?

OPENING THE DOOR TO GETTING RICH

돈은 누군가에게는 생존이며 누군가에게는 버티는 수단이고 누군가에게는 계획입니다. 돈을 벌고 싶다면 일단 돈이 무엇인지부터 알아야 하는데 책으로 하는 돈 공부인 만큼 어떤 책을 어떻게 읽어야 하는지를 다룹니다. 일단 '돈이 보이는 책 읽기'가 무슨 의미인지부터 살펴보고, 슈퍼리치들이 부를 축적한 그 시작이 책 읽기에 있음을 다시 한 번 확인해 봅니다. 워런 버핏을 비롯해 세계적인 투자자들의 공통점이 책을 즐겨 읽는다는 것입니다. 그렇다고 하루하루 바쁘게 살아가는 현대인에게 세상에 있는 모든 책을 읽으라고 할 수는 없는 노릇이니 돈 공부에 필요한 책이 무엇인지, 읽어야 하는 책들을 나이별로 소개합니다. 그리고 책을 어떻게 읽어야 하는지 그 방법도 소개합니다.

"그 시간에
책이나 읽어라!"

세계 1% 슈퍼 부자들이 가지고 있는 부의 원칙을 명쾌하게 정리한 『더 리치』에서는 우리 사회를 구성하는 사람들을 소득 기준으로 극빈층, 저소득층, 중산층, 고소득층, 초고소득층 등 5가지로 구분합니다. 저자 키스 캐머런 스미스에 따르면 이들은 돈에 대한 관념이 다르다고 합니다. 극빈층에게 돈은 곧 생존입니다. 저소득층은 돈을 보면 어떻게 한 주를 버틸지를 고민하죠. 중산층도 마찬가지입니다만 시간의 단위가 다릅니다. 한 달입니다. 이들은 생존을 넘어 안정적인 삶을 추구합니다.

고소득층은 돈에 대한 관념부터 다릅니다. 1년 단위로 어떻게 살지 재무 계획을 세웁니다. 초고소득층은 무려 10년 단위로 삶의 계획을 세웁니다. 이들이 세운 계획의 결과는 경제적 자유죠. 돈은 누군가에게는 생존이며 누군가에게는 버티는 수단이고 누군가에게는 계획입니다.

　

'돈이 보이는 책 읽기'란 무슨 의미일까요? 아니, 다양한 이유 중에 하필 돈 때문에 책을 읽어야 할까요? 그렇다면 돈을 벌기 위해 왜 책을 읽어야 할까요?

우선 두 번째 질문에 대한 답부터 하겠습니다. 성인이 책을 읽는 이유는 다양합니다. 자기계발을 위해서, 지식과 정보를 얻기 위해서, 공감하고 싶어서일 수도 있습니다. 진정한 자아를 찾는 과정일 수도 있죠. 순수하게 재미를 위해 읽을 때도 있습니다. 그러나 돈 때문에 책을 읽는다? 이건 좀 아니라고 생각하는 분도 있을 텐데요. 코로나로 인한 경기 침체가 심각해지면서 경제적 어려움을 겪는 사람들이 많아졌습니다. 돈이 없을수록 돈 때문에 받는 고통의 정도는 훨씬 더 배가될 수밖에 없습니다.

지금까지는 돈에 관한 공부는 스스로 알아서 할 수밖에 없었습니다. 코로나로 인해 세계 경제가 휘청거리고, 미국 연방준비제도가 달러를 마구 찍어서 뿌리고 있고, 그에 따라 실물 경제가 최악인데 미국 주가지수는 '지붕 뚫고 하이킥' 중입니다. 왜 이런 일이 벌어질까요? 돈에 대해 알면 왜 이런 현상이 일어나는지 정확히 알고 어떤 선택과 대응을 해야 할지 정할 수 있습니다. 그러나 돈을 모르면 이런 일들은 나와는 상관없는 일로 치부하며 찾아오는 기회도 자연스럽게 날려버립니다.

돈 공부를 제대로 해야 합니다. 대한민국 상위 1%는 저절로 부자가 된 게 아닙니다. 돈을 벌기 전에 이미 돈 공부를 마쳤습니다. 주식 투자로만 100억 원을 번 개미 투자자 '선물주는산타'는 저서 『선물주는산타의 주식투자 시크릿』에서 투자에 관심이 있다면 무조건 네 권의 책부터 읽고 투자에 임해야 한다고 주장합니다. 그가 권하는 네 권의 책은 다음과 같습니다.

1) 벤저민 그레이엄의 『현명한 투자자』
2) 윌리엄 오닐의 『최고의 주식 최적의 타이밍』
3) 랄프 웬저의 『작지만 강한 기업에 투자하라』
4) 필립 피셔의 『위대한 기업에 투자하라』

돈 공부는 인터넷 뉴스와 유튜브로도 할 수 있지만, 가장 좋은 방법은 활자를 통해서입니다. 책으로 하는 공부는 인터넷으로 할 때보다 훨씬 체계적이고 깊이가 있습니다. 읽으면서 생각하고 정리할 수 있으며, 더 궁금한 점은 인터넷에서 찾아 돈에 대한 어렴풋한 지식을 살아 있는 지식으로 바꿀 수 있습니다.

책 한 권 한 권에는 저자의 경험과 지식이 집약되어 있습니다. 유튜브로 들은 풍월은 이 말도 진리 같고 저 말도 진리 같습니다. 판단도 누가 대신 해 주기를 바라게 되죠. 그러나 책으로 읽은 지식은 정보들을 취합해 자신에게 유리한 선택을 할 수 있도록 합니다.

이제 첫 번째 질문에 대한 답입니다. '돈이 보이는 책 읽기'는 인간의 삶에 가장 큰 영향을 주는 돈을 책으로 공부하고, 돈에 대한 감각을 키우는 것에 그 목적을 두고 있습니다. 돈을 벌기 위해서는 먼저 돈에 대해 알아야 합니다. 돈의 역사에서 돈에 지배당하는 인간의 심리를 공부한 뒤 돈을 움직이는 정치에 대해서도 전문가가 되어야 합니다. 그리고 돈과 돈의 맥락에 대해서 배웠다면 실제 돈을 벌어다 주는 업종, 특히 코로나 이후 주목받는 미래의 성장 산업을 공부해야 합니다.

워런 버핏과 더불어 살아 있는 월 스트리트의 신화로 불리는 전설적인 투자자 피터 린치는 "공부 없이 하는 투자는 패도 보지 않고 치는 포커와 같다."고 말했습니다. 그는 마젤란 펀드를 2,000만 달러에 인수한 후 13년간 운영하며 700배에 달하는 140억 달러의 회사로 성장시킨 주인공입니다. 펀드매니저로 재직하는 동안 1만 5천 개에 달하는 주식에 투자했습니다. 그에 따르면 주식 투자 능력에 유전적 요소 따위는 없습니다. '나는 타고난 투자 감각이 없어서 손실을 봐.'라고 투덜대는 사람들에게 린치는 한마디 합니다.

"그 시간에 책이나 읽어라!"

다독가인 세계의 부자들

워런 버핏은 부자가 되는 꿈을 품고 열한 살 때부터 동네 도서관에서 책을 읽기 시작했으며 지금까지 취미는 단 하나 '독서'라고 합니다. 최근 투자한 애플의 주가가 급등해 자산 규모가 100조 원을 향해 달려가는 90세의 투자자 워런 버핏은 자신의 부는 한 권의 책에서 시작되었다고 합니다.『워런 버핏 바이블』이란 책을 보면 버핏이 얼마나 독서에 빠져 있는지 알 수 있습니다.

저의 투자에 관한 생각 대부분은 내가 1949년(19세)에 산 그레이엄의 저서『현명한 투자자』에서 배운 것입니다. 이 책을 읽고서 내 인생이 바뀌었습니다. 나는 이 책을 읽기 전에는 투자의 세계에서 방황하면서 투자에 관한 글을 닥치는 대로 읽었습니다. 나는 여러 글에 매료되었습니다. 그래서 차트에 손대기도 하고, 시장 지표를 이용해서 주가 흐름을 예측하기도 했습니다. 증권사 책상에 앉아 시세 테이프가 적혀 나오는 모습을 지켜보기도 하고, 해설자 말에 귀를 기울이기도 했습니다. 모두 재미있었지만 아무 성과도 없다는 생각을 떨쳐버릴 수가 없었습니다.

하지만 이 책『현명한 투자자』는 그리스 문자나 복잡한 공식도 없이 아이디어를 우아하면서도 이해하기 쉬운 산문으로 논리정연하게 설명해 주었습니다. 나중에 나온 개정판의 8장과 20장에서는 핵심 포인트를 설명해 주었습니다. 이 핵심 포인트가 오늘날 나의 투자 판단을 이끌어 주고 있습니다.

선물주는산타와 워런 버핏에게 돈의 뮤즈와 같았던『현명한 투자자』는 다음 장에서 거론하고, 이번 장에서는 지금 현재의 부자들과 역사 속 부자들은 어떤 책을 읽었는지를 살펴보겠습니다.

워런 버핏의 가장 친한 친구이며 세계 최고 부자 순위에서 1위를 수십 년 동안 차지한 마이크로소프트의 창업자 빌 게이츠는 자신을 키운 건 도서관의 책들이라고 말하는 독서 예찬론자입니다. 그는 마이크로소프트 회장으로 재임했을 때부터 휴가 기간엔 책을 읽으며 통찰력을 키우고 책에서 배운 교훈을 직원들과 공유합니다. 시가총액 1조 5천억 달러를 돌파한 오늘의 마이크로소프트는 책 읽는 빌 게이츠와 CEO에게서 영향을 받아 독서를 즐긴 직원들이 함께 만들어낸 결과물입니다.

인류 역사상 가장 돈이 많았던 역사 속 최고의 부자는 석유 재벌 록펠러입니다. 록펠러의 재산은 현재 가치로 환산하면 빌 게이츠보다 세 배나 더 많습니다. 록펠러는 아버지의 외도로 생계를 책임진 어머니의 영향을 많이 받으며 성장했습니다. 그의 어머니는 매일 성경에 나오는 교훈을 록펠러에게 들려주었습니다. 어머니는 무엇보다도 독서 습관을 강조했죠. 그는 사랑하는 어머니의 영향으로 책을 읽기 시작했고, 읽은 내용을 깊이 생각하는 습관과 남을 탓하기보다는 자신을 돌아보는 지혜가 생겼습니다. 독서를 통한 자기계발은 부의 법칙을 알게 하는 힘이 되었죠.

록펠러와 함께 19세기 미국 역사상 최고의 부자로 기록되는 철강왕 앤드루 카네기 또한 독서의 힘으로 부를 쌓을 수 있었습니다. 집이 가난해 학교에 다니지 못하고 어린 나이에 기술자가 된 카네기는 펜실베이니아 철도회사에 전보 기사로 취직했습니다. 정규 교육은 받지 못했지만, 카네기는 열심히 책을 읽어 지식을 넓혀 갔습니다. 책은 주로 동네의 사설 도서관에서 빌려 보았습니다. 그때의 독서가 앤드루 카네기 일생의 지적 바탕이 됐습니다. 카네기는 책을 빌려준 당시 도서관에 감사해 부자가 된 이후 엄청난 수의 공공 도서관을 짓는 데 많은 기부를 했습니다.

2020년 11월 현재 미국 주식에서 가장 뜨거운 종목은 전기차 회사 '테슬라'입니다. 8월에 액면분할하면서 주가는 더욱 올랐죠. 13년 동안 적자를 본 회사, 영업이익 대부분이 차를 팔아서 낸 이익이 아니라 탄소 배출권 거래로 얻은 이 회사에 사람들은 무엇을 보고 투자하는 걸까요? 바로 리더인 '일론 머스크'를 보고 투자하는 겁니다. 머스크는 여러 면에서 애플의 창업자인 스티브 잡스를 떠올리게 합니다. 돈을 벌려고 사업을 하는 게 아니라 '혁신하고 변화시키고 세상을 바꾸기' 위해 사업을 한다는 점에서 두 사람의 목표가 비슷하죠.

또 한 가지 비슷한 점은 독서광이라는 사실입니다. 일론 머스크는 하루에 책 두 권을 읽는 책벌레입니다. 그는 『반지의 제왕』이나 『은하수를 여행하는 히치하이커를 위한 안내서』, 아이작 아시모프의 『파운데이션』 같은 SF 판타지 소설부터 닉 보스트롬의 AI 미래 보고서 『슈퍼 인텔리전스』, 그리고 스웨덴의 물리학자 막스 태그마크의 『라이프 3.0』 같은 미래지향적 책까지 전방위로 읽습니다.

『테슬라 모터스』의 저자이자 미국의 전기차 전문지의 편집장인 찰스 모리스는 자신의 책에서 일론 머스크의 최대 장점을 '미래를 내다보는 선견지명'이라고 말합니다. 그는 믿기 힘들 정도로 야심

찬 목표를 생각해 내고, 그 목표를 달성하는 데 필요한 모든 중간 단계들에 초지일관 집중하는 능력이 있습니다. 늘 끝을 생각하며 시작하는 사람이죠. 머스크의 이런 능력은 타고난 측면도 있겠지만 1만 권 이상의 책을 읽은 다독가로서의 경험도 크게 작용하고 있습니다.

부자들은
읽고 또 읽는다

닷컴 버블이 한창이던 2000년대 초반의 이야기입니다. 우리말로 는 다 같은 시스코인데 알파벳 철자가 다른 두 기업이 있습니다. 하 나는 대표적인 기술주 시스코(Cisco)죠. 다른 시스코(Sysco)는 구 내식당에 음식료를 제공하는 회사로 1970년대에 미국 증시에 상 장했습니다. Cisco는 처음 IPO를 했을 때 주식을 보유했다면 무려 103,677%, 연평균 217%라는 경이적인 수익률을 보이면서 보유자 에게 돈벼락을 맞게 했습니다. Cisco는 수익률 대비로 무려 219배 에 거래된 적이 있습니다.

반면 Sysco는 시장 평균 PER인 31배보다 낮은 26배에서 거래되 었습니다. 미래 가치를 더 중시하는 투자 시장에서는 이해가 가는 일이죠. 그런데 기업의 재무제표를 분석하면 놀라운 사실이 발견 됩니다. Cisco의 수입은 영업해서 번 돈이 아니라 M&A를 통해 늘어났다는 거죠. 그리고 이익의 3분의 1은 사업에서 나온 게 아니라 임직원에게 교부된 스톡옵션에 대한 세금 우대 조치에서 나왔습니다. 반면 Sysco는 빛나지는 않지만 제대로 돈을 버는 회사로 Cisco와 달리 배당률을 꾸준히 올렸습니다. 운명의 수레바퀴는 Cisco의 대참사로 이어졌습니다. 인수 실패로 구조조정 비용이 해마다 십수억 달러가 발생했습니다. 그에 따라 닷컴 대폭락 때 비정상적으로 높았던 주식의 거품은 폭삭 빠졌죠. 반면 Sysco는 착실히 영업해서 Cisco가 폭락하는 동안 꾸준히 상승해 같은 기간 56%의 수익률을 보였습니다. 실제 눈에 보이는 게 전부가 아니라는 걸 알려 주는 대표적인 사례입니다.

주식 투자서의 성경이라 불리는 『현명한 투자자』는 워런 버핏의 스승이며 현대 투자 기법을 창시한 벤저민 그레이엄의 49년 명저입니다. 그가 살아 있는 동안(1894~1976) 개정판이 꾸준히 나왔고 2000년대 이후에는 투자 평론가 제이슨 츠바이크가 2000년대 기술주 폭등과 폭락의 경험을 토대로 벤저민 그레이엄의 이론에 대한 논평을 추가한 버전이 공개되었습니다. 그레이엄이 쓴 20개의 투자 원칙과 츠바이크가 현재의 시각에서 그의 지적이 얼마나 예리하고 통찰력이 살아 있는지 보여 주는 20개의 논평을 덧붙인 것입니다.

그레이엄은 투자자이자 학자, 존경받는 인물이라는 세 마리 토끼를 잡은 몇 안 되는 인물입니다. 돈을 많이 벌면서 학식도 인정받고 인간적으로도 존경받은 사람이니까요. 문학적 재능도 뛰어나 브로

드웨이에서 공연까지 했던 희곡을 쓴 적도 있습니다.

그레이엄의 투자 원칙은 철저한 분석 아래 원금의 안전과 적절한 수익을 보장하는 것이고, 이러한 조건을 충족하지 못하는 것은 투기라고 분명히 구분합니다. 자신의 책이 투기의 목적으로 읽혀서는 안 된다는 점을 분명히 밝힌 거죠.

그레이엄이 묘사하는 '현명한 투자자'는 방어적인 투자자, 소극적인 투자자를 뜻합니다. 그가 주장한 '안전마진'의 원칙이 잘 설명해 줍니다. 안전마진은 한마디로 '위험은 적고 기대수익은 높은 것' 또는 '비싸지 않게 사는 것'을 뜻합니다. 그가 이렇게 보수적인 투자를 투자자들에게 바라는 것은 인간은 그 누구도 미래를 예측하지 못하기 때문입니다. "투자의 미래는 항상 미지의 세계이다.", "가운뎃길이 가장 안전한 길이다." 등의 표현에서 그의 조심성을 알 수 있습니다. 그가 분석하기에 미국 증시에서 최고의 성과를 보인 30개 종목은 예측 불가가 답이었답니다.

그는 앞서 시스코의 사례처럼 "상식 밖의 숫자를 너무 좋아하지 말라."고 경고합니다. 그리고 현명한 투자자의 제1원칙으로 '읽기'를 강조합니다. 주식을 사기 전에 항상 위임장을 읽어라. 그리고 재무제표를 읽고 주석을 읽고 또 읽어야 합니다. 특히 기업들은 자신들에게 부정적인 사실은 되도록 뒤에 숨기는 경향이 있으니 뒤부터 꼼꼼히 읽어야 합니다. 그래야 투자에 실패하지 않습니다. 그레이엄이 만나는 월 스트리트에는 사기꾼, 거짓말쟁이, 도둑이 너무나 많습니다. 그에 따르면 월 스트리트는 기쁨에 들뜬 동화의 나라입니다. 그러나 대박 한 명을 위해 쪽박 수백 명이 나오는 현실에서 사람들은 자신이 대박이 아닌 나머지 수백 명 중의 한 명이 될 거라고는 상상하지 못합니다.

현명한 투자자가 되려면 '상식'부터 회복해야 합니다. 투자자는 기업을 경영하는 경영자의 마인드로 회사를 봐야 제대로 된 종목을 골라 안정적인 수익률을 올릴 수 있습니다. 그레이엄에 따르면 이 세상에 좋은 주식이나 나쁜 주식은 없으며 싼 주식과 비싼 주식이 있을 뿐입니다. 최고의 우량 주식도 너무 비싸면 팔아야 하고, 최악의 주식도 너무 싸면 살 만한 가치가 있는 것이지요. 기술주, 미래주, 바이오주 이런 것들에 너무 기대를 걸어서는 안 됩니다. 그레이엄의 말 중에서 다음은 정말 공감이 가는 표현이었습니다.

"희귀 암 치료제를 개발한 회사와 일반 쓰레기를 처리하는 새로운 방법을 개발한 회사 중에서 어떤 주식이 더 오를 것 같은지 스스로에게 물어보라. 암 치료제는 대부분 투자자에게 훨씬 흥미롭게 보일 것이다. 그러나 쓰레기를 처리하는 새로운 방법이 아마도 더 큰 돈을 벌게 할 것이다."

언론은 신약 신기술 찾기에 혈안이 되어 있습니다. 언론이 띄운 기업치고 제대로 잘되는 경우가 없습니다. 그가 오죽하면 이런 말을 했겠습니까. "자주 뉴스를 보는 투자자들은 전혀 보지 않는 투자자들보다 절반의 이익을 거둔다." 그는 현명한 투자자가 되는 데 필요한 것은 높은 지능이 아니라 감정을 통제하고 관리할 수 있는 자제력이라고 말합니다.

그레이엄은 현명한 투자자가 되기 위한 기준을 다음의 7가지로 제시합니다. 적정한 규모, 이익의 안정성, 배당기록, 적정한 주가수익비율$^{Price\ earning\ ratio,\ PER}$이 평균 15배가 넘어가지 않는 주식으로 한정할 것, 그리고 적정한 주가순자산비율^{PBR}(그레이엄은 1.5배가 넘지 않을 것을 권유합니다) PER에 PBR을 곱하고 그 결과치가 22.5인지를 보고, 예습하고, 이웃을 확인할 것이 바로 그것입니다.

리스크 관리가 중요한 만큼 현명하지 못한 일반 투자자들은 이 말을 꼭 귀담아들어야 합니다.

"전체 주식 투자 자금의 90%는 인덱스펀드에 투자하고, 나머지 10%는 자신이 선택한 종목을 위해 남겨 두라."

나이별
재테크 책 고르기

『현명한 투자자』 외에도 시중에는 어마어마할 정도로 많은 재테크 책들이 있습니다. 주식, 부동산과 나머지 금융상품의 비율을 보면 부동산과 주식 책이 압도적으로 많고 그 밖의 금융상품 관련 책들은 10% 내외입니다. 부동산 책과 주식 책을 비교하면 2019년까지는 6 대 4의 비율로 부동산 책이 많았고 서점 매대도 점령했는데 정부의 부동산 가격 안정화 정책 그리고 천정부지로 치솟고 있는 주가 때문에 상황이 달라졌습니다. 지금은 주식 관련 책이 부동산보다 훨씬 많습니다.

이런 궁금증이 들 수 있습니다. 돈을 벌려면 재테크 책만 읽어야하나? 아닙니다. 『선물주는산타의 주식투자 시크릿』의 저자는 "획기적인 투자 마법이 있지 않을까 하며 주식 책만 뒤적이기보다는 다양한 분야의 책을 읽고 세상을 깊이 바라보는 통찰력을 기르는 것이 더 이롭다."고 말합니다. 인문학 동향과 정치, 외교, 경제 현안들을 관심 있게 지켜보며 세상 돌아가는 일에 주의를 기울일 때 좋은 투자 기회를 맞이할 가능성이 크다는 것입니다. 『부의 확장』, 『부의 인문학』 등 베스트셀러를 쓴 브라운스톤도 비슷한 이야기를 합니다. 브라운스톤은 재테크 책 외에 인문학, 철학, 심리학 관련 책을 닥치는 대로 읽는 스타일입니다. 그래서 세상을 보는 눈을 키워서 세상의 부를 자기 친구로 만들 수 있었다고 고백합니다.

하지만 세상의 모든 책을 읽을 시간이 누구에게나 허락되는 것은 아닙니다. 20대 후반 이상의 직장인이나 자영업자들은 일하는 시간이 길어 투자 소득을 올리려면 따로 시간을 내야 합니다. 나이에 따라, 처한 상황에 따라, 지향하는 목표에 따라 읽을 책들이 조금씩 달라야 하는 이유가 바로 여기에 있지요. 모든 책을 읽기에는 시간이 부족한 만큼 자신에게 적합한 책을 가려 읽어야 합니다.

20대는 막 사회생활을 시작하는 세대입니다. 이때는 재테크 분야, 인간관계의 지혜를 다룬 처세술, 자기계발서를 1:1:1 비율로 읽고 독서 포트폴리오를 구성하면 좋습니다. 돈 버는 것 자체에 대한 적응과 훈련도 중요하지만 사회생활을 시작하면서 학교나 가정과는 전혀 다른 세계와 만나기 때문입니다.

코로나 이후 언택트 시대에 재택근무가 늘면서 인간관계에서 받는 스트레스가 과거보다 줄긴 했지만 여전히 큰 비중을 차지합니다. 어떻게 사람을 만나고 어떻게 위기와 갈등을 극복해야 하는지를 들려주는 책들이 좋습니다.

100년이 지난 지금도 여전히 유효한 데일 카네기의 『인간관계론』과 『자기관리론』을 추천합니다. 그리고 재테크 관련 책은 실전 경험을 바탕으로, 직장 생활을 하며 재테크를 할 수 있는 방법을 알려 주는 책들이 좋습니다. 예를 들어 『맘마미아 월급 재테크 실천법』 등이 있습니다.

30대는 가족을 이루는 시기로 내 집 마련과 같은 구체적인 목표를 세우는 시기입니다. 한마디로 목돈이 필요한 시점이어서 이때부터는 재테크 관련 도서의 비중을 2분의 1로 늘립니다. 30대에 가장 좋은 재테크 수단은 역시 '주식'입니다. 주식을 제대로 공부하는 게 좋습니다. 주식은 부동산보다 더 많이 공부해야 합니다. 업황, 즉 산업을 공부하는 게 한 가지 축이고, 시장에서 기업의 성장 규모는 어떨지 등을 알아야 합니다. 앞서 언급한 『선물주는산타의 주식투자 시크릿』이나 『주식 투자 무작정 따라 하기』 같은 입문서로 시작하면 좋습니다.

40대는 수많은 사람이 인생의 갈림길에 서서 직장 대신 자영업을 선택하는 시기입니다. 직장에 계속 남아 있다면 가장 많은 수입을 올리는 시기이지요. 자영업을 하든 직장에 남아 있든 어느 정도 목돈을 굴리는 시점입니다. 자기 집을 마련했다면 더 큰 집으로 이사하고 싶은 욕망도 생깁니다. 이 시기에는 부동산과 주식 관련 책을 비슷한 비율로 읽고 포트폴리오를 구성하길 권합니다. 부동산 책으로는 현대판 고전이 된 『아기곰의 재테크 불변의 법칙』, 『싱글맘 부동산 경매로 홀로서기』, 『나는 부동산 경매로 17억 벌었다』를 추천합니다. 주식의 경우 조금 더 전문적인 책으로 버턴 말킬의 『랜덤워크 투자수업』, 워런 버핏의 말과 글을 분석한 『워런 버핏 바이블』, 피터 린치와 언론인 존 로스차일드가 같이 쓴 『전설로 떠나는 월가의 영웅』을 추천합니다. 고수의 전기만큼 투자에 실질적으로 도움이 되는 책은 없습니다.

50대는 은퇴의 시기입니다. 은퇴 이후를 본격적으로 준비하기 위해서는 은퇴 이후의 자산 관리를 돕는 책이 필요합니다. 부동산과 주식 외에 연금, 채권 등에도 관심을 가질 시기죠. 사업을 한다면 젊은이들의 심리나 사회 현상을 분석하는 책도 읽을 필요가 있습니다. 50대 이후 은퇴하면 사회적 네트워크가 줄어들고 자신과 비슷한 생각을 하는 사람들끼리만 어울리는 경향이 있습니다. 50대 이후에 꾸준히 소득을 만들어 내기 위해서는 급격히 줄어드는 현금 유동성을 늘려야 합니다. 추천하는 책은 우리보다 앞서 고령화와 대량 은퇴를 경험한 일본의 은퇴 전략을 전문적으로 연구한 김응철의 『연금밖에 없다던 김부장은 어떻게 노후 걱정이 없어졌을까』, 모두 다섯 권으로 출간된 미래에셋의 은퇴 설계 총서 같은 책들을 추천합니다.

어떻게
읽어야 할까?

이 세상에는 책을 읽는 다양한 방법이 있습니다. 우선 다독과 정독으로 나눌 수 있습니다. 다독은 읽은 책의 숫자를 늘리는 것이고 정독은 읽은 책의 권수보다 내용을 꼼꼼히 곱씹으며 자세하게 읽는 것을 말합니다. 무조건 많이 읽는 게 좋을까요? 양보다 질을 추구하는 전략이 좋을까요?

주식이든 부동산이든 투자에 처음인 분들은 투자하기 전에 되도록 많은 책을 읽는 것이 좋습니다. 대부분의 성공한 투자자들은 투자와 독서를 병행한 경우보다 집중적으로 책을 읽은 후 투자한 경우가 많기 때문입니다. 투자에도 기초 체력이 필요한데, 바로 '책으로 하는 돈 공부'입니다. 투자에 관심이 생기면 3개월이면 3개월, 6개월이면 6개월 기간을 정해 두고 일단 주식, 부동산, 채권 등 가리지 않고 재테크에 관한 책들을 읽고 투자에 나서는 게 좋습니다.

'정독'은 어떨 때 도움이 될까요? 책에 따라 선택할 문제입니다. 그리고 하루 종일 책에 집중할 여유가 있느냐가 두 번째 변수입니다. 워런 버핏, 피터 린치, 버턴 말킬, 필립 피셔, 켄 피셔, 하워드 막스 같은 거장들의 책은 충분히 시간을 갖고 정독하는 것이 바람직합니다.

'다독'은 지나치면 '남독'이 됩니다. 남독은 재테크, 소설 등 분야를 가리지 않고 닥치는 대로 읽는 방법이죠. 저는 사실 남독 지상주의자였습니다. 경제, 경영, 과학, 기술, 역사, 문학, 철학, 심리학, 의학 가리지 않고 1년에 1,000여 권씩 닥치는 대로 읽었거든요. 물론 제가 읽는 방식은 꼬리에 꼬리를 물면서 이어 읽기하는 계독으로, 남독과는 조금 다릅니다. 저처럼 활자 중독에 빠진 사람들에게는 남독이나 계독도 좋은 독서법이 될 수 있지만 책 읽고 강의하는 일이 직업이 아니라면 절대 권하지 않는 방법입니다.

돈은 벌고 싶지만 시간이 없다면 '발췌독'과 '통독'을 권합니다. 발췌독은 필요한 부분만 골라서 띄엄띄엄 읽는 겁니다. 책에서 나에게 필요한 부분만 골라서 읽는 주도적인 읽기 방법입니다. 돈 공부를 위한 책 읽기는 처음부터 끝까지 숙독하는 것만이 능사가 아닙니다. 고등학생이 수능 국어를 공부하듯이 재테크 투자 책을 읽는 방법도 나쁘지는 않지만 투자 대비 효율이라는 관점에서 권장할 만하지는 않습니다.

발췌독과 비슷한 방법으로 통독이 있습니다. 목차와 서문 등은 꼼꼼히 읽고 책의 본문은 대강 읽는 방식입니다. '대충 이런 내용이

구나.' 이런 느낌을 받으면서 읽는 거죠. 어려운 책, 재테크 책인데 수식과 공식이 나와 이해가 안 되는 책들은 통독이 좋습니다.

마지막으로 소리 내서 읽는 '낭독'이 있습니다. 낭독은 시를 읽을 때 주로 사용하는 방법입니다. 독서 토론 등의 모임에서 책을 같이 읽을 때 사용하는 방법이기도 합니다. 저는 재테크 책에도 낭독이 필요하다고 생각합니다. 아주 중요한 부분, 재테크에 통찰력을 주는 문장들을 소리 내어 읽으면 자신의 지식으로 내면화할 기회가 됩니다. 유튜버들 중에는 책에서 감명받은 부분을 직접 읽으며 동영상을 만들기도 하는데, 그렇게 소리를 내서 읽은 글들은 좀 더 강렬하게 기억에 남습니다.

책을 읽으면서 메모를 남기는 메모 독서도 성인 독서에 어울립니다. 메모 독서는 다산 정약용 선생님이 즐겨 사용한 독서법입니다. 그는 책의 빈 곳에 메모했을 뿐만 아니라 중요한 내용을 수집하기 위해 초서를 사용했습니다. 초서란 책을 읽다가 중요한 구절이 나오면 발췌해서 옮겨 적는 것입니다. 초서 독서법이 있었기에 다산은 500권에 가까운 명저를 후세에 남길 수 있었습니다.

저도 여러분에게 나만의 투자 독서라는 메모장을 권합니다. 부동산, 주식, 기타 금융상품 등으로 분야를 나눠 읽은 책의 핵심을 요약하거나 투자에 꼭 필요한 대목 등을 직접 적어보면 어떨까요? 나중에 이를 다듬어서 블로그나 브런치 등에 올려 애독자가 많아지면 책으로 출간할 기회도 생깁니다.

『부의 대이동』의 오건영은 손글씨 독서를 권합니다. 예를 들어 환율처럼 헷갈리기 쉬운 경제 개념은 책을 읽을 때 큰 소리로 "환율이 오르면" 하면서 손으로는 '원화 가치 상승'이라고 쓰는 식이죠. 경제나 주식이나 금융이 술술 읽히는 단계에 접어들기 전까지는 어느 정도 훈련이 필요하고 그때 메모 독서는 큰 도움을 줍니다.

그렇다면 이제 본격적으로 돈에 관해 이야기해 볼까요?

돈에 관한 공부는 결국 자유에 관한 공부이며 행복에 관한 공부이면서
동시에 사랑에 관한 공부이기도 합니다. 내가 자유를 얻고 행복해지기 위해서
그리고 가족에게서 사랑을 받고 또 그 사랑을 줄 수 있도록
돈의 본질을 공부하는 것은 필요합니다.

슈퍼리치에게
배우는
돈의 속성

OPENING THE DOOR TO GETTING RICH

OPENING THE DOOR
TO GETTING RICH

부자가 되는 가장 좋은 방법은 부자의 삶을 관찰하고 배우는 겁니다. 부자가 된 사람들이 돈에 대해서 어떤 태도를 보였는지를 이해하는 것이 먼저 할 일입니다. 돈에 대해서는 부자에게서 배우는 게 가장 확실하죠.『돈의 속성』저자에게서 돈에 대해 배우고, 경제 전문가들에게서 돈의 감각을 키우는 방법을 배우며 돈이 인생에서 어떤 의미가 있는지를 파악해 봅니다. 그리고 투자만으로 세계 최고의 부자가 된 워런 버핏의 돈 버는 방법을 알아봅니다. 이어서 돈을 버는 데 필요한 인내력과 운의 역할에 대해서 이해하고 돈 공부에서 가장 기초적이고 중요한 금리를 같이 공부해 봅니다.

돈이란
무엇인가?

'돈은 인격체다.'

'규칙적으로 들어오는 돈의 힘이 더 세다.'

'돈은 중력을 갖고 있다.'

'돈은 스스로 매년 덩치를 키우는 복리의 괴물이다.'

'내 돈을 대하는 태도로 남의 돈을 대할 때 세상의 돈은 내 돈이 될 수 있다.'

돈에 대해 얼마큼 알고 있나요? 이건 누구나 아는 거라고요? 그렇다면 다음 주장은 어떤가요?

"돈은 아인슈타인의 상대성 이론을 따른다. 돈은 액수와 출처에 따라 시간이 각기 다르게 흐르기 때문이다. 시간은 돈의 주인에 따라 시간이 다르게 흐르고 같은 주인이라도 다른 시간을 가진 돈이 있다. 시간이 많아 천천히 흐르는 돈은 같은 투자에 들어가도 다른 돈이 자리를 잡을 때까지 의젓하게 잘 기다린다. 그러나 시간이 없는 조급한 돈은 엉덩이가 들썩거려 다른 돈을 사귈 시간이 없다. 시간이 많아야 친구도 사귀고 연애도 하고 아이도 낳듯이 부자가 되는 길도 마찬가지다. 신기한 것은 시간이 많은 돈이 만들어 낸 돈은 모두 다 같은 자식이라서 다시 또 시간이 많은 돈을 낳는다. 부자가 되기 위해 가장 필요한 조건은 이와 같은 돈의 속성을 알아서 빨리 부자가 되려는 마음을 버리는 일이다."

　얼마나 멋진 비유입니까? 이 정도면 돈의 속성이 아닌 돈의 과학, 돈의 철학이라고 불러도 지나치지 않습니다. 20대 중반에 미국으로 이민 가 맨몸으로 사업을 시작해 4천억 자산가로 성장한 스노우폭스 김승호 회장의 『돈의 속성』은 돈이 무엇인지 돈에 대해 어떤 철학을 갖고 있어야 부자가 되어 경제적 자유를 누릴 수 있는지 기초부터 알려주는 일명 부자판 『수학의 정석』과 같은 책이라 할 수 있습니다. 그에 따르면 부자가 되고 싶은 사람은 2가지 공부가 필요합니다. 하나는 부자를 만들어 주는 돈의 속성을 제대로 배우는 것이고, 다른 하나는 그 돈을 불리는 방법입니다. 후자의 방법에는 사업이나 투자가 있습니다.

　한국과 미국을 통틀어 8개 기업의 회장이지만 경영에 직접 참여하지 않는 그는 상당한 시간을 책을 읽고, 일반인과 CEO 대상 강연을 하며 보냅니다. 4천억 대 자산으로 미국 랭킹 1,400위에 드는 어마어마한 부자지만 그는 하루의 대부분을 공부하며 보냅니다. 아침에는 미국과 일본, 중국, 유럽의 경제 뉴스들을 뽑아 봅니다. 그리고 오후에는 책을 읽습니다. 돈이 많을수록 바빠져서 책 읽을 시간이 없을 것 같은데 그는 한 달에 20여 권의 책을 읽는 활자 중독증입니다. 책과 인터넷 뉴스 등을 통해 미국 경제와 세계 경제를 공부하며 먼 미래를 내다볼 수 있는 통찰력을 기르려고 노력합니다. 그는 경제를 공부하는 가장 좋은 방법은 책을 찾아서 하나하나 스스로 배우는 거라고 말합니다. 경제전문가나 애널리스트의 예측에만 의존해 어느 기업의 종목이 오를지, 어떤 곳에 땅을 사두면 오를지를 판단하면 절대 안 됩니다. 그것은 부자가 되는 길이 아니라 다른 사람들을 부자로 만들어 주는 길입니다.

부자가 되기 위해서는 4가지 능력이 필요합니다. 돈을 버는 능력, 돈을 모으는 능력, 유지하는 능력, 쓰는 능력입니다. 이 중에서 많은 사람이 착각하는 것이 있습니다. 부자가 되는 길이 돈을 버는 능력뿐이라고 생각하는 것이죠. 돈은 벌기는 쉬워도 모으기가 어려운 법입니다. 모은 돈을 유지하는 건 더욱 어렵습니다. 모으고 유지한 돈을 제대로 쓰는 것은 가장 어렵습니다.

그는 저성장 사회, 4차 산업혁명으로 일자리가 줄어드는 세상에서 돈 벌기가 갈수록 어려워질 거라고 말합니다. 노동을 통해 부자가 되는 길은 점점 더 어려워지고 남은 길은 상속을 받거나 복권에 당첨되거나 사업에 성공하는 길밖에 없습니다. 상속은 부자 부모를 만나야 가능하죠. 복권은 확률이 너무 낮고, 결국 부자가 되는 방법은 사업을 하는 것뿐입니다. 그는 사업 중에서도 직접 창업하기보다는 남의 성공에 올라타는 법, 즉 투자를 권합니다. 절대 망하지 않을 업계 1위 회사의 주식을 찾아 매달 자기 형편에 따라 일정액의 주식을 사는 것을 적극적으로 권합니다. 그리고 공부해야 합니다. 그는 말합니다.

"주식을 사놓지 않고 공부하는 것과 주식을 보유한 상태에서 공부하는 것은 완전히 다르다. 사업을 바라보는 눈 자체가 달라진다. 일단 단 한 주라고 가지면 기업 관련 뉴스나 업계 정보가 눈에 들어오고 경제용어가 저절로 이해된다. 그렇게 1년간 꾸준히 모으기 바란다."

그는 주식이 떨어져도 괜찮다고 말합니다. 떨어지면 싼 가격에 살 수 있고, 올라가면 오르는 대로 좋은 게 주식이거든요. 그가 걱정하는 것은 오히려 너무 빨리 주가가 오를 때입니다. 1987년부터 30년 이상 고생하면서 이 자리에 왔듯이 갑작스럽게 부자가 되는 걸 진심으로 경계합니다. 그는 책에서 여러 차례 반복해서 말합니다. "가장 빨리 부자가 되는 방법은 천천히 부자가 되는 것이다."

주식을 가진 상태에서 공부하면 다음과 같은 순서로 부자가 됩니다.

1. 기업가 마음을 갖게 된다.
2. 기업뿐 아니라 업계 전체를 바라보는 눈이 생긴다.

3. 산업을 넘어 국가 경제, 국가 간의 이해 충돌과 금융 시장 전체에도 관심이 생긴다.
4. 정치에도 눈을 떠 자신의 이해관계와 철학을 대변하는 정당을 골라 투표함으로써 사회 참여를 하게 된다.

그는 100% 확신하며 말하길, 주식을 보유하면서 책 읽기를 병행하면 차츰차츰 투자 소득이 쌓이고 인생의 어느 시기에는 자본이 근로소득을 앞서는 날이 온다는 것입니다. 그렇게 천천히 천천히 부자가 되는 길로 들어서기를 바랍니다.

돈의 감각은
타고나는 것이 아니라 길러진다

돈을 버는 데 가장 중요한 질문은 '돈의 감각은 타고나는 것일까, 길러지는 것일까?'입니다. 시중에 나와 있는 대부분의 재테크 책은 전자라고 주장하지 않습니다. 이미 타고나는 것이라면 사실 후천적 노력의 필요는 없어지겠죠. 저는 이 질문에 우리 조상들이 현명한 답변을 내렸다고 생각합니다. 옛말에 큰 부자는 하늘이 내린다는 뜻으로 대부유천大富由天이 있습니다. 삼성전자의 이건희 회장, 마이크로소프트의 창업자 빌 게이츠는 분명 하늘이 내려준 부자일 겁니다. 그러나 자산이 10억에서 50억 사이의 부자들 또한 돈의 감각을 타고난 존재일까요?

부의 규모를 수조 원대에서 수십억 원으로 낮춘다면 부의 양자역학이 작용한다고 생각합니다. 뉴턴의 절대 시간 절대 공간이 수천억 원 이상의 부에 적용하는 만고불변의 진리라면, 50억 이하의 부자는 어느 것 하나 확정된 것이 없는 불확정성의 원리가 지배하는 양자역학의 세계라는 거죠.

 돈의 감각을 키우는 데 적당한 책은 무엇이 있을까요? 두 권을 추천하고 싶습니다. 바로 개인투자자이자 유튜브와 블로그 등에서 유명한 이명로의 『돈의 감각』과 스타 강사이자 회계사인 사경인의 『진짜 부자 가짜 부자』입니다. 두 권 모두 돈의 감각은 후천적으로 터득하는 감각이라고 말합니다. 전자의 책은 돈의 본질에 대한 이해를 강조하고, 후자의 책은 돈에 대한 연습(개인 회계장부)을 해야 한다고 말합니다.

 『돈의 감각』에서 돈은 빚이라고 말합니다. 모든 돈은 결국 누군가의 빚이라는 거죠. 우리가 돈을 버는 건 노동의 대가와 국가의 빚을 교환하는 절차입니다. 기업은 국가로부터 빚을 얻어 생산 장비를 만들고 생산물을 팔아 돈을 번 뒤 이 빚을 갚죠. 기업이 국가에 갚은 빚으로 국가는 다리도 만들고 공원도 만들고 코로나19로 힘든 자영업자에게 지원금도 줍니다.

 돈을 빚으로 이해한다면, 곧 돈이란 약속이며 거래의 수단으로 활용되지만 결국 사람들이 만들어낸 실제로는 아무 가치가 없는 종잇조각일 뿐이라는 사실에 공감할 수밖에 없습니다.

 '돈=빚=신용(신뢰)'이라면 한 국가에서 사용되는 빚(증서)의 신용도는 결국 국가에서 걷는 세금에 따라 결정됩니다. 경제가 좋다는 건, 즉 호황이라는 건 거래가 활발하고 많은 사람이 돈을 벌고 쓰기 쉬울 때란 이야기죠. 지금 시점에서 국가는 더 많은 세금을 걷을 수 있습니다. 코로나19가 터지기 전인 2019년만 해도 정부는 8.8조 원 (3%)의 국세를 더 걷었습니다. 소득세만 3.8조 원을 더 걷었습니다. 코로나19가 터지기 이전에도 세상 사람들은 불황이라고 아우성쳤지만, 시중에는 신용이 높아져 빚이 더 많이 돌아다닌 결과였지요. 우리의 신용도는 일본보다 높은 AA입니다. 독일이나 미국보다는 낮지만 영국과 프랑스와는 같은 등급입니다. 2020년 코로나19로 경제가 얼어붙은 상황에서도 2020년 8월 말 현재 신용 대출은 전년 대비 4.7% 증가했습니다. 증권사 대출도 시가총액이 늘어나는 속도보다 더 빠르게 늘어나고 있습니다.

돈이 빚이고 신용이라면 돈을 잘 벌기 위해서는 신용도를 높여야 한다는 말과도 통합니다. 개인의 신용도를 높인다는 건 이른바 '우테크'를 잘하는 능력과도 통합니다. 우테크는 재태크의 '재'와 친구 '우友'자를 더한 겁니다. 주변에 돈이 많은 친구가 있다면 본인 역시 돈을 벌 가능성이 커집니다. 반면에 주변에 돈이 없는 친구들이 많다면 자신도 돈 때문에 고생할 가능성이 클 수 있습니다.

돈을 버는 데 친구가 얼마나 중요한지를 알려 주는 좋은 자료가 있습니다. 한 채용정보업체가 직장인들을 대상으로 한 설문 조사에서 직장인들은 사회에서 성공하기 위해 가장 필요한 능력으로 '인맥지수NQ'를 꼽았습니다. 전체의 32.9%가 인맥이 성공, 즉 돈을 벌기 위해 가장 필요한 요소라고 생각했습니다. 더 놀라운 사실은 2위입니다. 2위가 '사회성지수^{SQ}'로 27.4%가 답했습니다. 인맥과 사회성지수를 명확히 구분하기는 어렵습니다. 인맥이 좋은 사람이 사회성지수가 높은 사람이고 사회성이 높으면 인맥이 좋을 가능성이 높죠. 물론 인맥은 사회성만이 아닌 한국 사회 특유의 학벌에도 영향을 받지만 근본적으로는 사회성이 뒷받침되어야 합니다. IQ와 달리 이 사회성지수와 인맥은 본인의 노력으로 키울 수 있는 역량입니다.

결국 돈이 빚이라는 것은 이 빚을 잘 활용해야 하며, 그러기 위해서는 우테크 또한 잘해야 한다고 『돈의 감각』에서 말하고 있습니다.

『진짜 부자 가짜 부자』의 사경인 저자는 학교에서는 가르쳐 주지 않으니 따로 시간을 내어 돈을 공부해야 한다고 말합니다. 그가 권하는 돈 공부는 바로 '회계'입니다. 회계를 공부하려면 대학에서 경영학을 전공하고 회계학을 복수 전공하면 될까요? 그는 아니라고 합니다. 사경인은 회계사로서 공부했던 회계 공부와 부자가 되는 데 필요한 회계 공부 사이에는 큰 차이가 있음을 알았습니다. 전자의 회계 공부가 기업 회계에 관한 거라면 후자는 개인 회계에 관한 것이죠.

우리는 돈 버는 데 대부분의 시간을 할애하면서도 정작 돈 공부는 하지 않습니다. 자식이 국·영·수 공부하겠다면 쌍수를 들고 환영하지만 자녀 앞에서 돈 이야기가 나오면 "돈 걱정 같은 건 아빠한테 맡기고, 넌 공부나 열심히 해!"라고 반응합니다. 돈에 대해서 무지한 상태에서 대학을 졸업해 사회생활을 하면 평생 돈의 노예가 되어서 돈을 위해 일하는 악순환이 발생할 수 있습니다. 돈의 감각을 키워서 돈을 벌고자 한다면, "잠자는 동안에도 돈이 들어오는 방법을 찾아내지 못한다면 당신은 죽을 때까지 일해야만 할 것이다."라는 워런 버핏의 말을 기억해야 합니다.

노동으로 돈을 벌고 싶어도 50대 이후에는 일자리 찾기가 힘들어집니다. 우리나라 국민은 65세까지 일하고 싶어 하지만 통계상으론 57세에 조기 퇴직합니다. 건강 문제 33%, 권고사직 24%로 비자발적 은퇴가 자발적 은퇴를 압도합니다. 이런 현실에서 내가 돈을 위해 일하는 구조가 아닌, 돈이 나를 위해 일하는 구조를 만들지 못한다면 가난한 노후, 은퇴 빈곤이라는 끔찍한 재앙을 맞을 수밖에 없습니다.

저자가 말하는 돈의 감각 키우기는 수입의 20%를 6% 정도의 수익률 시스템에 투자하는 것입니다. 그리고 자신이 얼마를 쓰고 얼마를 버는지를 제대로 알기 위해서 개인 회계장부를 만들어 적습니다. 돈의 감각을 키우는 게 결국 가계부를 쓰라는 건가 의아해할 수도 있습니다. 가계부를 쓰라는 게 아니라 자산과 부채를 구분해 순자산표를 만들어 보라는 것입니다. 개인의 재무상태표죠. 순자산을 어느 정도 확보한 뒤 해야 할 일은 월급 기준으로 6%를 매달 벌게 하는 곳에 투자하는 일입니다. 예를 들어 '5년 안에 1억 만들기' 같은 목표를 세우지 말고 매달 들어오는 노동 외 수입을 만들라는 게 저자가 말하는 부자가 되는 방법입니다.

어떤 방법이 있을까요? 초저금리 시대에 은행 예금은 절대 대안이 될 수 없습니다. 그가 제시하는 첫 번째 방법은 '미국 주식에 투자하기'입니다. 미국 주식은 배당률이 우리 기업보다 훨씬 높습니다. 전체 기업의 80%가 분기별로 배당을 합니다. JP 모건 우선주 같은 데에 투자하면 분기별로 6%의 수익을 보장합니다. 국내 주식 중에서는 은행주가 배당을 자주 하는 편입니다. 2019년을 기준으로 제주은행만이 전년 대비 배당을 줄였고 나머지 은행들은 해마다 배당금을 높여 왔다고 합니다.

또 한 가지 방법은 부동산 임대수입으로 시야를 넓히는 일입니다. 욕을 많이 먹고 있지만 우리 주변의 부자들이 가장 많이 이용하는 방법은 여전히 부동산 투자입니다. '부동산 투자는 종잣돈 1억 이상은 있어야 가능한 게 아닌가?'라는 생각을 할 수도 있습니다. 저자는 부동산 경매에도 관심을 가져 보라고 추천합니다. 사례를 보면 경매는 여러 번 유찰되면서 가격이 내려가는 일이 종종 있습니다. 4천만 원인 물건이 1천 6백만 원대까지 떨어지기도 합니다. 보증금 200만 원에 월세 20만 원은 받을 수 있는 물건이었죠. 실제 낙찰은 1,800만 원에 이루어졌는데 경락잔금대출(현재 규제를 받지 않습니다)을 받으면 80%까지 대출을 받을 수 있습니다. 월세 보증금 200만 원까지 고려하면 실제는 180만 원 정도를 투자해서 매달 20만 원씩 통장에 차곡차곡 돈이 쌓입니다.

마지막 방법은 여러분이 일을 하면서 배운 콘텐츠를 동영상으로 제작해 수입을 창출하는 것입니다. 저자는 묻습니다. "당신이 매일 해 온 일이 10년이나 쌓였는데, 거기서 만들어 낼 콘텐츠가 없다면 좀 허무하지 않은가?" 실제 많은 사람이 유튜브를 이용하면서 꼭 전문가가 아니더라도 유튜브 공간은 자기 삶의 경험을 공유해 스스로 돈이 알아서 돈을 버는 시스템을 구축한 경우가 많습니다. 중졸의 학력으로 누구에게도 글쓰기 방법을 배운 적이 없는 김동식 작가는 인터넷에 올린 글을 바탕으로 소설을 써 『회색인간』이라는 책으로 오늘의 작가상을 수상했습니다. 과거에는 상상하기도 힘들었던 일들이 인터넷과 IT 기술의 발달로 쉽게 해낼 수 있게 되었습니다. 아이디어와 소재, 열정만 있다면 책이든 유튜브든 강의든, 뜰 기회가 모두에게 열려 있는 세상이 왔습니다.

주식이나 부동산에 부정적인 사람들에게는 좀 더 안정적인 투자 수익을 확보하는 방법으로 P2P 금융을 권합니다. P2P 금융은 은행 같은 중개업체를 끼지 않고 대출자와 대여자가 직접 만나 대출자는 좀 더 싼 이자를, 대여자에게는 은행 이자보다 높은 이자를 보장해 주는 거죠. 물론 돈을 돌려받지 못할 확률은 은행보다 높지만 안전성이 생각보다는 높다는 것이 그의 주장입니다.

돈이 많다고 해서 반드시 행복한 것은 아니지만, 돈이 없으면 불행해질 수 있습니다. 돈의 속성을 제대로 알고 감각을 키우는 일은 내가 불행하지 않기 위한 한 가지 방법입니다.

우리 삶에서
돈이 차지하는 위상

돈의 속성과 감각 다음으로 돈에 대한 '철학'이 필요합니다. 세상 모든 일은 어느 경지에 이르면 철학이 됩니다. 돈도 마찬가지입니다. 돈에도 철학이 있고 돈을 버는 사람에게도 철학이 있습니다. 돈의 철학이 반드시 돈을 버는 사람들의 철학인 것은 아니지만 돈을 버는 사람들은 돈과 돈의 철학을 배우려고 노력합니다.

20세기가 시작되는 1900년 독일에서 철학자이자 사회학자인 게오르그 짐멜은 『돈의 철학』이라는 책을 썼습니다. 이 책은 정말 어렵습니다. 1000쪽이 넘는 분량에 난해한 문장과 복잡다단한 사유로 유명하죠. 그에 따르면 돈은 신도 악마도 아닌 '영향'입니다. 경제뿐 아니라 정치, 문화, 사회, 예술 등 인간의 모든 영역에 영향을 미치는 존재가 바로 돈이죠. 짐멜에 따르면 중세에서 근대로 이행하면서, 실체적이고 절대적이며 영원한 모든 것이 해체되면서 유동하고 역사적으로 무상한 것으로 바뀝니다. 단 하나만이 실체로서 굳건히 버티고 있는데, 그게 바로 돈입니다. 돈이야말로 영원한 운동이며(돈은 돌고 돌기 때문이죠.) 상호작용의 결정체입니다.

한 사회 내에서 한 인간과 한 인간의 관계, 한 인간과 조직 전체의 관계 모두에 돈은 영향을 미칩니다. 돈이 인간관계와 사회조직에서 가장 영향을 덜 미치는 곳은 부모와 자식 간의 관계지만 짐멜이 활동하던 20세기 초반에 비해 100년이 지난 지금 좋은 부모가 되기 위한 필요조건으로, 또 좋은 자식이 되기 위한 필수조건으로, 돈이 자리 잡고 있습니다. 모든 상호작용에서 돈이 작용하고 있습니다. 사실 이 돈은 인간이 경제 활동을 하는 수단이었는데, 그 수단이 돈 하나로 집중되면서 돈의 힘이 너무 커졌습니다. 돈 없이는 어떤 활동(이제는 숨쉬기도 안 됩니다. 미세먼지 때문에 좋은 공기를 마시려면 돈을 써야 하는 세상이 왔죠.)도 불가능해진 게 현대 사회입니다.

짐멜은 돈을 버리고 현물과 현물을 바꾸는 세상이 오지 않는 한 돈의 힘과 지배력은 더욱더 강화될 것으로 봅니다. 그의 예언이 그대로 구현이 됐죠. 어떤 사람들은 돈을 신처럼 숭배하고 어떤 사람들은 돈을 악마처럼 혐오합니다. 돈을 신처럼 대하는 사람이나 악마처럼 대하는 사람이나 공통점이 있습니다. 돈, 정확히는 돈의 힘을 정말 무서워한다는 것입니다.

짐멜은 돈에 대한 태도를 신과 악마 중간쯤에 둡니다. 그가 제시하는 돈의 철학은 돈에 기반하는 문화의 가능성으로 물적·경제적

토대가 돈이지만 돈에 함몰되지 않는 삶을 살아야 한다고 주장합니다. 돈을 수단으로 하면서도 그 수단에 예속되지 않고 개인적 인격과 문화를 함양해야 합니다. 토마 피케티를 비롯해 유럽의 지성들은 돈의 유통이 끝나야 문화가 시작된다고 주장하지만 짐멜에 따르면 이것은 잘못된 생각입니다. 돈이 활동을 끝내면 문화도 끝납니다. 『돈의 철학』에서 돈은 인간이 만들어 낸 모든 문화를 존재하게 한 진정한 힘이며 돈에 대해 합리적인 태도를 유지하며 시장과 금융 제도를 발전시켜야 한다고 말합니다.

임석민의 『돈의 철학』은 짐멜의 철학을 우리 현실에 맞게 21세기 버전으로 쉽게 쓴 책입니다. 그는 돈을 행복의 매개물로 봅니다. 그역시 짐멜처럼 돈을 수단으로 보는 셈이죠. 사람들에게 돈은 행복그 자체는 아니지만 행복의 문을 여는 열쇠임은 분명하다는 것이죠. 돈 없이 행복할 수 있다는 주장의 허구성에 대해 "인간은 불편한 삶을 견딜 수 없는데 돈이 있어야 불편하지 않은 건 누구도 부인할 수 없는 사실 아닌가?"라고 반문합니다.

20세기 초반에 이미 돈은 모든 인간관계와 사회 구조의 상호작용에 관여했듯이 21세기가 시작된 지 20년이 지난 지금에는 그 행복에마저 크게 관여하고 있습니다. 돈과 행복은 상호작용하며 더 많은 부는 더 많은 풍족함을 안기며 풍족은 결핍에서 나를 지켜 줄 진정한 자유라고 정리합니다. 그는 멋진 비유를 들어 이렇게 말했죠.

"빌 게이츠가 이 세상에서 가장 행복한 사람은 아닐 수 있다. 그렇다고 노숙자가 그보다 더 행복할 수 있다고 누구도 말할 수 없다."

실존주의자인 카뮈도 이런 진리를 너무나 잘 알고 있었습니다. 그는 이렇게 말했습니다.

"많은 소득이 행복의 비결이다. 돈 없이 행복하다는 것은 영적 속임수다."

'돈으로 행복을 살 수 있는가'라는 질문에 저자는 어느 정도는 가능하다고 말합니다. 영국 워릭대학교의 오스왈드 교수의 논문에 의하면 소득과 행복감 사이에는 강한 상관관계가 있는 것으로 나타났습니다. 사람들은 5만 파운드를 벌었을 때 행복감을 느끼며 100만 파운드를 벌 때는 압도적인 행복감을 느꼈습니다. 정확히 일대일로 비례해서 증가하는 것은 아니지만 돈이 많을수록 선택의 폭이 넓어지고 내가 싫어하는 일과 만날 가능성이 줄어들면서 행복감은 늘어납니다.

2008년에 미국 미시간대학에서 진행한 조사에서도 결과는 비슷했습니다. 소득이 늘어나는 만큼 행복감은 커집니다. 그전까지는 소득이 일정 수준을 넘어가면 행복감은 증가하지 않는다는 주장이 힘을 얻었지만, 최근의 연구는 그런 주장을 뒤집습니다. 그 이유는 돈의 강력한 동기 부여 기능 때문이 아닐까 싶습니다. 10억 원을 벌고 싶을 때는 10억 원을 벌면 내가 만족할 수 있을 것이라는 기대치가 있습니다. 그러나 인간이란 존재는 10억 원 돈을 벌면 20억 원을 벌고 싶기 마련입니다. 20억 목표를 달성하면 50억 원이라는 새로운 목표가 생겨나게 마련입니다. 그렇게 돈 자체가 인간에게 돈을 벌려고 더 노력하게 동기 부여를 하기 때문이죠, 그래서 부자들은 돈을 벌기 위해 스스로를 더 채찍질하면서 자기계발을 하고 이로 인해 사회는 더 발전하는 것입니다.

　물론 돈은 만족감을 모르게 만든다는 비판도 가능합니다. 마치 바닷물을 마실수록 물을 마시고 싶은 욕구가 더 커지는 것처럼 인간을 욕망이라는 고통 속에 가둬 버린다는 부처님의 말씀도 일리가 있습니다. 하지만 부처님이 살던 시절엔 돈이 전부인 자본주의 자체가 없었습니다. 그때보다 지금은 너무 많은 게 돈과 얽혀 있죠. 건강도 부모 자식 간의 관계도 모두 돈과 얽혀 있습니다. 오죽하면 『정의란 무엇인가』의 저자 마이클 샌델이『돈으로 살 수 없는 것들』이란 책을 썼겠습니까? 현대 사회는 이 질문에 대해서 명쾌하게 해답을 제시할 수 없을 정도로 돈의 위력이 막강해졌습니다.

　『돈의 철학』에 따르면 돈은 우리를 비추는 거울입니다. 그 과정에서 그림자도 드러나고 영혼도 드러납니다. 돈 뒤에는 어떤 개념을 갖다 붙여도 말이 됩니다. 돈의 불행, 돈의 행복, 돈의 증오, 돈의 사랑, 돈의 기쁨, 돈의 슬픔, 돈의 의지, 돈의 지배 등 현대 사회는 모든 것이 돈으로 환산되고 측정되는 세상입니다. 이미 내가 태어나기 전에 세상의 규칙은 그렇게 정해져 버렸습니다. 이 세상에 그 어떤 누구도 개인 혼자의 능력으로 이 규칙을 바꿀 수 없습니다. 트럼프도 시진핑도 절대 불가능합니다. 그렇다면 개인에게 남은 과제는 하나입니다. 돈을 악으로 규정하고 터부시하며 돈과 멀어지려는 삶을 살려고 노력할 것인가? 아니면 돈의 힘을 이용해서 그 돈의 힘을 타고 내게 자유, 행복, 기쁨, 사랑, 자존감 등을 안겨 줄 것인가?

돈에 관한 공부는 결국 자유에 관한 공부이며 행복에 관한 공부이면서 동시에 사랑에 관한 공부이기도 합니다. 내가 자유를 얻고 행복해지기 위해서 그리고 가족으로부터 사랑을 받고 사랑을 줄 수 있도록 돈의 본질을 공부하는 것은 필요합니다.

돈과 거리가 먼 분야가 문학과 예술, 종교라고 생각하나요? 그러나 인간의 본질을 탐구한 것으로 유명한 도스토옙스키는 이렇게 말했습니다.

"왜 돈이 필요하냐고 물었나요? 몰라서 묻나요? 돈이 전부 아닙니까?"

돈 잘 버는 사람들의
7가지 공통점

돈을 잘 버는 사람들은 '돈의 속성'을 누구보다 잘 알고 '돈의 감각'을 키웠으며, '돈에 대한 철학'이 확실하게 있습니다. 여기에 한 가지 더, '인내력'이 있습니다. 김광주는 저서 『부자들의 습관 버티는 기술』에서 부자들에게는 버티는 기술이 있으며 거기엔 7가지 특징이 있다고 말합니다.-그는 부동산을 제외한 30억 원의 금융자산 주식, 예금, 채권 같은 것을 가진 사람을 부자라고 봅니다.- 평당 1억 원이 넘는 강남의 아파트에 살지만 금융 자산이 없다면 그는 부자가 아니라 비싼 집에 사는 평범한 사람이라고 합니다. 7가지 특징은 다음과 같습니다.

첫째, 부자들은 뜨겁지도 차갑지도 않습니다. 그에 따르면 돈을 못 버는 사람들은 긍정과 희망보다 두려움과 공포에 먼저 반응하니다. 그러나 버티는 습관으로 부자의 근육이 생긴 사람들은 두 눈으로 보고 두 귀로 듣습니다. 시장에 일희일비하지 않고 차분하게 반응합니다.

둘째, 목적과 목표를 구분합니다. 그들은 인생의 큰 그림을 먼저 그린 후 전략을 결정합니다. 버틸 줄 아는 그들은 먼저 방향을 잡고 목표를 정한 뒤 전략을 세웁니다. 절대 서두르지 않습니다.

셋째, 보수적이지만 공격적입니다. 적극적으로 자신의 재산을 불리려고 하기보다 자신의 원래 자산을 지키면서 조금씩 조금씩 불리기를 원하죠. 인내력을 갖춘 사람들은 한 곳에 전 재산을 걸지 않고 자연스럽게 분산투자를 합니다.

넷째, 상상력입니다. 현재의 무질서 다음에 어떤 세상이 올지 그 다음을 내다보는 상상력이 있습니다.

다섯째, 물고기를 절대 쫓지 않는다는 점입니다. 그에 따르면 돈은 발이 네 개라 인간보다 빠를 수밖에 없습니다. 인간과 돈이 경주하면 절대로 인간이 돈을 이길 수 없다는 걸 부자들은 잘 알죠. 그래서 돈 있는 사람들은 노련한 낚시꾼들이 물고기를 잡기 위해 바다로 뛰어들지 않듯이 돈이 다니는 길목에 그물을 던지고 낚싯줄을 드리우는 사람들입니다.

여섯째, 돈 잘 버는 사람들은 몸테크에도 강합니다. 몸테크는 시간을 자기 것으로 만든 뒤 그 시간을 운동이나 대인 관계 등에 투자하는 일을 말합니다.

마지막 특징으로, 부자들은 나비를 본다는 점입니다. 나비를 본다는 건 무슨 뜻일까요? 나비의 작은 날갯짓 하나가 지구 반대편에 토네이도를 만든다는 나비 효과를 들어본 적 있을 텐데요. 부자들은 지금은 나비지만 앞으로 태풍의 눈이 될 존재를 미리 보는 혜안을 가지고 있다는 것입니다.

저자는 투자할 때 어떤 상황에서도 버틸 수 있다는 것은 시간을 인내할 수 있다는 뜻이며 자본주의는 장기적으로 성장할 수밖에 없다는 믿음이 있다면 버티는 습관이 생긴다고 말합니다. 그의 말을 듣고 인내를 키운다면 누구나 부자가 될 수 있을까요? 더 필요한 것은 없을까요? 운이 필요합니다. 솔직히 돈을 버는 데는 어느 정도의 운은 분명히 필요합니다. 88조 원을 순수하게 투자로 번 투자의 귀재 워런 버핏도 운을 인정합니다. 그는 '그레이엄과 도드 마을의 위대한 투자자들The Superinvestors of Graham-and-Doddsville'이라는 명강연에서 이런 이야기를 했습니다. 일명 오랑우탄 이야기죠. 요약하면 이런 내용입니다.

"오랑우탄 2억 2,500만 마리(당시 미국 인구수가 이 정도 된 듯합니다.)가 일제히 동전 던지기를 한다고 가정해 보죠. 그중에서 1억 1,250만 마리는 앞이 나올 겁니다. 그다음 날에는 앞면만 나온 오랑우탄에게 다시 동전을 던지게 하죠. 이런 식으로 20일 연속으로 동전을 던지게 하면 215마리의 오랑우탄이 남습니다. 이 중에서 40마리가 오마하 동물원 출신이라고 가정해 보죠. 사람들은 오마하 동물원을 찾을 겁니다. 그리고 사육사에게 무슨 특별한 사료를 먹이는지, 특별한 운동을 시키는지 등등을 꼬치꼬치 물어보겠죠. 주식 시장에서 특별한 성공을 연달아 거두는 사람에 대해서도 비슷한 심정일 겁니다. 그들에게 어떤 특별한 재능이 있는지 궁금하겠죠."

이 일화를 들으면 버핏은 투자로 돈을 버는 데는 운 외에는 특별한 재능이 필요하지 않다고 말하는 듯합니다. 그러나 자세히 곱씹어 보면 그의 말에 숨어 있는 행간의 의미가 있습니다. 행동투자학의 권위자 대니얼 크로스비는 이렇게 해석합니다. 버핏의 말을 뒤집어 보면 동전 던지기 게임에도 규칙이 있듯이 투자하는 데도 지켜야 할 규칙이 있다는 걸 전제한다는 거죠.

그렇다면 부자가 되는 길에 개인적 노력은 얼마나 필요할까요? 여기에 크로스비 교수는 명쾌한 답변을 합니다. 운칠기삼運七技三이 아니라 운삼기칠運三技七이라는 거죠. 도박이 운칠기삼이라면 투자는 운의 비율이 줄어들어 운삼기칠이 된다는 게 그의 주장입니다. 그는 시장에서는 운도 중요하고 실력도 중요하지만 규칙을 지키는 게 더 중요하다고 말합니다. 그에 따르면 돈을 버는 최고의 연습은 규칙을 지키는 겁니다. 워런 버핏도 지금이 매수할 타이밍인지 매도할 타이밍인지를 따지지 않고 가치투자라는 원칙을 항상 지켰다는 점을 강조합니다.

'돈 버는 것이 실력일까? 행운일까?'에 더 궁금증을 느끼는 분들에게 적극적으로 추천하고 싶은 작가가 있습니다. 바로『블랙 스완』의 저자 나심 탈레브입니다. 그의 대표작은 2008년 금융 위기를 몰고 온 서브프라임모기지 사태를 예측한 『블랙 스완』이지만 그의 첫 번째 출간물은 『행운에 속지 마라』입니다.

이 책에 관해 이야기하기 전에 작가에 대해 좀 더 알아볼까요. 1960년에 태어난 나심 탈레브는 제가 제일 좋아하는 경제경영 분야 작가입니다. 그는 때로는 건방져 보일 정도로 지적이고, 노벨 경제학상 수상자 스티글리츠나 크루그먼, 최고의 심리학자 스티븐 핑커, 유럽 최고의 지성 토마 피케티 같은 세계적 석학들을 바보천치로 부를 만큼 콧대가 높습니다. 그는 노벨상을 받은 석학에 대해 이렇게 말합니다. "스티글리츠처럼 확률을 제대로 이해하지 못하는 사람은 우리 인간의 DNA에서 결국 사라져야 한다." 건방지고 교만하지만 매력적이기도 합니다.

그는 글을 쓰는 이유 가운데 하나가 똑똑하다고 착각하는 바보들에게 망신을 주기 위해서라고 합니다. 저는 그의 글이라면 흠뻑 빠져서 읽는데 번역자들은 그 반대로 번역의 난해함을 토로합니다. 그는 레바논의 그리스도교 명문가 출신으로 스스로 레바논인이 아닌 레빈트 지역이라는 더 넓은 공동체의 일원이라고 생각하죠. 이 지역에서 사용하는 아랍어 그리고 레바논을 식민지로 삼았던 프랑스어 때문에 그는 아랍어와 프랑스어가 더 자연스럽습니다. 영어가 원어가 아닌 사람이 지극히 현학적이고 전문적인 개념을 쓰다 보니 번역자들은 죽을 맛이겠지요.

그리고 경제학의 깊이와 다른 사람들이 보지 못하는 것을 보는 통찰력이 제가 그를 두 번째로 좋아하는 이유입니다. 그는 앞서 언급한 대로 이미 2008년 이전에 금융에서 블랙 스완 같은 엄청나게 희귀한 현상이 터질 거라고 공식 예언한 책을 썼습니다. 수많은 사람이 서브프라임모기지 사건 이후 "그것 봐라, 내가 경고했지."라며 자신들의 선견지명을 자랑했지만 근거가 없었습니다. 이를 책으로 낸 사람은 나심 탈레브가 유일했습니다. 그는 『블랙 스완』에서 "사람들은 평범의 왕국에서 사는 것으로 착각하지만 그 세계는 극단의 왕국으로 변한 이후였다. 극단의 왕국에서는 좀처럼 일어날 수 없는 낮은 확률의 일들도 심심치 않게 일어난다."라고 주장했습니다.

그는 자신의 박학다식을 숨기지 않고 대놓고 자랑하는 스타일입니다. 그의 말대로 비유와 예시를 통해 문학적이고도 철학적으로 경제를 이야기하는 몇 안 되는 능력자죠. 하버드대학 교수도 제대로 이해하지 못 하는 확률 통계의 이론들을 그는 비유를 들어 정말 쉽게 설명합니다. 그 과정에서 생길 수 있는 논리적 비약이나 오류도 없죠. 철저하게 논리적으로 글을 쓰기 때문에 그렇습니다. 그가 세네카 등 고전을 많이 인용하는 이유는 자신의 성장(할아버지가 외무부 장관 출신) 환경 탓도 있겠지만 온고지신이 정답임을 알기 때문입니다.

그는 자신의 책에서 토마스 아퀴나스의 『신학대전』을 앞으로 더는 나올 수 없는 저작으로 극찬합니다. 그 외에도 많은 성직자가 소환됩니다. 경제학자가 과학자가 아닌 종교인을 더 많이 언급하는 이유는 뭘까요? 그 이유는 후세에 기록에 남을 만한 업적을 남긴 저자들은 과학자, 물리학자, 경제학자, 발명가보다 성직자들이 10배 나 더 많았기 때문입니다. 『행운에 속지 마라』에서 그는 이렇게 말합니다.

"일반적으로 말하면, 우리는 매사에 작용하는 운의 비중을 과소평가한다. 확률 이론은 비교적 최근에 개발되었고 확률을 실무에 응용하는 학문이 거의 전무한 실정이다. 게다가 이른바 용기는 신념을 위해 위험을 무릅쓰는 고상한 행동이라기보다는 운의 비중을 과소평가하는 무모한 행동으로 밝혀지는 듯하다. 내 경험과 과학 문헌에 비추어 보면, 경제적으로 위험을 감수한 사람들은 성공한 경우보다 자신의 착각에 희생된 경우가 많다. 그들이 위험을 감수한 이유는 자신이 운이 좋을 것이라고 착각했기 때문이다."

내가 운이 좋아서 돈을 번 건지, 아니면 실력으로 돈을 번 건지는 탈레브의 주장대로라면 정확한 확률 계산이 필요합니다. 돈 벌기 전에 확률 공부부터 해야 하는 상황이죠. 그에 따르면 확률을 중시하면서 동시에 '잠재적 충격은 높지만 확률은 낮은' 사건도 중시하는 접근법을 유지해야 합니다. 돈을 벌려면 항상 이 2가지 질문을 던져야 합니다.

"이 사건이 일어날 가능성은 얼마인가?"
"이것은 얼마나 큰 사건인가?"

워런 버핏은
어떻게 돈을 벌었을까?

주식에 관심이 없는 사람도 워런 버핏을 모르는 사람은 없을 겁니다. 시중에 나와 있는 투자 관련 책 중 제목에 워런 버핏이 들어간 책은 정말 많습니다. 그러나 버핏이 쓴 책은 단 한 권도 없습니다. 출판사들이 워런 버핏의 이름값을 마케팅에 최대한 활용한 결과죠. 실제 버핏은 책을 쓰고 싶어도 못 쓰는 사정이 있습니다.

버핏은 1965년 버크셔해서웨이^{Berkshire Hathaway Inc.}를 인수해 본격적인 투자 회사 CEO가 된 이후 거의 하루도 쉬지 않고 일을 했습니다. 책 읽기를 좋아하고 지금도 유일한 취미가 독서이지만 책을 쓸 시간은 없었던 거죠. 대신 그가 주주들에게 보내는 공개 서한과 주주와의 미팅에서 한 연설, 혹은 질의응답을 모은 책이 있습니다. 버핏 관련 책 중에서 버핏의 목소리와 생각을 직접 들을 수 있는 책으로는 『워런 버핏 바이블』과 『워런 버핏의 주주 서한』뿐입니다. 버핏에 대한 정보를 얻으면서 돈에 대한 최고의 통찰력을 얻을 수 있는 책은 전자입니다. 워런 버핏의 최근 달라진 투자 패턴과 이유 등을 엿볼 수 있기 때문이죠. 이 책들은 코로나 이전은 물론 이후에도 유효한 돈과 재테크의 영원한 황금률을 들려줍니다. 몇 가지를 뽑아보았습니다.

버핏은 어떻게 돈을 벌었을까요? 버핏은 11세에 처음 투자를 시작했습니다. 시티즈 서비스$^{Cities\ Service}$ 우선주를 사면서 주식 투자를 시작했는데 총 100주를 사 200달러를 벌었습니다. 지금으로 치면 2,000달러가 넘는 금액이지요. 그러나 그가 번 건 돈뿐만이 아니었습니다. 장기투자의 중요성이라는 교훈까지 얻었습니다.

17세에는 첫 사업을 시작했습니다. 중고서점에서 핀볼 게임기를 구매해 이를 빌려주고 수익을 챙기는 사업이었습니다. 그는 핀볼 게임기를 주로 이발소에 팔았습니다. 게임기 덕분에 이발소가 잘된다는 소문을 듣고 여기저기서 주문을 했죠. 고등학교를 졸업할 무렵에는 선생님보다 월수입이 더 많았습니다. 대학 학비를 스스로 벌면서 대학에서 경영학을 공부했죠. 이어 컬럼비아대학원에서 MBA 과정을 밟았는데 이때 그의 스승인 벤자민 그레이엄을 만납니다. 재미있는 사실은 그가 하버드 경영대학원에 지원했다가 낙방했는데, 최고의 학벌 대신 돈 버는 방법을 얻었다는 것입니다. 사람들에게 관심은 덜 받지만 괜찮은 기업을 최대한 싸게 사서 비쌀 때 파는 가치투자를 그레이엄에게 배울 수 있었던 거죠.

대학원 졸업 후에 1951년부터 1964년까지 그는 주로 투자 은행-미국에서는 우리와 같은 증권사가 없고 이들을 투자 은행이라고 부릅니다. 골드만삭스나 JP 모건, 모건 스탠리 등은 증권사가 아니라 투자 은행입니다.-에서 일하며 돈을 모았습니다. 1950년대 그는 담배꽁초 전략을 추구했습니다. 자산 규모가 작은 회사에 투자해 시세차익을 많이 남기는 전략으로, 강세장일 때 유리합니다.

1962년에 드디어 백만장자가 되었고, 1964년 당시 사양산업이었던 직물 제조업체 버크셔해서웨이를 인수합니다. 버크셔를 인수해서 바로 부자가 된 건 아닙니다. 인수 후 18년 동안 망해가는 직물 사업을 되살리려고 몸부림을 쳤습니다. 버크셔해서웨이가 투자 전문회사로 탈바꿈한 시도는 이런 처절한 실패를 겪고 나서였습니다. 천하의 버핏도 망하는 산업을 되살릴 수는 없었습니다. 이 과정에서 그에게 도움을 준 인물이 그보다 나이가 다섯 살이 많은 버크셔해서웨이의 부회장 찰리 멍거입니다. 찰리는 버핏과 같이 일한 기간만 60년이 넘습니다. 그는 기억력이 경이적이며 소신이 뚜렷하고 열정적인 인물이었죠. 고집이 강한 버핏을 그는 이렇게 설득합니다. "워런, 잘 생각해 보면 내 말에 동의하게 될 거야. 자네는 똑똑하고, 나는 옳으니까."

버핏과 멍거가 함께한 최초의 대형 프로젝트는 1972년 씨즈캔디를 인수할 때 일입니다. 지금은 미국 최고의 초콜릿 업체로 성장했죠. 2,500만 달러에 인수했는데 지금은 8,000배나 올랐습니다. 8,000배라면 실감이 안 날 텐데요, 90년대 초반과 지금의 삼성전자 주식, 2002년대 초반과 지금의 네이버 주식이 100배 이상 오른 종목인데 그보다 80배 성장한 겁니다. 물론 버핏에게 성공만 있었던 건 아닙니다.

기네스북에 오를 만한 참사도 있었습니다. 무려 4억 3,300만 달러에 인수한 덱스터라는 회사는 인수하고 나서 얼마 되지 않아 무일푼이 되었습니다. 현금 대신 버크셔 주식으로 지불했는데 2014년 당시 이 액수는 57억 달러에 해당하는 어마어마한 손실액이었습니다. 그러나 그가 투자한 회사들의 손익을 따져 보면 성공의 시간이 훨씬 더 많습니다. 그랬으니 100조 원에 육박하는 개인 자산이 형성되었겠지요.

그는 자신의 성공 비결을 3가지로 꼽았습니다.

첫 번째는 수입원을 잘 분산시키는 전략입니다. 그는 아주 낮은 위험도 가볍게 여기지 않았습니다. 1000년 만의 홍수에도 대비했습니다. 그는 실제 미국의 거의 모든 기업이 유동성 위기를 겪었던 2008년 금융 위기에서도 현금 156억 달러를 공급할 수 있었습니다. 가이코 같은 보험회사부터 씨즈캔디 같은 초콜릿 업체까지 돈이 되는 다양한 사업체에 투자했습니다. 이른바 포트폴리오 전략이죠.

두번째는 '단순함'입니다. 그는 철저하게 자신이 아는 비즈니스 모델에만 투자했습니다. 모르는 기술주에는 투자하지 않고 주로 전통적인 제조 서비스 업체에 투자했습니다. 코카콜라, 뱅크오브아메리카, 아메리칸 익스프레스 카드 등 대형 업체들이 주요 포트폴리오에 들어갑니다. 전반적인 투자는 그레이엄에게 배운 가치투자 PBR과 PER이 낮은 기업들, 즉 내재 가치에 비해 주가가 낮은 기업들을 골라 싸게 사서 비싸게 팔았습니다.

버핏은 보수적이지만 해마다 주당순이익을 높여 가는 전략을 취했죠. 아무리 예측을 잘하는 버핏이라도 시장과 경쟁 상황은 내다볼 수 있지만 우연의 일은 어쩔 도리가 없습니다. 그래서 안전마진과 경제적 해자라는 스스로가 설정한 보험(최악을 대비한 현금 확보)을 반드시 실천하면서 주기적으로 발생하는 위기에 대처해 왔습니다.

주가가 폭락하는 위기 때는 현금 가진 사람이 절대 강자입니다. 물론 이 모든 성공이 버핏 혼자서 이룬 것은 아닙니다. 그의 멘토이자 친구인 찰리 멍거는 버핏이 관료주의를 피하도록 돕고, 아주 오랜 기간 사려 깊게 사업을 개선해 가면서, 많은 사람을 영입해 이 문제를 해결하도록 이끌었습니다. 한마디로 버핏과 멍거는 ROE(자기자본이익률)를 통해 지속적인 수익력을 입증하고 부채가 적은 대기업, 경제적 해자로 진입장벽을 확실하게 세우며 사업이 단순한 기업을 인수해서 성공시켰습니다. 물론 주식 시장에 투자해서 돈을 벌기도 했지만 대부분 수익은 M&A(인수합병)를 통해 얻은 겁니다. 그런 면에서 버핏은 펀드매니저라기보다는 M&A 전문가라고 해야 맞습니다.

버크셔해서웨이는 그가 인수한 뒤 주가가 1만 8,000배(2015년) 뛰었습니다. 1965년에 1만 달러를 투자했으면 50년 뒤인 2015년에 1

억 8,000만 달러로 불어나 있었던 거죠.

버핏은 어떻게 아흔이 넘는 나이에도 현업에서 일할 수 있었을까요? 이 질문은 버핏이 어떤 사람인가에 대한 대답이기도 합니다. 버핏은 돈을 버는 행위(대부분 자료를 분석하고 심사숙고한 뒤 결정)가 인생의 목표이자 수단이지만 돈의 노예가 되거나 돈이 인생의 전부가 되어 버린 사람은 아닙니다. 그는 재산을 자식에게 거의 물려주지 않고 또 기업의 경영권을 자식에게 물려주고자 한 적도 없습니다. 재산 대부분을 빌 게이츠와 멜린다 재단 등에 기부하고 있죠. 물론 이를 세금을 피하기 위한 꼼수로 해석하는 이도 있습니다. 그러나 부자에 대한 세간의 인식을 개선하는 데 그가 기여한 점은 분명한 사실입니다. 그는 공화당의 상속세 폐지에 누구보다 반대해 진보적인 이미지를 굳혔습니다.

세계 3위 부자임에도 60년 전에 산 허름한 집에 여전히 살고 있으며, 식사는 맥도날드 햄버거와 콜라로 해결하기도 합니다. 일(자신의 경우 돈 버는)이 먼저고 돈은 결과라는 철학이 확고하며, 잘될 기업을 찾는 능력은 경험을 통해 배울 수 있다고 말합니다. 바로 전설적인 뉴욕 양키스의 포수 요기 베라의 "지켜보기만 해도 많이 배울 수 있다."는 말을 종종 인용하죠. 투자를 오래 하다 보면, 그리고 기업을 오래 경영하다 보면 CEO들의 능력 범위가 보입니다.

요컨대 버핏이 투자자들에게 들려주는 돈을 버는 방법은 선택과 집중입니다. 버핏은 집중화된 포트폴리오 아이디어를 극한까지 추구하여, 펀치 카드를 찍듯이 평생 20개의 주식에만 투자하라고 합니다. 마치 결혼 생활처럼, 평생 할 수 있는 사업을 소유하겠다는 헌신의 자세가 필요합니다. 자주 사고팔아 소액의 돈을 버는 것을 목표로 하는 트레이더로는 큰돈을 절대 벌 수 없다는 게 그의 삶에서 배울 수 있는 지혜입니다.

버핏은 좋은 주식을 장기 보유하는 사람이지 파는 사람이 아닙니다. 그는 딱 3가지 경우에만 주식을 팝니다. 첫째 내가 목표한 가격이 왔을 때, 둘째 '아 실수했구나.'라고 깨달을 때(그도 신은 아니니까요.), 그리고 마지막으로 더 좋은 주식이 나타났을 때입니다.

애플, 아마존, 페이스북 등 기술주 전성시대에 버핏과 버크셔해서웨이의 앞날은 어떻게 될까요? 그는 기술주에 관심도 없고 오직 가치에 비해 주식이 낮은 기업들을 싸게 인수해 성공한 것으로 많이 알려져 있습니다. 그렇다면 언택트 시대에 버핏의 가치주 중심의 투자 방식은 지금까지와는 달리 승승장구하지 못할 가능성이 있지 않을까요? 그러나 이는 최근의 버핏을 모르고 하는 말입니다. 버핏은 이미 기술주에 대한 태도를 바꾸었습니다. 2017년도 그가 애플에 투자하던 시점에 변화가 감지됩니다.

"우리 자본주의 시스템은 유형자산을 바탕으로 발명과 혁신과 재투자를 거듭하면서 발전했습니다. 하지만 자본을 전혀 들이지 않고 무형자산을 바탕으로 수천억 달러에 이르는 가치를 창출할 수 있다면 이 방식이 훨씬 낮

습니다. 지금 이 세상은 과거에 존재하던 세상이 아닙니다. 그러나 앞으로
는 이런 세상이 이어질 것입니다. 이런 추세는 절대로 꺾이지 않을 것으로
생각합니다."

버핏이 애플에 투자하면서 벤처와 기술주에 대한 태도가 바뀌었
습니다. 그는 2018년 나스닥에 상장한 브라질의 핀테크 기업 스톤
코에 1,420만 달러를 투자했습니다. 스톤코 역시 브라질의 페이팔,
스퀘어로 불리는 기업으로 대출 이자, 결제 단말기 대여, 수수료, 구
독 서비스에서 매출이 나옵니다. 버핏답지 않은 미래 지향적인 선
택이었죠. 스톤코는 버핏뿐 아니라 알리바바의 마윈 회장도 투자
한 곳입니다. 버핏은 또 코로나 이후에 주목받기 시작하는 디지털
헬스케어 기업에도 투자하고 있습니다. 그리고 스노우플레이크라
는 클라우드 기반의 데이터 플랫폼 업체에 IPO 단계부터 참여하는
의외의 모습을 보이기도 합니다. 스노우플레이크는 상장 공모가가
120달러(미국 시간으로 2020년 11월 5일 현재 263달러입니다.)로 주관사인
골드만삭스가 시가총액을 330억 달러로 예상하는 기대주입니다.

버핏이 달라졌다는 소식은 한 가지 더 있습니다. 조금 부정적으
로 말하면 버핏이 요즘 예전 같지 않다는 평가를 받고 있죠. 그는 망
해가는 일본의 종합상사를 지난 9월 초 매입했습니다. 미쓰비시 상
사, 미쓰이 물산 등 일제강점기부터 존재하던 옛날 기업들의 지분
을 사들였습니다. 이들 기업이 원자재에 투자하고 있어 주식 시장
이 폭락할 때를 대비한 일종의 헤지(원자재와 주가는 반대로 움직이는 경

향이 있으니) 수단으로 이해하는 경향이 있지만 미국 내에서는 너무 낡은 비즈니스 모델을 지닌 일본 기업의 미래를 긍정적으로 보고 샀다며 실망하는 분위기입니다.

버핏과 버크셔해서웨이의 미래는 버핏이 후계자를 누구로 삼는지에 따라 달라질 것 같습니다. 『워런 버핏 바이블』에서는 멍거 다음으로 아지트 자인을 아끼고 있음을 알 수 있습니다. 버핏은 '그가 나보다 돈을 버크셔에 더 많이 벌어다 주었으며 나는 그를 형제나 아들처럼 생각한다'라고 말하기도 했습니다. 또 자신의 머릿속은 아이디어로 가득 차 있다고 극찬했습니다. 그와 자리를 바꿀 순간이 오면 전혀 고민하지 말라는 말을 주주들 앞에서 하기도 했죠.

2017년 이후 버크셔가 갑자기 가치투자에서 성장주 투자로 미래 지향적인 투자를 하기 시작한 이유는 어쩌면 아지트 자인의 영향력이 작용하고 있는지도 모르겠습니다. 만약 세대교체가 자연스럽게 이어진다면 버크셔가 애플처럼 창업자가 물러난 후 더 잘나갈 가능성도 분명 있습니다.

돈의 가격은
어떻게 결정될까?
-금리와 환율에 대한 최소한의 이해

이제 돈의 본질에서 마지막에 해당하는 공부입니다. 돈을 벌려면 돈의 가격에 관해 공부해야 합니다. 돈의 가격은 바로 금리입니다. 금리가 돈 공부에서 너무나 중요한 이유는 금리가 주가, 물가, 환율, 부동산 가격 등 모든 경제 지표의 궁극의 원인이기 때문이죠. 금리만 제대로 이해해도 경제의 70%는 이해한다는 말은 결코 과장이 아닙니다. 금리라고 하면 은행에서 돈을 빌릴 때 내야 하는 이자를 떠올립니다. 또 예금, 즉 돈을 입금할 때 은행으로부터 받는 이자도 금리라고 생각합니다. 흔히 이자율이라고 불리는데 이것이 금리입니다.

염상훈은 저서 『나의 첫 금리 공부』에서 금리를 한 나라의 경제 상황을 대변하는 경제 온도계라고 말합니다. 한 나라의 경제가 얼마나 뜨거운지 차가운지를 알려 주기 때문이죠. 경제가 뜨겁다는 말은 호황기라는 뜻입니다. 사업가들은 상품이 많이 팔려 돈을 많이 벌고 투자자들은 주가가 올라 돈을 벌죠. 돈을 더 벌고 싶은 사람들은 공장을 많이 지어 물건을 더 많이 만들려고 할 겁니다. 그러면 돈에 대한 수요가 늘어나죠. 우리나라의 한국은행처럼 각 나라에는 돈을 관리하는 중앙은행이 있습니다. 이곳에서 금리를 결정합니다. 돈에 대한 수요가 늘어나니까 돈의 가치가 올라갈 수밖에 없죠. 호황기 때 금리가 올라가는 것은 돈의 수요와 공급 법칙 때문입니다.

반대로 불황기를 가정해 보죠. 사업가들은 물건이 안 팔려 고민입니다. 투자를 하면 주가가 폭락해 돈을 까먹습니다. 이럴 때는 돈을 빌려서 투자하거나 사업 규모를 늘리지 않습니다. 돈에 대한 수요가 줄어드니 자연스럽게 돈의 가치가 떨어지죠. 이렇게 해서 불황기에는 금리가 떨어지는 게 정상입니다.

이처럼 금리는 돈이 필요한 사람과 돈을 빌려주려는 사람들이 만나서 결정하는 돈의 가격입니다. 그런데 여기서 한 가지 변수가 있습니다. 제게는 A와 B라는 친구가 있습니다. A는 돈을 빌리면 약속한 날짜에 꼬박꼬박 갚습니다. 먼저 갚으라는 이야기를 할 일이 없죠. 반면 B는 돈을 빌린 뒤 감감무소식입니다. "언제 갚을 거야."라고 해야 그제야 갚아야지 합니다. 그러나 실제 돈을 갚는 것은 그렇게 말한 뒤 한참이 지나고 나서입니다. 두 친구는 내게 신용이 전혀 다른 거죠. 여러분이라면 A라는 친구와 B라는 친구에게 돈을 빌려줄 때 이자를 받는다면 누구에게 이자를 더 많이 받고 싶은가요? 당연히 돈을 떼먹기 쉬운 B에게서 더 많은 이자를 받으려고 합니다. 은행도 마찬가지입니다. 돈을 빌리려는 사람의 신용도가 떨어지면 이자율을 높일 수밖에 없습니다. 삼성전자처럼 절대 망할 리 없는 우량 기업과 지금 막 사업을 시작해서 돈 벌 방법이 안 보이는 기업에 은행이 같은 이자율로 대출해 주지는 않습니다.

또 한 가지 고려할 사항은 돈을 빌리는 기간입니다. 누구는 한 달을, 누구는 1년을 빌려달라고 합니다. 단도직입적으로 돈을 날릴 확률, 즉 돈을 돌려받지 못할 확률은 어느 쪽이 높을까요? 신용도가 같다는 전제하에서 당연히 1년 동안 돈을 빌려줄 때 돈을 못 받을 가능성이 큽니다. 탈레브의 말대로 불확실성이 그만큼 커지기 때문이죠.

금리는 또 할인율과도 연동이 됩니다. 할인율은 현재 내가 가진 돈이 미래 일정 시점에 줄어드는 비율을 뜻합니다. 5년 뒤 100만 원은 지금 내가 가진 100만 원과 같은 가치의 금액이 아닙니다. 5년 뒤에는 물가가 올라 내가 살 수 있는 상품의 구매력이 감소하기 때문입니다. 만약 할인율이 10%라면 해마다 10%씩 감소해서 5년 뒤의 100만 원은 지금보다 훨씬 더 낮은 가치가 되는 셈이죠. 이자에 이자가 붙는 복리로 계산할 때는 62만 원 정도가 됩니다. 그런데 시중의 금리가 10%에서 5%로 하락되었다고 가정해 보죠. 금리 10%가 너무 높아 투자가 위축되었다고 판단한 한은이 그런 결정을 내릴 수 있죠. 그러면 미래에 예상되는 기대 수익률은 반대로 올라갑니다. 매년 10% 감소하던 것이 5%씩 감소하기 때문이죠. 그렇게 되면 5년 뒤의 돈의 가치는 올라갑니다. 복리로 계산하면 76만 원 정도로 올라갑니다.

지금은 바야흐로 저금리 시대입니다. 2020년 대한민국의 금리는 0.5%입니다. 71년도에는 31%였죠. 그때보다 금리는 어마어마하게 떨어졌고 그만큼 대한민국 경제는 성장했습니다. 여기서 제가 하고자 하는 말을 다들 짐작했을 것입니다. 경제가 발전하면 저금리를 피할 수 없다는 겁니다. 경제가 발전하기 전에는 기업들이 공장을 마구마구 짓느라 돈이 많이 필요합니다. 돈을 적극적으로 빌리려고 하니 금리가 올라갈 수밖에 없죠. 그러나 경제가 어느 정도 성장하면 성장 폭이 둔화됩니다. 기업들은 돈을 적극적으로 빌려 공장을 더 지을 형편이 안 되죠. 돈의 가치는 떨어질 수밖에 없습니다. 금리가 1%도 안 된다면 5년 뒤의 100만 원과 지금의 100만 원은 거의 차이가 없어집니다. 물가가 올라가는 걸 인플레이션이라고 한다면 경제가 발전한 나라들은 인플레이션의 위기보다는 물가가 떨어지는 디플레이션의 위기에 빠질 가능성이 높고 현재 우리나라도 후자에 가까운 상황입니다.

물론 코로나 때문에 저금리가 유지되는 측면도 있습니다. 정부가 인위적으로 금리를 낮춰, 즉 돈의 가격을 떨어뜨려 기업들이 적극적으로 투자에 나서도록 유도한 측면이 있습니다. 또한 우리나라는 20년 전 일본처럼 빠르게 저출산과 저성장이 찾아오면서 금리를 높이고 싶어도 높이지 못하는 본격적인 초저금리 시대에 접어들었습니다.

고령화가 진행되면 돈을 빌리려는 사람보다 기존의 자기 돈을 굴리려는 사람들이 많아질 수밖에 없죠. 대출을 받아서 위험자산인 주식에 투자하는 배짱이 나이가 들면 사라지기 마련입니다. 자신의 노후를 대비하기 위해 예금 같은 안전 자산에 몰릴 수밖에 없죠. 은행에서는 돈을 빌리려고 하는 사람보다 맡기겠다는 사람이 많으니 돈을 맡길 때 이자(예금금리)를 적게 줄 수밖에 없습니다. 당연히 수요와 공급의 법칙이 작용합니다. 일본은 1999년부터 제로 금리에 들어갔습니다. 은행에 돈을 맡기면 이자가 한 푼도 발생하지 않습니다. 오히려 돈을 맡기면 수수료를 내라고 하는 상황입니다.

마지막으로 금리와 더불어 환율도 기본적으로 알아 둬야 할 개념입니다. 환율은 돈의 국제적인 가격입니다. 우리나라 돈을 미국 달러와 몇 대 몇의 비율로 교환해 줄 것인가를 결정하는 거죠. 고정환율제는 이 환율이 고정된 것이고, 변동 환율제는 시장의 수요와 공급에 따라 수시로 변화하는 제도입니다. 우리나라는 1997년 IMF 때까지는 고정환율제였다가 달러의 부족으로 달러 가격이 폭등(원화가치 급락)해 외환위기를 겪은 후 변동환율제로 바꿨습니다.

원화가 하락하고 달러 가격이 오르면 국내 수출기업은 웃습니다. 현재 환율이 1달러당 교환비율이 1,200원인데 앞으로 1,500원으로 원화 가치가 하락한다고 가정해 보죠. 미국 수입업자로부터 1달러를 받으면 국내에서 1,500원으로 환전할 수 있습니다. 이 300원을 환차익이라고 합니다. 반면 수입업자는 원화 가치가 상승해야 웃습니다. 1,200원에 살 미국 제품을 1,000원에 살 수 있다면 기분이 좋을 수밖에요.

미국과 중국이 무역전쟁, 즉 관세 전쟁을 벌이고 있지만, 갈등의 출발은 환율 때문이었습니다. 중국 정부는 미국에 수출을 많이 해서 돈을 더 많이 벌기 위해 위안화의 가치를 낮추려고 노력했죠. 그러나 중국으로부터 수입은 많고 수출은 적은 미국의 관점에서 이런 중국이 괘씸했습니다. 그래서 위안화 가치를 높이라고 끊임없이 요구하다 중국이 말을 듣지 않자 중국 수출 제품에 관세를 매기는(그래서 중국 수출 제품의 미국 내 가격을 높이는) 전략을 택한 거죠.

고정환율제는 외국 자본이 국내에 마음대로 들어오지 못하게 통제한다는 걸 뜻합니다. 이 말은 금융 시장을 개방하지 않겠다는 이야기죠. 중국이 사실상 고정환율제를 채택하는 이유는 자국 시장의 물가 때문입니다. 『나의 첫 금리 공부』를 쓴 염상훈은 이런 논리로 쉽게 설명합니다.

"만약 중국이 자유로운 자본 유출입을 허용하면 위안화 매수-달러 매도 수요가 밀려오게 되고(잘나가는 중국 경제 때문에 위안화를 가지려는 외국인들이 많아지겠죠.), 중국 정부는 고정환율제를 유지하기 위해 계속 위안화를 팔고 달러를 매수해 줘야 한다. 이때 중국 정부는 보유하고 있지 않은 위안화를 팔기 위해 결국 화폐 발행을 더 해야 하고, 달러 매수로 인해 외환 보유고가 늘어나지만 그만큼 위안화가 시장으로 풀려나간 셈이 된다. 이로 인해 물가 상승 압력이 나타난다."

물가가 올라가면 내가 받은 월급으로 살 상품이 줄어든다는 말이 니 정부에 불만을 가질 수밖에 없고, 이는 중국 정부가 가장 무서워 하는 일입니다. 중국 정부는 무역 흑자로 달러 보유고를 늘리고 해 외 자본 유출입은 막으면서 통화 정책으로 물가를 잡고 싶은 세 마 리 토끼를 쫓고 있습니다. 이를 미국이 가만히 두고 넘어갈 리가 없 습니다. 앞으로 살펴보겠지만 미국의 금융을 장악하고 있는 유대인 들은 중국 시장에서 돈을 벌고 싶어 합니다. 그래서 끊임없이 미국 정부는 중국 정부에 금융 시장을 개방하라고 요구하고 때로는 닦달 합니다. 현재 중국의 외환 보유고는 한때 4조 달러에 이르렀고 지금 도 3조 달러에 달합니다. 여전히 독보적인 세계 1위죠. 중국은 미국 에서 번 달러로 전 세계(미국 포함) 국채를 사들이고 있습니다. 국채 를 사들여 채권국가가 되어 정치적·경제적 영향력을 미치려는 의 도가 깔려 있죠.

환율까지 이해했다면 이제 돈에 관한 공부는 마무리되었습니다. 이제부터 해야 할 일은 돈을 버는 데 필요한 기술입니다. 먼저 이해 할 일은 인간, 특히 인간의 심리에 관한 공부입니다.

유럽의 워런 버핏으로 불리는 세계 최고의 투자자인 앙드레 코스톨라니는
한마디로 답합니다. "투자는 철저하게 심리게임이기 때문이다.
큰 성공을 거둔 투자자는 대부분 총명하고 정치적인 분석가이며,
뛰어난 군중심리학자이기도 하다."

투자는
심리게임,
인간 심리 꿰뚫기

투자가 어려운 건 투자에 참여한 사람들의 심리가 복잡하기 때문입니다. 누군가는 자신이 판 주식이 오를 때 스트레스를 많이 받는가 하면 누군가는 자신이 산 주식이 내려가면 밤에 잠을 못 잡니다. 저마다 다른 이유로 투자에 참여하기 때문에 투자로 돈 벌기가 쉽지 않지만 방법은 있습니다. 책에서 멘토를 찾는 것입니다. "투자는 심리게임이다."라고 주장한 유럽 최고의 투자자 앙드레 코스톨라니의 '투자하는 인간들의 심리학을 다룬 행동경제학'이라는 학문도 있지요. 현대의 뇌과학은 인간이 가진 욕망의 알고리즘을 드디어 분석해내기 시작했습니다. 그리고 책뿐 아니라 영화도 인간의 심리를 이해하는 데 통찰력을 줍니다. 〈리미트리스〉라는 영화는 인간이 똑똑해지면 똑똑해질수록 돈을 더 잘 번다는 진리를 보여 주죠. 이번 장에서는 돈을 버는 데 너무나 중요한 인간이란 존재를 이해하는 과정을 다루어 보겠습니다.

왜 똑똑한 이과생이
투자에서는 실패할까?

요즘은 '서울대 수학과를 나와 얻을 수 있는 최고의 직장은 금융 업계다'라는 이야기가 정설로 굳어졌습니다. 초봉이 2억이 넘는다는 소문도 있죠. 돈을 버는 일은 숫자와 친해야 하는 만큼 문과보다는 이공계 출신이 유리하다는 생각이 깔려 있습니다. 『세상의 모든 수학』을 쓴 프랑스 수학자 에르메 레닝은 "2008년 금융 위기 이후 금융 수학에 대한 비난이 빗발치고 있다. 수학이 금융 위기의 주범이라는 인식 때문이다."라고 말합니다. 실제로 수학은 각종 파생상품을 만들어 내는 데 결정적으로 기여했습니다.

그런데 재미있는 사실이 있습니다. 주변에 주식으로 돈을 번 사람들을 보면 문과가 이과보다 훨씬 더 많다는 사실이죠. 그 이유는 뭘까요? 유럽의 워런 버핏으로 불리는 세계 최고의 투자자인 앙드레 코스톨라니는 한마디로 답합니다. "투자는 철저하게 심리게임이다. 큰 성공을 거둔 투자자는 대부분 총명하고 정치적인 분석가이며, 뛰어난 군중심리학자이기도 하다." 말킬의 채권 원리로 유명한 미국의 경제학자이자 투자자인 버턴 말킬은 주식 시장의 90%는 심리가 지배하고 나머지 10%가 논리로 설명될 수 있다고 주장할 정도입니다.

코스톨라니는 헝가리에서 태어나 오스트리아, 프랑스, 미국, 독일 등에서 활동한 유대인 투자자입니다. 대학에서 철학과 종교학을 전공한 그가 투자로 유럽에서 최고의 성공을 거둔 이유는 투자는 인간의 심리게임이라는 사실을 너무나 잘 알았기 때문입니다. 예를 들어 그는 제2차 세계대전 전후 아무도 쳐다보지 않던 독일의 국채를 아주 싸게 사들였습니다. 당시 누구나 독일은 히틀러의 죽음과 함께 망할 거라고 예상하던 시점이었습니다. 그런데 코스톨라니의 선택은 독일인들의 심리를 읽은 신의 한 수였습니다. 독일인들은 히틀러는 독일이 아닌 히틀러일 뿐 독일의 잘못은 히틀러의 죽음과 함께 끝냈다고 믿으며 여전히 독일이 살아 있다는 걸 보여 줄 거라고 확신했죠. 그런 만큼 이전 정부의 부채를 적극적으로 갚으려들 것이며 재기를 시도하리라 생각했습니다. 히틀러 이후 서독을 다스렸던 아데나워 정권은 정말로 독일 국채를 갚았고 코스톨라니는 떼돈을 벌었습니다.

코스톨라니는 "시장에 바보가 주식보다 많을 때 주식을 팔고, 주식이 바보보다 많을 때 주식을 사라. 주식은 머리가 아니라 엉덩이로 버는 것"이라는 유명한 말을 남겼습니다.

그는 철저하게 문과형이자 예술가형 인간이었습니다. 철학과 예술사 외에 음악도 공부하고 싶었지만 주식 시장에서 일하기 위해 그만두었죠. 그리고 모국어인 헝가리어 외에 영어, 불어, 독어 등 4개 국어에 능통합니다. 이미 서른다섯에 평생 벌 돈을 벌어놓고 잠시 은퇴를 했지만 신경쇠약에다 우울증에 시달리면서 다시 일하기 위해 현업에 복귀했습니다. 이때 그는 심리학을 본격적으로 공부해 투자에 적용합니다. 심리학 교수로부터 직접 사사하면서 귀중한 지식을 배웠죠.

그는 자신의 투자 철학을 정리한 책『투자는 심리게임이다』에서 몇 가지 핵심을 말하는데, 먼저는 마음을 다스리는 자가 돈을 벌고 그러기 위해서 책이 필요하다는 게 그의 주장입니다. 투자자들은 으레 자신이 똑똑하다고 생각합니다. 하지만 투자자들이 모인 증시에서 그들은 공포와 탐욕에 휘둘려 어리석은 결정을 내리기 일쑤입니다. 투자자는 자신이 똑똑해서 얻는 이익보다 다른 사람들이 어리석어서 얻는 이익이 많다는 것이 그의 지론입니다.

그가 말하는 어리석은 투자자는 그래프를 열심히 읽고 컴퓨터로 시세를 확인하며 열심히 정보를 좇는 사람들입니다. 이들을 똑똑한 바보라고 하죠. 그래프와 추세에는 지금까지의 사람들의 심리가 반영되어 있긴 하지만 지금 이 순간부터의 움직임은 알 수 없습니다. 그래서 투자 정보에 집착하지 말고 오히려 인간을 이해하기 위해 심리학과 철학 관련 책을 열심히 읽으라는 것입니다.

"좋은 주식을 고르는 데 지금까지 읽은 책들과 정보를 활용해라. 그다음에는 더 이상 그 회사의 주가를 쳐다보지 마라. 수면제를 먹고 몇 년간 푹 자듯이 기다려야 한다."라는 게 코스톨라니가 남긴 또 하나의 명언입니다. 투자자의 심리에 관해 그가 남긴 너무나 유명한 유머도 있습니다.

"주인을 따라 산책하는 개가 어떻게 움직이는지 한번 생각해 봅시다. 산책하는 경로는 늘 정해져 있습니다. 집에서 출발해 공원에 갔다가 다시 집으로 돌아오는 코스지요. 이때 개들은 어떨까요. 주인의 뒤를 항상 쫓아갈까요. 아닙니다. 어떨 때는 주인을 앞서기도 하고 어떨 때는 뒤처지기도 하고 어느 순간에는 주인의 시야에서 사라질 때도 있습니다. 그러나 결국에는 집에 함께 돌아오게 되죠."

갑자기 사라진 개, 갑자기 주인을 치고 앞서가는 개 때문에 혼란스러워진 투자자들은 어리석은 결정을 하게 되고 결국 피뢰침(가장 고가)에서 사 바닥에서 파는 악순환에 빠지게 됩니다. 그는 버핏이나 버핏의 스승 벤자민 그레이엄처럼, 빚을 내서 투자하는 것에 극도로 부정적입니다. "투자자는 절대로 빚으로 투자해서는 안 된다. 왜냐하면 빚을 지지 않은 사람만이 자기 생각에 온전히 따를 수 있기 때문이다." 투자에서 가장 중요한 건 자신의 판단력입니다. 빚을 진 사람은 그게 무너지기 쉽죠.

그가 말한 대로만 투자할 수 있다면 좋겠지만 많은 사람이 투자로 시작해 투기로 끝나곤 합니다. 그는 그날 매수했다가 같은 날 매도하는 거래인, 즉 '데이트레이더(day trader, 주가 움직임만을 보고 차익을 노리는 주식투자자)'를 주식 시장의 기생충이라며 경멸합니다. 그는 투기에 대해서 이렇게 말합니다. "건달이 태어났다. 이 건달은 게임을 하고, 따기도 하고, 잃기도 하지만, 절대로 죽지는 않는다." 그는 돈을 벌려고 노력하되 돈에 미치지는 말라며 이렇게 주문합니다.

"미친 사람들에게 최대의 불행은 게임 시작과 동시에 돈을 땄을 때이다. 왜냐하면 그다음에 그는 미친 사람이 되기 때문이다."

인간과 심리를 제대로 이해하지 못한 투자자들은 이런 레밍(lemming, 설치류의 일종)이 되기 쉽습니다. 심리학 용어에 '레밍신드롬'이 있습니다. 우두머리나 자신이 속한 무리가 하는 대로 맹목적으로 따라 하는 집단적 편승효과를 가리키는 말입니다. 무리의 선두에 선 한 마리가 바다에 뛰어들면 다 같이 바다에 뛰어들어 죽는 '레밍'에서 따온 말이죠. 코스톨라니는 주식 시장에서 남들이 움직이면 따라 움직이는 사람들이 가장 위험하다고 말합니다. 그리고 주식 시장에서 성공하려면 3분의 1은 대중과 같은 방향으로 움직이고, 3분의 2는 대중과 반대 방향으로 움직이는 게 좋다고 덧붙여 조언합니다.

대중의 공포심이 극도에 달할 때야말로 자신감을 가져야 할 때이며, 대중이 극도로 자신감을 보일 때 공포감을 한발 먼저 느끼라고 주문합니다. 쉽게 말해서 거래량이 폭증할 때 남들보다 먼저 매도

하고, 거래량도 적고 주식 소유자 수도 적을 때는 매수하는 것이죠. 기다리는 순간이 많을수록 생각하는 시간도 늘어나고 다른 사람이 아닌 자신의 판단을 믿는 만큼 정확히 매도할 타이밍을 고르기가 쉽습니다.

"투자자가 군중의 히스테리를 떨쳐버리기 위해서는 훈련을 많이 해야 하고, 다른 사람들을 믿지 말아야 하며, 조금은 건방진 면이 있어야 한다."

이 세상에 믿을 것은 자신뿐입니다. 무엇보다 자기 손가락 끝의 감각을 믿을 때 투자에서 성공할 수 있습니다. 100년 전 코스톨라니가 처음 투자 시장에 뛰어들었을 때나 지금이나 여전히 유효한 진리입니다.

직관과 논리 중
무엇을 따라야 할까?

돈을 벌기 위해 인간의 뇌를 이해하는 것은 중요합니다. 심리학자이자 행동투자학의 전문가인 대니얼 크로스비는 "뇌는 우리가 남과 비교해 경제적 행복의 잣대를 재고 덧없는 행복감을 느끼게 만들지만, 우리가 가진 한계를 이해하는 것은 남과 다른 선택을 하기 위한 첫걸음"이라고 말했습니다. 외부 자극을 받았을 때 우리의 뇌는 크게 두 종류의 의사결정 과정이 동시에 다른 속도로 일어납니다. 경제학과 심리학의 융합학문인 행동경제학의 아버지 대니얼 카너먼과 아모스 트버스키는 '직관적 사고를 시스템1, 논리적 사고를 시스템2'라 부르며 다음과 같이 설명합니다.

"시스템1은 자동적으로 빠르게 작동하며 노력은 거의 혹은 전혀 필요하지 않다. 또한 자신이 스스로 통제하고 있다고 인식하지 못한다. 시스템2는 복잡한 계산을 비롯해 머리를 써야 하는 지적 활동에 주력한다. 시스템2의 작용은 중개, 선택, 집중과 같은 주관적 경험과 연관되는 경우가 많다."

일본의 대표적 경영 컨설턴트이자 『철학은 어떻게 삶의 무기가 되는가』의 저자 야마구치 슈는 두 시스템은 대조적으로 보이지만 실제로는 동시에 작동한다고 합니다. 가령 작곡가는 곡 전체를 구성할 때 논리적 사고를 활용하고, 즉흥 연주를 할 때는 직관적 사고를 활용합니다. 그리고 대부분의 경영대학원에서는 재정학이나 전략론을 통해 논리적 사고를 훈련하는 동시에 수많은 사례를 통해 직관적 사고를 가르칩니다. 즉 높은 지적 수준이 요구되는 전문직에서 성과를 내려면 직관적 사고와 논리적 사고를 균형 있게 활용해야 합니다.

야마구치 슈는 눈앞에 당면한 문제를 해결하는 데 3가지 접근법이 있다고 말합니다.

- 랜덤: 직관적으로 해답을 구해 의사결정을 한다.
- 휴리스틱: 경험치에 근거해 꽤 괜찮은 해답을 찾아 의사결정을 한다.
- 옵티멀: 사실과 논리에 따라 최적의 해답을 찾아 의사결정을 한다.

이 중에서 휴리스틱은 돈을 벌려고 할 때, 특히 주식에 투자할 때 반드시 알아야 할 개념입니다. 주식에 투자하는 사람들 대부분은

이 휴리스틱에 의존해 투자를 결정하기 때문입니다. 주식 시장에 투자한 사람들은 두 부류로 나눌 수 있고 중간이 거의 없습니다. 바로 자신의 판단력과 직관을 확신하고 오직 자신의 감만 믿고 '못 먹어도 고!'를 외치는 사람과 귀가 얇아 전문가나 도사라 불리는 사람들에게 지나치게 의존하는 사람입니다.

카너먼은 자신의 심리 이론을 집대성한 저서 『생각에 관한 생각』에서 인간이 합리적일 것이라는 기존의 경제학에서 전제로 하는 인간 모델을 거부하고, 제한적 합리성을 지닌 존재로 인간을 규정합니다. 완벽하게 합리적인 인간들이 모여서 경쟁을 하면 시장은 완벽하게 효율적으로 작동할 겁니다. 그러나 때로는 무모하고 때로는 지나치게 두려워하는 인간의 제한적 합리성 때문에 주가가 춤을 추는 것이죠.

카너먼은 휴리스틱을 몇 가지로 유형화합니다. 우선 대표성 휴리스틱이 있습니다. 어떤 사건이 전체를 대표한다고 보고 이를 통해 빈도와 확률을 판단하는 것을 뜻합니다. 우리나라에서는 "특정 학교 출신은 다 그래", "특정 지역 출신은 이기적이야." 하는 식으로 개인을 보고 집단 전체로 확대해석할 때가 있습니다.

주식 시장에서는 대표성 휴리스틱이 어떻게 작동할까요? 'PER'이라는 개념은 주식을 하는 사람들이 가장 많이 들어본 개념입니다. 주가수익비율Price earning ratio의 약자로 주가를 '주당순이익EPS'으로 나눈 수치입니다. 한 주가 얼마의 영업수익을 올리는지를 알려

주는 좋은 지표죠. 당연히 PER이 높은 기업들은 주당순이익에 비해 주가가 매우 비싸다는 이야기입니다. 낮은 기업들은 반대로 주당순이익에 비해 주가가 낮다는 것이고 이는 기업 실적이 주가에 제대로 반영되지 않았다는 것을 의미합니다.

동종업계 기업 중 PER이 낮은 기업은 다른 기업보다 저평가되어 있을 가능성이 있습니다. 이는 확률이 높을 뿐 무조건 그렇다는 것은 아닙니다. 그런데도 무조건 PER이 낮은 기업을 찾아 투자하는 것이 옳다고 믿고 성장성이나 미래 전망이 낮은 기업을 PER이 낮다는 이유로 매입하는 사람들은 PER이 주가를 대표한다는 대표성의 휴리스틱에 빠진 것이라 볼 수 있습니다.

카너먼이 강조하는 또 한 가지 휴리스틱은 '프레이밍 효과'입니다. 예를 들어 어떤 수술을 할 경우, 300명 중 240명이 살고 60명이 죽는다고 의사가 말할 때와 생존율이 80%라고 할 때는 똑같은 의미임에도 결과가 달라집니다. 받아들이는 사람은 전자일 때는 내가 죽을지도 모른다고 생각하고 후자일 때는 내가 살 수도 있다고 생각하는 오류를 범합니다. 우리 속담에 '아 다르고 어 다르다'는 말이 있는데 이것도 프레이밍 효과의 일종입니다.

강병욱은 저서 『저는 주식투자가 처음인데요』에서 오랜 증권사 경험을 통해 국내 많은 증권사가 프레이밍 효과를 사용해 사람들을 현혹한다고 말합니다. '10년 연속 업계 수익률 1위'라고 하면 10년간 약세장이 지속되면서 타 기업 모두가 마이너스를 보일 때 가장 적게 손해를 본 회사를 뜻할 수도 있다는 말입니다.

또 한 가지 주식 시장에서 전형적으로 드러나는 휴리스틱이 기준점 휴리스틱입니다. 어떤 기준점에 얽매이는 심리적 '앵커링anchoring 효과'입니다. 사람들에게 1부터 100까지 적힌 숫자가 쓰인 바퀴를 돌리게 하여 하나의 숫자가 나오게 합니다. 그런 다음 질문자가 아프리카 국가 중 몇 개국이 유엔UN에 가입했느냐고 묻습니다. 바퀴를 돌렸을 때 숫자가 낮게 나온 사람들은 대체로 낮게 대답하고 높게 나온 사람들은 높게 대답한다는 이론입니다.

주식 시장에서 앵커링 효과를 이용한 대표적 사례가 액면분할(주식의 액면가액을 일정한 분할비율로 나눠 주식 수를 증가시키는 일. 예를 들어 액면가액 5,000원짜리 1주를 둘로 나누어 2,500원짜리 2주로 만드는 경우)입니다. 네이버는 2003년 상장 초기부터 죽죽 치고 나가 수백만 원을 호가할 정도로 인터넷의 황제주가 되었죠. 그런데 지금 주가는 30만 원대(11월 5일 현재 주가가 조정을 받아 29만 9000원입니다.)입니다. 사람들은 예전에 수백만 원일 때를 생각해 네이버 주식이 싸다고 생각해 구입할 수 있습니다. 그러나 네이버는 수차례 액면분할해서 지금은 100원까지 낮췄습니다. 실제는 1,500만 원에 이르는 거죠.

네 번째로 '가용성' 휴리스틱이 있습니다. 머릿속에 잘 떠오르는 정보나 사례에 근거해서 해당 사건이나 사례가 일어날 확률이 더 높다고 여기는 인지적 경향을 의미합니다. 사람들이 자살을 많이 하는 장소는 어디일까요? 이 질문에 많은 사람이 한강의 다리를 떠올립니다. 기사에 많이 보도되었기 때문이죠. 하지만 사실은 자택이 1위입니다.

주식 시장에서 가용성 휴리스틱을 이용하는 기업들은 바로 홍보를 통해 주가를 올리는 기업들입니다. 주가는 실적을 반영하는 것이 맞고 또 그래야 하는데 일부 기업들은 전망성 있는 미래 사업을 하리라는 보도 자료를 통해 기대치를 높여 주가를 끌어올립니다. 2008년에 자동차 한 대 없이 전기 자동차를 만들겠다는 선언만으로 주가를 끌어올린 테슬라의 일론 머스크가 대표적인 예입니다.

마지막으로 투자와 관련해서 알아야 할 오류는 매몰 비용 편향입니다. 매몰 비용은 지금까지 투자한 비용이 아까워서 계속 투자하는 사업가에게 해당합니다. 인간은 여러 시간 고심하고 집중해서 내린 결정일수록 그 결정의 시비에 대한 판별력이 떨어집니다. 1970년대 영국과 프랑스가 공동으로 세계 최초 초음속 비행기 콩코드를 힘을 합쳐 만들었습니다. 그러나 속도를 중시한 탓에 탑승인원을 줄일 수밖에 없었고 1970년대 석윳값이 천정부지로 치솟으면서 경제성이 떨어져 위기에 처하고 맙니다. 그러나 영국과 프랑스는 지금까지 '들인 돈이 얼마인데'라며 사업을 포기하지 못해 더큰 손해를 입었죠.

주식 시장에서도 매몰 비용의 오류는 빈번하게 일어납니다. 이른바 '물타기'라는 것이 있습니다. 자신이 판 주식을 그다음 날 다시 구입해 평균 매수 단가를 낮추려는 시도가 전형적인 매몰 비용 효과죠. 이에 반해 버핏처럼 30%라는 선을 정해 놓고 그 이하로 떨어지면 무조건 파는 손절매의 원칙은 매몰 비용의 반대라고 생각할 수 있습니다.

이런 편향 모두가 주식 시장 및 금융 시장에서 꼭 부정적인 것만은 아닙니다. 피셔인베스트먼트 설립자 겸 회장인 켄 피셔는, 편향은 그 자체가 결함은 아니라고 말합니다. 편향은 우리 뇌가 진화한 결과 얻게 된 정상적인 태도라는 것이죠. 하지만 정치적인 편향, 즉 이데올로기에 의한 편향만큼은 돈 버는 데 도움이 되지 않는다고 말합니다. 흔히 사람들은 미국의 공화당이 기업에 친화적이고 공화당의 집권이 주식 시장에 긍정적으로 작용한다고 생각하지만, 실제 공화당 정권보다 민주당 정권 때 주식이 더 많이 올랐습니다. 그에 따르면 주가는 공화당 대통령 때 연 9.3% 상승했고 민주당 대통령일 때 연 14.5% 상승했죠. 트럼프가 재집권했다고 주식 보유를 늘리거나 바이든이 집권했다고 주식 대신 채권이나 금으로 투자 수단을 교체하는 것 역시 편향이 될 수 있다고 말합니다.

행동경제학에서 또 중요하게 다뤄지는 개념 중 하나는 전망이론입니다. 남들은 돈을 버는데 자신만 손해를 입을 때의 고통과 남들이 손해를 볼 때 자신만 이익을 보는 기쁨을 서로 비교하면 어떨까요? 대니얼 카너먼에 따르면 손실에 따른 고통은 이익에 따른 기쁨의 2배입니다. 즉 고통을 훨씬 크게 느끼는 법이죠. 그 비율은 1 대 2.5입니다. 즉 1억 원을 잃을 때의 고통이 2억 5천만 원 이익을 볼 때의 기쁨과 효용이 같다는 이야기입니다.

앞서 소개한 대니얼 크로스비는 저서 『제3의 부의 원칙』에서 이와 관련된 실험을 소개합니다. 손해를 본 뇌에서는 고통 중추가 각성되면서 이성을 잃은 결정이 자주 나왔습니다. 손실을 본 투자자들은 돈을 버는 데 관심을 쏟기보다 자신의 상처를 핥는 데 몰두하면서 주식, 선물, 옵션 등 변동성이 큰 투자보다 채권처럼 안정적인 그러나 수익성이 떨어지는 투자 수단에 매달리는 경향이 강했습니다. 인간은 그만큼 손해를 싫어하고 두려워합니다.

카너먼이 『생각에 관한 생각』에서 말한 시스템1(직관적 사고)과 시스템2(논리적 사고)는 주식 시장에서 어떻게 활용하는 게 좋을까요? 즉 직관과 논리 중에 무엇을 더 믿어야 할까요? 위에서 말한 오류와 편향에서 벗어나려면 시스템1에 의존하는 방식이 위험한 투자 방법일 것 같습니다. 시스템1은 안정성을 추구하며 규칙성을 가지고 일어나는 일에 대처하는 데 도움을 주죠.

그러나 주식 시장과 투자 시장이 항상 정상적으로 굴러가는 것은 아닙니다. 그래서 시스템2의 도움이 필수적입니다. 시스템2에도 문제는 있습니다. 카너먼에 따르면 시스템2의 주요 기능 중 하나는 시스템1이 제안한 생각과 행동을 주시하고 통제하면서 일부는 행위를 통해 직접 표현하고, 또 일부는 억누르거나 수정하는 것입니다. 그리고 시스템2는 논리적이어서 더 믿을 만하다고 여기지만 그 치명적 문제는 게으르다는 점입니다. 오래 생각하고 고민한 끝에 최고의 선택을 한 것 같지만 그렇지 않다는 것입니다.

주식 시장에서는 순간순간의 흐름이 중요하고 적절하게 매수할 타이밍과 매매할 타이밍을 정하는 게 너무나 중요하기 때문에 시스템1을 끄고 시스템2에만 의존해 의사결정을 했다가는 큰 손해를 입을 수 있습니다.

행동경제학이 인간의 심리에 대해서 말하는 것은 바로 균형입니다. 시스템1과 시스템2를 동시에 활용하면서 타이밍을 잡을 때는 시스템1을, 분석과 비교 등 비교적 장기적인 두뇌 작업에는 시스템2에 의존하는 것이 최선의 투자 방법입니다.

무의식이
우리의 경제 활동을 조종한다?

　독일의 신경마케팅 분야의 최고 권위자인 한스-게오르크 호이젤은 뇌과학, 생물학, 심리학, 광고학, 경영학, 경제학 등의 학문을 융합해 신경마케팅이라는 학문을 만들었습니다. 호이젤 박사는 저서 『뇌, 욕망의 비밀을 풀다』에서 '무의식이 인간의 경제 활동을 어떻게 조종할까?'라는 의문에 대해 명쾌한 해답을 제시했습니다. 이 책은 2010년도 독일에서 최고의 마케팅 책으로 평가받았으며 가독성도 높습니다. 뇌과학 이론과 용어들이 많이 나오지만 어렵지 않고 설득력 있게 자신의 주장을 펼칩니다.

　책은 총 3부로 구성되어 있습니다. 1부에서는 고객이 제품을 구매하는 이유는 무엇인가에 집중합니다. 2부에서는 제품 구매 시 고객들은 어떤 차이를 보이는가 하는 의문점에 대해 파고 듭니다. 3부에서는 기업의 관점에서 가장 관심 있어 할 포인트로 고객이 제품을 더 많이, 더 자주 구매하게 하려면 무엇을 해야 하는가에 대한 흥미로운 답을 내놓고 있습니다.

호이젤은 인간의 자유의지를 부정하거나 과소평가하며 우리의 의식이 소비를 결정하는 것이 아니라 감정과 무의식이 구매를 결정한다고 주장합니다. 고객의 진짜 구매 동기를 알고 싶으면 빅 3(big 3) 감정 시스템을 알아야 합니다. 경쟁과 축출을 포함한 지배 시스템, 탐색과 발견을 포함하는 자극 시스템, 안전과 안정을 추구하는 균형 시스템입니다. 이 셋이 융합되기도 하고 때로는 견제하기도 하면서 인간의 감정과 그에 따른 선택이 이루어집니다.

그는 3가지 감정의 조합을 통해 모두 8가지 유형의 사람들로 분류합니다. 29%는 조화론자(동양에는 이 비율이 월등히 높습니다.), 19%는 전통주의자(보수라고 부르죠.)로, 이 둘은 균형 시스템을 중시하는 사람들입니다. 그리고 개방주의자들이 13%, 쾌락주의자가 13%입니다. 이 둘은 자극 시스템 추구라는 공통점이 있죠. 가장 돈을 많이 벌고 사회적으로 성공한 실행가 10%, 히틀러 같은 규율숭배자도 10%입니다. 자극과 지배의 극단을 추구하는 모험가는 6%입니다. 이는 독일의 경우입니다.

그는 이들의 소비 패턴을 유형별로 분류하고 이들이 그런 소비 패턴을 보이는 이유를 타당하게 분석합니다. 예를 들면 자동차의 소비 관심도는 실행가, 모험가, 쾌락주의자 순으로 높습니다. 자동차는 능력과 남자로서의 성적 매력도를 보여 주기에 이렇게 높은 거죠. 반면에 여성들은 패션에 더 많은 돈을 지출합니다. 여성 중에 쾌락주의자 비율이 높은 것은 아니지만 패션에 관한 관심은 특히 쾌락주의자가 높습니다.

그의 주장 중에 재미있는 사실은 뇌는 남녀만 다른 게 아니라 나이 듦에 따라서도 달라진다고 합니다. 노년이 되면 내적 여유를 주는 세로토닌의 감소로 일상에서 마주치는 작은 불편함에도 과민반응을 보입니다. 노년층은 상대적으로 불안감이 많은 편이죠. 그래서 주식을 하지 않고 안정적인 연금 생활자가 되려고 합니다. 고령화 사회에서는 경험의 틀을 벗어나고, 규칙을 부수며 앞으로 나아가려는 기업가와 탐험가를 찾아보기 힘들 수밖에 없습니다. 일본의 현재 모습이며 머지않아 한국의 미래가 될 수도 있겠지요.

큐매니지먼트에 따르면 이들 유형에 따라 마케터의 말도 달라진다고 합니다.

실행가를 위한 멘트는 이게 좋겠죠.

"이 제품은 당신에게 누구도 따라올 수 없는 경쟁우위를 제공할 것입니다."

규율숭배자에게는 이 말이 최고입니다.

"이 제품은 X개월 후부터는 구매하느라 쓴 비용을 모두 회수하실 수 있습니다."

전통주의자와 조화론자는 더 쉽습니다.

"안전하고 믿을 수 있는 제품입니다."

쾌락주의자는 어떨까요?

"이 제품은 지금껏 보지 못했던 새로운 가능성을 제시합니다."

유형론에는 함정(여러 유형에 걸쳐 있는 사람들이 너무 많기에)이 분명 있습니다. 하지만 혈액형이나 사상체질보다 훨씬 더 과학적이라는 느낌이 들었습니다.

광고 1

한 남자가 메르세데스 자동차를 타고 숲속을 지나간다. 갑자기 죽음의 신이 그의 옆에 앉는다. 남자는 그를 뚫어지게 쳐다본다. 죽음의 신이 웃으며 말한다. "미안합니다." 그 순간 브레이크 시스템이 작동하기 시작하면서 자동차가 길을 막고 있는 트럭과 부딪치기 직전에 멈춘다. 운전하던 남자는 잠시 충격을 받은 듯하더니 죽음의 신 쪽으로 몸을 돌려 말한다. "미안합니다."

광고 2

한 남자가 차를 타고 숲속을 지나가다가 길 한가운데 서 있는 사슴 한 마리를 갑자기 발견한다. 브레이크 시스템 덕분에 그는 멈출 수 있었다. 이어 그 사슴을 비롯한 여러 동물이 비지스의 노래 '스테잉 얼라이브'를 부르는 존 트라볼타처럼 춤을 추기 시작한다.

두 광고는 세계 최고급 승용차를 제작하는 메르세데스 벤츠의 자동차 광고입니다. 자동 브레이크 시스템을 광고하기 위해서였죠.

전자의 광고는 브레이크 시스템이 죽음보다도 뛰어나다는 것을 은유적으로 보여 주고 있죠. 두 번째 광고는 어떨까요? 재미있고 즐겁습니다. 그러나 메르세데스 벤츠가 추구하는 내재적 가치인 우월성과는 연관 고리가 없습니다. 결국 이 광고는 불과 2주 만에 TV에서 사라져 실패한 광고로 광고사에 남았습니다.

이 재미있는 일화는 영국 출신 저술가이자 의사결정학의 연구자로서 기업 컨설턴트인 필 바든의 저서 『무엇을 놓친 걸까』에 실려 있습니다. 부제가 '사람 심리에만 집착하고 뇌과학 따위는 무시할 때 마케팅이 놓치는 것들'인데, 그야말로 충격적인 내용을 담고 있습니다. 마케팅에서 뇌과학이 얼마나 필요하고 요긴한지를 보여 주는 책입니다. 그는 광고할 때 상품의 특징을 외현적·내현적 목표와 연관 지어야 성공할 수 있다고 말합니다. 같은 브레이크 시스템이라도 외재적 목표는 더 짧아진 제동거리로 같을 수 있지만 볼보가 추구하는 내재적 가치는 안전, BMW는 운전의 즐거움, 메르세데스는 우월성으로 저마다 다르기에 다른 광고가 나올 수밖에 없습니다.

그는 사람들이 구매를 결정하는 것은 일시적 기분이나 감정이 아닌 뇌 속 신경학적 논리라고 말하며 구매 결정의 신경학적 논리를 다음과 같이 공식화했습니다.

순가치 = 보상 - 고통

제품을 사게 하려면 순가치를 최대화하고 비용(가격)으로 인한 고통을 최소화하는 방향으로 고객과 소통해야 합니다. 마케터는 색깔에서 모양, 로고까지 소비자에게 다양한 신호를 보냅니다. 소비자들은 연상 기억을 통해 상품과 연결 짓습니다. 자신들의 뇌 속에 확실하게 자리 잡아야 지갑을 열어 소비합니다. 브랜드와 상품은 주로 흐릿한 주변 인식을 통해 소비자에게 어렴풋이 전달되므로 마케터들은 자사의 메시지를 효과적으로 전달할 수 있는 신호를 이용해야 합니다. 주로 시각을 통해 신호를 주고받기 때문에 마케터들은 영화감독과 비슷한 일을 합니다. 리들리 스콧, 마틴 스코세이지 등 세계적인 영화감독들이 CF에 도전하는 이유도 작업의 연관성이 있기 때문이라는 생각이 드는군요.

어떻게 하면 소비자의 주의를 집중시켜 구매로 이끌 수 있을까요? 그 해답은 명백성, 즉시성, 확실성의 3원칙에 있습니다. 구매로 이어지려면 그 신호가 명백해야 하며 고객의 니즈를 담고 있어야 합니다. 그리고 물건을 구매함으로써 확실하게 가치를 얻을 수 있다는 믿음을 줘야 합니다. '12% 할인'보다 '12% 할인에 1인당 최대 12개'라는 문구까지 적어주었을 때 판매량은 2배로 늘어납니다.

소비자들은 충동 구매할 때도 있지만 대개는 어떤 목표가 있습니다. 브랜드나 상품은 그 목표를 위한 수단이죠. 브랜드에 소비자가 원하는 외현적·내재적 목표를 담는 일에 마케터가 가장 신경 써야 합니다. 마케터들은 자사의 제품을 구매하면 구매했을 때 고객들이 겪을 수 있는 그 경험을 스토리텔링으로 전달해야 합니다.

마케터들은 너무 모호하고 포괄적인 고객의 감정을 읽으려고 노력하기보다 목표를 알아내려 노력해야 합니다. '초콜릿이 들어간 건강에 좋은 자연 그대로의 것'과 '건강에 좋은 자연 그대로의 재료로 만든 초콜릿' 둘 중 어떤 게 더 많이 팔렸을까요? 후자입니다. 사람들이 초콜릿을 사는 목표는 바로 즐거움이죠. 맛있는 것을 먹을 때 느끼는 즐거움입니다. 좋은 영양분을 얻기 위해 초콜릿을 사지는 않는다는 말이죠. 전자의 광고는 초콜릿의 기본 목표를 망각했기에 매출이 감소했습니다.

이 책을 읽으니 뇌과학이 인지 심리학에 이어 광고 심리학까지 완전히 통달해 버린 느낌을 받았습니다. 과연 뇌과학의 발전은 직관과 감의 영역이라고 여겨졌던 광고의 영역까지 정복하기 직전의 단계에 와 있는 게 아닌가 하는 조금은 성급한 생각을 해 봅니다.

불확실성을
어떻게든 피하고 싶은 인간

마틴 스코세이지의 2013년도 영화, 〈더 울프 오브 월 스트리트 The Wolf of Wall Street〉는 월가에 실제 존재했던 희대의 사기꾼 조던 벨포트의 일대기를 그리고 있습니다. 22세에 월가에 인턴으로 입사해 불과 26세의 나이에 투자 회사 사장이 된 인물이죠. 그러다가 한순간에 파멸했는데, 주가 조작과 주식 사기로 번 돈을 섹스와 마약에 흥청망청 써대는 장면에 스코세이지 감독은 집중합니다. 스코세이지의 모든 영화 중 가장 선정적이며 레오나르도 디카프리오가 정말 물 만난 물고기처럼 신나고 활기차게 조던 벨포트를 연기한 영화입니다.

저는 『댄 애리얼리 부의 감각』이란 책을 읽으니 스코세이지 감독의 이 영화가 행동경제학의 관점에서도 할 이야기가 많다는 사실이 눈에 들어왔습니다. 이 영화는 행동경제학에서 그렇게 강조하는 자제력과 유혹에 관한 이야기이며 댄 애리얼리가 다른 행동경제학자들보다 더 방점을 찍는 언어와 제의^{rite}라는 측면에서도 연결이 되는 영화였습니다.

책 『댄 애리얼리 부의 감각』과 영화 〈더 울프 오브 월 스트리트〉는 인간을 바라보는 관점에 공통점이 있습니다. 인간은 미래의 불확실성이 커지면 현재에 집중하며 미래를 희생하는 존재입니다. 미래의 가치를 정확히 계산하는 사람은 극소수(주로 경제학자)이기 때문에 대부분 현재의 쾌락과 행복을 위해 미래를 과감하게 희생합니다. 그래서 미국 사람들은 저축하지 않고 소비를 많이 하는 편입니다.

한편 미국인들은 투자(실제 미국인 중 절반 정도가 재산의 절반을 주식으로 갖고 있습니다. 부동산이 중심인 우리나라와 일본과는 다르죠. 코로나 이후에 우리는 급속도로 미국을 따라가고 있습니다.)를 많이 하는데 행동경제학에서 생각하는 인간관과 맞지 않는 것일까요? 그렇지 않습니다. 미국인들 중 상당수는 투자 차원에서 주식 투자를 하는 게 아니라 투기 차원에서 합니다.

대다수 미국인은 정상적인 투자와 비정상적인 투기를 구분하지 못합니다. 댄은 말합니다. 사람들은 저축에만 서툰 게 아니라 산수에도 서툴다고. 그리고 또 한 가지 이유가 있습니다. 현재의 판단에는 감정이 개입되지만 미래의 판단에는 그렇지 않습니다. 현재와 비교할 때 미래는 추상적인 만큼 감정과 연결되기란 한층 더 어렵습니다. 그래서 오스카 와일드의 "나는 다른 것들에는 다 저항할 수 있어도 유혹에만큼은 저항할 수 없다."는 말처럼 유혹에 약합니다. 정상적인 국가라면 정상적인 경제학이 통하겠지만 미국처럼 비정상이 많은 나라, 유혹이 많은 나라에서는 행동경제학으로밖에 설명되지 않는 현상이 많습니다. 말도 안 되는 사기에 쉽게 넘어가는 이유도 자제력이 부족하고 쉽게 돈 벌 수 있다는 유혹을 이기지 못하는 미국인들의 일반적인 정서 때문이라고 봐야죠. 영화에서 조던은 말합니다. 자신의 직업은 청소부에게 쓰레기를 파는 직업이라고. 이보다 더 적절한 표현이 어디 있겠습니까?

일반 주식 투자자들은 어떤 기업의 주식이 오를지, 어떤 업종이 전망이 좋을지 알 수 없기에 자기보다 정보를 많이 가졌다고 생각하는 전문가들의 말을 믿습니다. 지금처럼 인터넷과 SNS가 발달한 상황에서는 조던의 지식과 정보가 어느 정도 검증이 되겠지만 조던이 활동했던 1980년대와 1990년대에는 인터넷이 없었죠. 그러니 말도 안 되는 사기극, 가치가 없는 기업에 모든 것을 거는 사람들이 속출했습니다.

댄은 다른 행동경제학자, 예를 들면 노벨 경제학상을 받은 리처드 탈러나 대니얼 카너먼과 비교해서 '언어'를 강조하는 편입니다. 언어는 상품의 가치를 바꿔 놓는 마술을 부리며, 포스트모던적인 온갖 미사여구로 사람들을 유혹합니다. 영화에서도 조던은 특유의 언변(제가 볼 때는 자신도 잘 모르고, 듣는 사람은 더 잘 모르지만 뭔가 있어 보이는 전형적인 포스트모던 화법입니다.)으로 사람들을 유혹합니다.

그에 따르면 언어는 본질을 압도하는 힘을 갖고 있습니다.

"사람들은 다양하게 존재하는 것들 중에서 선택하는 것이 아니라, 다양하게 존재하는 것들을 묘사한 것 중에서 선택한다. 바로 이 지점에 가치의 수준을 바꿔 놓는 언어의 마법이 존재한다."

혀를 놀리는 것은 스위치를 켜거나 끄는 것과 같아서 새로운 관점과 내용을 제시합니다. 지금까지 아무도 거들떠보지도 않던 쓰레기 주식이고 허접한 기업이 역설적으로 앞으로는 그만큼 주가가 폭등할 가능성이 있는 기업이 될 수도 있습니다. 그는 언어 조작을 탁월하게 잘하는 사람들이 바로 와인 제조업자라고 합니다. 제가 볼 때는 주식 브로커들도 와인 제조업자 못지않은 언변을 갖추어야만 살아남을 수 있을 듯합니다.

그는 언어의 힘을 이렇게 문학적으로 비유합니다.

"언어는 제품과 서비스 그리고 모든 종류의 경험이 지닌 가치를 평가하는 방식을 바꿔 놓는다. 수백 년 동안 길고 긴 토론이 있었지만 이로써 마침내 줄리엣 캐퓰릿 이론이 틀렸음이 증명된 것 같다. 장미가 다른 이름으로 불릴 때는 그 이름으로 불릴 때처럼 달콤한 향기는 절대 나지 않는다."

지금까지의 이름을 버리고 새로운 이름 붙이기, 그것은 바로 새로운 기대치를 만들어 냅니다. 조던이 내건 투자의 언어는 사람들에게 생각하고 집중하고 주의를 기울이고 마음을 느긋하게 하고 어떤 경험을 다른 방식으로 느끼게 하며, 궁극적으로는 세상을 다른 방식으로 경험하게 해 주었습니다. 떼돈을 벌 수 있다는 달콤한 유혹에 사람들이 쉽게 넘어간 이유죠.

영화 초반부에 신입 사원인 조던에게 매튜 맥커너히가 점심을 사면서 조던에게 노래를 가르쳐 주는 장면이 특히 인상적이었습니다. 처음에는 트림처럼 들렸는데 알고 보니 허밍이었습니다. OST에는 머니 챈트라는 이름으로 수록되어 있습니다. 매튜는 킹콩처럼 가슴을 퉁탕퉁탕 치며 '어어험'이란 소리를 나직하게 계속 냅니다. 이 장면은 댄 애리얼리의 책을 읽고 궁금증이 풀렸습니다. 돈을 벌기 위해 식사 뒤에 지루하고 힘든 전화질을 해야 하는데 그 준비로 일종의 심신 이완 효과가 나는 심호흡을 하는 것이죠. 매튜는 조던에게 따라 부르도록 유도하죠. 댄 애리얼리의 책을 읽고 나니 '아, 이 노래가 바로 댄의 행동경제학에서 말하는 제의[rite]로구나.' 하는 느낌을 받았습니다.

와인 전문가들이 와인 잔을 빙빙 돌리고 입술을 오물거리며 향을 음미하고 잔을 들어 건배를 할 때 사람들은 그렇게 하지 않을 때보다 그 와인이 더 맛있게 느껴집니다. 맥커너히로부터 돈 버는 기술을 전수받고 본격적으로 사기를 쳐야 할 때 사기를 치는 당사자가 심리적 스트레스를 덜 받고 상대로부터 더 많은 신뢰를 얻을 수 있도록 내면에서 힘을 끌어내는 제의를 한 것이죠. 조던은 마치 자신이 매튜에게 이 노래를 들으며 설득당했듯이 자연스럽게 투자자들의 마음을 끌어당깁니다.

행동경제학의 사례들은 참 재미있습니다. 이 책에서도 댄과 공저자인 제프 크라이슬러 두 사람을 빼고 수많은 사람이 익명으로 등장하는데 하나하나의 사례가 영화 〈더 울프 오브 월 스트리트〉의 한 장면 같았습니다. 영화 같은 일이 다반사로 일어나는 미국 사회에서는 인간을 비정상적인 감정의 동물로 묘사하는 행동경제학이 없었다면 경제학이 지금처럼 잘 나갔을까 하는 생각이 들었습니다. 미국 아니 미국인들이 바뀌지 않는 한 앞으로도 행동경제학이 계속 잘 나갈 수밖에 없겠지요.

돈을 벌려면
자제력을 발휘하라

2012년에 개봉된 영화 〈리미트리스Limitless〉는 평범한 외주편집자가 뇌를 100% 사용할 수 있는 약을 통해 자신의 능력을 최대로 끌어올려 SF 소설 작가, 주식 투자자, 상원의원 등 단계별로 성공해서 인생 대역전을 이루는 내용입니다. 뤽 베송 감독의 〈루시〉와도 비슷하지만 〈루시〉가 상상력이 지나쳐 만화 수준으로 나아간 영화라면, 이 영화는 약물의 존재까지는 상상력의 소산이지만 약을 먹고 사람들이 달라져 성공에 이르는 과정에 대한 묘사는 굉장히 사실적인 것이었습니다. '그런 약이 있다면'이라는 전제하에 그럴 수도 있겠다는 개연성이 있습니다. 인생의 성공 순서는 영화에서처럼 책으로 유명해지고 주식으로 돈 벌고 그다음에는 정치판에서 권력을 얻는 식이죠.

영화의 절반 정도는 주식 투자로 떼돈을 버는 과정과 그 과정에서 일어나는 사건과 음모에 치중합니다. 뇌 기능을 100% 발휘하는 약(실제 뇌과학에서는 인간이 죽을 때까지 뇌의 10%만 사용하다 죽는다는 말이 100% 허구라고 합니다.)을 먹고 나서는 미국 주식 시장에 상장된 모든 기업의 데이터가 머릿속에서 자동 정렬되면서 각종 지표가 자동으로 계산되는 장면이 나옵니다. 컴퓨터가 하는 일들을 지켜보고 관리하는 사람들을 '퀀트'라고 하는데 브래들리 쿠퍼는 시쳇말로 퀀트인 동시에 컴퓨터가 합체된 뇌를 갖춘 주식의 천재, 아니 신이 되어 버린 거죠. 원작자와 감독은 아마 주식 시장과 다양한 투자 기법을 공부하고 이 영화를 찍었을 것 같습니다. 특히 퀀트 투자에 관한 공부를 했을 거란 생각이 듭니다.

『퀀트로 가치투자하라』는 워런 버핏의 가치투자와 에드워드 소프의 퀀텀 투자의 장점이 합쳐져 만들어진 'QV$^{Quantitive Value}$'라는 개념을 제시하는 책입니다. 수학 전공자나 금융 전문가가 아니라면 완전히 이해하면서 보기는 어려운 책인데 메시지는 분명하게 이해할 수 있었습니다. 책을 쓴 웨슬리 그레이는 퀀트 투자 전문가로서, 세계 최대의 퀀트 커뮤니티이자 자산 운용사인 알파 아키텍트의 CEO입니다. 공저자인 토비아스 칼라일은 가치투자자로서 에이퀴엠인베스트먼트 매니지먼트의 설립자이고요. 두 분야의 최고 고수가 만나 모순돼 보이는 두 투자 기업을 변증법적으로 종합한 책입니다.

가치투자는 기업의 내재적 가치를 보는 것으로 주로 발로 뛰면서 기업을 방문해 여러 가지를 알아내야 합니다. 반면 퀀텀 펀드는 기업의 수익률에 관한 다양한 지표들을 컴퓨터로 돌려보면서 최상의 솔루션을 숫자로 제시하는 방식입니다. 이 둘이 만나면서 가치투자에 부족했던 수학적 공식화, 퀀텀 투자에 부족했던 현장 감각이 하나로 합쳐질 수 있었던 거죠. 퀀텀 투자에 따르는 비판-그것이 블랙박스여서 종목 선정 기법을 이해할 수 없다-은 이 책에서 자연스럽게 극복됩니다.

QV 전략은 퀀트 투자에서 석연치 않았던 인과관계를 보완하고 가치투자에서 쉽지 않았던 실천력을 보강합니다. 책은 6부로 구성되어 있는데, 파트 1에서는 퀀트 가치투자 전략이 무엇인지 보여 주고, 파트 2에서는 파산을 피하는 방법을 소개합니다. 파트 3에서는 재무건전성이 우수한 저평가된 기업들을 찾는 방법으로 채워져 있고, 파트 4에서는 싼 주식을 수학적으로 찾는 방법을 소개합니다. 파트 5에서는 자사주 매입, 공매도 등의 신호를 읽는 방법, 마지막 파트에서는 QV 모형이 구축되고 실제 미국 증시에 적용한 테스트 결과가 제공됩니다.

중요한 건 모든 자료가 미국 기업과 미국 증시 관련으로 과연 QV 투자가 한국에서도 유효할까 하는 점입니다. 주식 전문가인 강환국은 이 책의 특별부록에서 한국 시장에도 유효하다며 내용이 어렵지만 공부할 가치가 충분하다고 말합니다. 이 전략이 미래에도 계속 초과 수익을 낼 확률이 99% 이상임을 확신한다고 밝히고 있습니다.

이렇게 좋은 투자 기법이 있는데도 주식 시장에서 돈 버는 사람들은 왜 소수일까요? 그 이유는 워런 버핏에 따르면 '조급성' 때문입니다. 아무리 좋은 투자 기법이라도 참고 인내할 줄 모른다면 자신의 성공으로 연결하기가 대단히 어렵다고 강조합니다.

다시 영화 이야기로 돌아와서 〈리미트리스〉에 보면 인간은 머리가 좋아지면서 감정 통제력도 향상되는 것으로 나옵니다. 불안해서, 미래가 보이지 않아서, 주어진 문제를 해결하는 데 상황과 환경을 어떻게 이용해야 할지 몰라서 인간은 감정적으로 흔들립니다. 인간이 한없이 똑똑해지면 그런 불안감이 사라져 감정적으로도 완벽하게 통제할 수 있는 것으로 영화는 그리고 있습니다.

돈의 흐름을
결정해 온
역사 읽기

OPENING THE DOOR TO GETTING RICH

자본주의는 탐욕과 공포로 움직여 왔습니다. 주기적으로 불황과 호황을 오락가락하면서 전반적으로는 더 많은 부를 생산하고 주가를 더 많이 올려 왔죠. 인간의 역사에서 투자를 위해 꼭 필요한 5가지를 골랐습니다. 네덜란드의 튤립 파동과 영국의 남해기업 거품의 사례는 자본주의의 시작 시점에서 벌어진 일입니다. 독일 바이마르 공화국의 초인플레이션과 비슷한 시기에 벌어진 미국의 경제 대공황은 투자자라면 반드시 관심 가져야 할 인플레이션과 디플레이션에 관한 이야기입니다. 2020년 코로나19가 불러온 경기 침체와 가장 가까운 시기에 벌어졌던 경제 위기가 2008년 글로벌 금융 위기입니다. 이들 사례와 더불어 주기적으로 투자 시장이 오르락내리락하는 이유에 대해 미국에서 유명한 부자&f 이론가가 내놓은 명쾌한 분석을 소개합니다.

네덜란드와 영국에서 일어난 투기 열풍의 공통점

"미친 듯이 날뛰는 탐욕은 역사상 모든 경제 불황기의 특징이다."

월 스트리트의 최고 투자자이며 프린스턴대학 명예교수로도 활동 중인 버턴 말킬은 저서 『랜덤워크 투자수업』에서 호황을 넘어 활황기에 처한 인간 심리를 거대한 공중누각에 비유합니다. 그에 따르면 투기심리는 광기를 주제로 한 연극과 같습니다.

셰익스피어의 햄릿처럼 인간의 광기를 잘 보여 준 역사적 사건이 있으니 바로 17세기 네덜란드의 튤립 파동과 1720년 영국 남해회사The South Sea Company의 거품입니다.

'네덜란드' 하면 풍차의 나라, 히딩크 감독이 떠오르지만 실제 네덜란드를 다녀온 사람이나 그곳에서 생활해 본 사람들은 조용한 국민성을 가장 먼저 떠올립니다. 17세기의 네덜란드는 지금보다 더

고요했죠. 시작은 16세기 말인 1593년입니다. 우리나라는 일본과의 전쟁을 치르는 중이었습니다. 당시 한 식물학 교수가 오스트리아 빈에서 네덜란드 서부의 라이덴으로 터키가 원산지인 특수 작물을 가지고 왔습니다. 얼마 지나지 않아 바이러스에 감염된 튤립이 꽃잎에 뚜렷한 띠무늬를 보여 주면서 사람들의 관심이 높아졌습니다. 관심이 커지자 가격이 치솟기 시작했습니다. 귀족, 시민, 농부, 상인, 어부, 심지어 하인과 굴뚝 청소부까지 나서서 튤립에 투자했습니다. 튤립의 가격은 앞으로도 계속 오를 것이라고 모두 확신했습니다. 꽃을 사기 위해 사람들은 가구는 물론 땅, 심지어 보석까지 내다 팔았습니다. 보석보다 비싼 꽃이 탄생한 거죠.

선물 옵션 중에 미리 가격을 정해 살 수 있는 권리를 콜 옵션이라고 합니다. 가격이 더 비싸지기 전에 현재 가격으로 미래의 상품을 살 수 있는 권리죠. 당시 네덜란드에는 이 콜 옵션이 튤립 시장에 존재했습니다. 튤립 가격이 당시 네덜란드 화폐 단위인 길더로 100길더였다면 콜 옵션 구매자는 이보다는 조금 더 높은 가격(프리미엄 포함)인 120길더에 사면서 튤립 가격을 올린 거죠. 현재 시장에서 100길더인 꽃을 120길더에 사는 이유는 200길더까지 오르는 것은 시간문제라는 확신이 100% 있어야 가능합니다. 1637년에는 20배까지 치솟습니다. 그러다 어느 순간부터 갑자기 가격이 내려가기 시작했습니다. 그 이유는 여러 가지 설이 있지만, 어느 순간부터 사람들이 이건 좀 아니지 않냐고 생각하면서 구입을 꺼렸고 공급이 수요를 압도하면서 가격이 폭락하기 시작한 것이죠.

당시에도 비관론자들이 있었는데 비관론자들의 충고를 일반 투자자들이 듣기 시작하면서 변화가 일었고 그 변화가 대중 전체의 마음으로 퍼지기까지는 시간이 그리 많이 걸리지 않았습니다. 마치 눈덩이가 언덕을 굴러가는 것처럼 튤립 가격의 하락은 점점 가속화됐고, 공포는 네덜란드 사회를 뒤덮었습니다. 가격은 금세 10분의 1로 떨어졌고 마침내 양파 가격보다 내려가면서 튤립 광풍은 잦아들었습니다.

만유인력을 발견한 천재과학자 아이작 뉴턴이 투자(전 재산인 2만 파운드로 현재 가치로는 20억 원)했다가 쫄딱 망한 것으로 유명한 영국의 남해회사 열풍 또한 역사 속의 광기 현상으로 빼놓을 수 없습니다. 물리학자 출신으로 경영학에서도 빛나는 성공을 거둔 『룬샷』의 저자 사피 바칼은 영국이 독일, 프랑스, 네덜란드, 스페인, 이탈리아 등 다른 유럽 국가들과 특별히 달랐던 이유가 아이디어를 장려한 문화에 있다고 분석합니다.

저자의 표현을 빌리면 영국은 가장 성공적인 룬샷 배양소였죠. 미친 아이디어의 열풍을 가져온 장소는 바로 1660년 결성된 런던 왕립학회였습니다. 이곳에는 뉴턴 외에도 현대 과학의 아버지라 불리는 로버트 보일, 로버트 후크 등도 포함돼 있었습니다. 바칼은 왕립학회가 자연의 진리를 발견하는 경쟁, 시간과의 경쟁에서 뉴턴과 영국이 승리하는 데 결정적으로 기여했다고 말합니다. 다른 나라들은 과학자 개인이 자신의 연구를 주도했다면 영국은 국가 차원에서 장려하고 지원을 아끼지 않았기 때문입니다. 그렇게 뛰어난 뉴턴이 었지만 남해회사에 투자했다가 거의 전 재산을 잃고 "우주의 원리를 이해하는 것보다 인간의 투기심을 이해하는 게 1000배는 더 어렵다."라는 말을 남겼습니다.

남해회사는 어떻게 흥했고, 어떻게 망했을까요? 뉴턴이 살던 시대의 영국은 경제적으로 번영해 돈은 넘쳐났지만 마땅한 투자처를 찾기가 어려웠습니다. 당시의 주식 시장은 소수만 이용할 수 있었습니다. 『랜덤워크 투자수업』의 버턴 말킬에 따르면 1693년에 499명만이 동인도회사 주식을 소유할 수 있었다고 합니다. 영국 정부는 동인도회사에 이어 남해회사를 주식 시장에 띄워 돈을 벌고 싶어 하는 국민의 심리를 충족시키려고 했습니다.

남해회사는 1천만 파운드 규모의 정부 부채를 인수하는 대가로 영국 남해에서 이뤄지는 모든 무역에 대한 독점권을 인정받았습니다. 당시 남해회사는 지금으로 치면 전환사채(평소에는 채권으로 이자를 받다가 상장되어 주가가 어느 정도 오르면 주식으로 전환할 수 있는 채권)를 발행했죠. 런던 시민들은 55파운드로 영국 국채를 사두었다가 회사 설립 후 액면가 100파운드짜리 남해회사 주식과 교환했습니다.

문제는 남해회사가 홍보는 잘했지만 사업을 해 돈을 벌 비즈니스 모델이 없었다는 거죠. 노예 산업에 뛰어들었는데, 당시 이동 중에 노예 사망률이 높아 수익이 거의 발생하지 않았습니다. 홍보를 통해 투자금은 확보했지만 마땅한 사업 아이템을 찾지 못하던 남해회사는 가진 돈 전부(3,100만 파운드)를 영국 정부의 부채를 모두 인수하는 데 쓰기로 합니다. 영국은 당시 프랑스와 식민지 경쟁이 한창이었고 남해회사의 애국 마케팅은 영국 사람들의 마음을 움직여 주가가 130파운드에서 300파운드까지 뛰어오릅니다. 그러자 남해회사는 새로운 주식을 더 높은 가격에 발행하고 사람들은 애국심 때문에 미친 듯이 사들였죠. 결국 주가는 800파운드를 돌파합니다. 현재 가격으로 환산하면 8,000만 원에 이릅니다. 우리나라 주식 중 랭킹 1위인 삼성전자 주식이 한 주에 5만 원(액면분할 전이라면 250~300만 원) 정도 하는 황제주인 것에 비하면 지나치게 고평가된 거라고할 수 있겠죠.

신이 난 남해회사는 톱밥으로 판자를 만들겠다는 식의 신기한 사업 모델을 발표해 투자자들을 현혹하며 주가를 견인했습니다. 그러나 어느 한군데서도 영업 이익이 발생하지 않았습니다. 거품은 언젠가는 터지게 마련입니다. 말킬은 "신은 파멸하려는 자에게 먼저 조소를 보낸다."라는 기가 막힌 비유를 들며 남해회사의 마지막을 묘사합니다. 남해회사의 주가가 급격히 내려간 이유는 소문 때문이었습니다. 당시는 공시의 의무 같은 게 없었고 제대로 된 언론사도 없었으니 소문에 의존할 수밖에 없었죠. 회사 임원들이 주식을 먼저 팔았다는 소문이 퍼지는 데는 오랜 시간이 걸리지 않았습니다. 소문이 돌자 너도나도 주식을 팔기 시작했죠. 영국 의회는 거품법Bubble Act을 통과시키고 기업들이 주식을 발행하지 못하도록 막을 수밖에 없었죠. 이 법이 100년 이상 계속되면서 영국의 금융권은 얼어붙었습니다.

　네덜란드와 영국에서 벌어진 이 투기 열풍에는 재미있는 공통점이 있습니다. 인간의 마음에는 탐욕과 공포가 있으며 둘은 항상 함께 움직인다는 것입니다. 먼저 탐욕이 인간의 마음과 시장을 지배하고 이어 그 탐욕이 공포로 바뀌어 종말로 치닫는 데는 그리 많은 시간이 걸리지 않습니다.

유대인은 어떻게
세계 경제를 지배하게 되었나?

스타벅스의 CEO 하워드 슐츠, 넷플릿스의 공동창업자 마크 랜돌프, 페이스북의 창업자 겸 CEO 마크 저커버그, 구글의 공동창업자 세르게이 브린과 래리 페이지, 월트디즈니의 CEO 로버트 아이거, 헤지펀드의 황제 조지 소로스, 세계 최고의 증권사 골드만삭스의 공동창업자 사무엘 잭스, 애플의 주가를 좌지우지한 행동주의 투자자 칼 아이칸, 미국 금리뿐 아니라 전 세계 금리를 결정하는 연방준비제도의 역대 회장들은 현 제롬 파월을 제외하면 전원 다 유대인이었습니다. 셀 수 없이 많은 인물이 미국의 월 스트리트와 실리콘밸리에 포진해 있습니다. 오죽하면 워런 버핏이 유대인이 아니란 게 놀랍다고 말할까요.

전 세계의 유대인은 1,700만 명이며 미국 내 유대인은 600만 명에 불과하지만 사실상 미국의 돈을 주무르는 사람들은 유대인들입니다. '유대인 = 돈'이라는 이미지는 어떻게 굳어진 걸까요?

미국의 역사가로 핀란드 출생의 유대인인 맥스 디몬트는 유대인들의 성공을 이 한마디로 정의합니다.

"그들은 책의 민족이었다!"

국가도 없는 민족을 거의 2000년간 이어지게 한 것은 『탈무드』와 '토라'라는 율법이었습니다. 『책의 민족』을 쓴 맥스 디몬트는 『탈무드』와 '토라'를 읽고 민족적 정체성을 지켜 온 유대인들이 자본주의를 창시했다고 주장합니다.

"유대인이 실제로 자본주의를 만들었다는 생각을 너무 쉽게 무시해서는 안 된다. 자본주의는 유대인이 터전으로 삼고 장사하고 은행 업무를 수행했던 정확히 그때 서유럽에서 생겨났다."

어떻게 유대인은 세계 최강 대국의 돈줄을 움켜 쥘 수 있었을까요? 유대인들도 다른 유럽의 이민자들과 함께 남북 전쟁 이후 미국 뉴욕으로 이주해 왔습니다. 다들 힘든 시기에 그들은 교육에 투자했죠. 그들의 자녀는 하버드대학, 예일대학 등 명문대에 대거 입학한 후 의사, 변호사, 교수, 작가, 예술가, 과학자 등 여러 분야에서 활동했습니다. 앵글로 색슨과 독일계를 제외한 기존의 유럽 이민자들과 달리 동유럽과 러시아의 이민자들은 가난했습니다. 그러나 동유럽에서 미국으로 온 유대인들은 그곳에서도 어느 정도 삶을 유지했던 중산층이었습니다. 그래서 출발 선상부터 다른 이민자들과 비교가 되지 않는 성공을 보여 주었습니다. 미국에 정착한 유대인들은 종신 보험 상품도 세계 최초로 발명했습니다. 유대인들은 미래를 위해 현재를 희생하고 투자할 줄 아는 민족입니다. 종신 보험만 봐도 알 수 있습니다. 자신들은 고생하더라도 자손에게는 더 큰 부를 물려주기 위해 자신의 목숨을 담보로 개발한 상품인 것입니다. 민족의 정체성을 그렇게 강조하고 세대를 뛰어넘은 사랑과 연대를 강조하는 유대인이 아니면 생각도 못 했을 상품입니다.

국내 최고의 채권 금리 전문가 서준식은 저서 『투자자의 인문학 서재』에서 15세기 이탈리아 도시 국가의 상권을 장악한 유대인들이 금융 투자의 출발이라고 합니다. 그러나 패권을 장악한 스페인 정부는 유대인을 차별하고 추방하기 시작합니다. 네덜란드로 추방당한 유대인(그중에는 스피노자도 포함.)은 훗날 미국 초기에 뉴욕으로 건너가 막 태어난 나라를 나라답게 만드는 데 기여합니다.

유대인들이 서유럽에서 금융을 장악하게 된 데에는 2가지 이유가 작용했습니다. 하나는 종교 때문이죠. 성경에는 부자가 천국에 들어가는 것은 낙타가 바늘구멍을 통과하기만큼 어렵다는 말이 있습니다. 기독교 문명에서는 돈보다는 도덕과 영적인 삶을 강조하였고 은행이 탄생하기 전까지 금융을 책임지던 고리대금업을 천시하면서 유대인들이 이 일을 독차지는 환경이 조성되었습니다. 은행이나 고리대금업이나 돈을 빌려주고 이자를 받는다는 점에서는 같은데, 기독교인들은 이자를 받는다는 것 자체에 대해서 알레르기 반응을 보였고 아무도 하지 않으려는 일들을 유대인들이 맡아

했습니다.

그런데 이런 궁금증이 생깁니다. 유대인의 성경이나 율법에서도 이자의 수취를 금지한 것은 마찬가지일 텐데 왜 유대인들은 고리대 금업을 할 수가 있었던 걸까요? 그 이유는 유대교에서는 유대인들이 같은 유대인들에게서 이자를 수취하는 것은 금하지만 같은 민족이 아닌 이민족에게는 이자를 수취할 수 있다는 예외조항을 두었기 때문입니다. 중세 유럽 수도원에서도 일부 타락한 종교인들이 이자를 얻어 자신들의 배를 불렸지만 누구도 대놓고 대여 사업과 이자 수취 사업을 벌일 수는 없었습니다. 유대인들은 이미 중세 때부터 예수를 죽인 민족으로 차별당하고 박해당하고 있었기에 여러 직업의 선택에 제한이 있을 수밖에 없었고 기독교인들이 회피하는 고리 대금업에 전략적으로 집중해 부를 쌓을 수 있었습니다. 이를 바탕으로 서구가 동양보다 먼저 자본주의화할 때 자신들의 고리대금업을 금융으로 발전시켜 산업의 젖줄로 만들 수 있었습니다.

또 한 가지 이유는 바로 '국제 금융' 하면 떠오르는 로스차일드 가문에서 찾을 수 있습니다. 로스차일드 가문은 16세기부터 조상 대대로 독일의 중남부 프랑크푸르트에서 둥지를 틀고 살아온 유대민족의 후손입니다. 그들은 유대인 지역 게토에서 대를 이어가며 잡화교역과 환전사업을 운영했습니다. 프랑크푸르트는 유럽을 대표하는 상업 도시였죠. 유대인을 끔찍하게 혐오해 수백만 명을 학살한 히틀러는 프랑크푸르트를 더러운 유대인의 도시라고 경멸하기도 했습니다.

지금의 로스차일드 가문의 출발점이 된 마이어 암셀 로스차일드는 1740년에 태어나 프랑스 대혁명과 나폴레옹의 유럽 정복이라는 역사를 두 눈으로 겪었습니다. 그는 열세 살 때부터 금융 일을 시작해 나중에 독일 헤센 지방의 재정을 총괄하는 자리에까지 올랐고 유럽 지역에서 전쟁이 벌어져 많은 군인이 필요해지자 이들 군인에게 돈을 지급하는 일을 전담하며 큰 부를 쌓았습니다.

그는 아들 네이선을 당시 산업혁명이 태동하던 영국으로 보내 산업혁명으로 값싸게 대량 생산되던 영국산 직물 수입 판로를 모색하려고 했습니다. 네이선은 런던에서 채권 거래를 시작했죠. 그러면서 아버지의 부를 더 불려 나갔고 워털루 전투에서 영국군이 이겼다는 사실을 그 누구보다 먼저 접하고 잽싸게 영국 국채를 사들여 되파는 방법으로 엄청난 부를 쌓습니다. 돈을 버는 데 정보가 무엇보다 중요하다는 사실을 그는 잘 알고 있었습니다. 그가 말한 "설령 지나가는 바람이라 할지라도 그 냄새를 맡아봐야 한다. 그럼 그 바람이 어디에서 왔는지 알 수 있다."는 지금까지도 금융업계에서 통하는 명언 중의 명언이 되었습니다.

로스차일드의 또 다른 명언인 "거리에 피가 낭자할 때 사라. 설마 그 피가 당신의 피일지라도!"는 유대인들이 돈을 대하는 태도가 진지하고 때로는 그 진지함이 지나쳐 탐욕으로 보일 수도 있음을 보여 줍니다.

유대인은 앵글로 색슨이 일으킨 산업에 종잣돈을 든든히 대줘 자산을 더욱 불렸습니다. 그러나 둘 사이가 항상 원만했던 것은 아님니다. 헨리 포드를 중심으로 한 미국의 산업 자본은 유대인들의 금융 자본이 성장하는 것을 그냥 지켜보지 않았습니다. 포드사의 설립자인 헨리 포드는 실은 히틀러의 정신적 지주이기도 합니다. 그가 쓴 유대인 비판서『국제 유대인』은 히틀러가 가장 열심히 읽었던 책으로 이 책에 영향을 받아 그는 이 세상의 모든 유대인을 탐욕스러운 돼지로 묘사하며 그들을 공격하기 시작했습니다. 알다시피 그 결과는 600만 명의 학살과 히틀러 자신의 죽음으로 이어졌습니다.

역사는 돌고 돌아 다시 세상은 유대인들의 돈을 대하는 태도와 어린 시절부터 하는 경제 교육에 찬사를 보냅니다. 어린이 금융 교육에 앞장섰던 존리는『존리의 부자되기 습관』에서 이렇게 말합니다.

"미국 유대인 가정은 식탁에서 식사하면서 자연스럽게 돈에 대한 교육이 이루어진다. 돈이 무엇이며 돈을 어떻게 모으고 써야 하는지 자연스럽게 교육이 이루어지는 것이다. 반면 우리나라는 어떠한가? 너무 입시와 사교육 이야기를 많이 하지 않는가?"

유대인들이 돈을 장악하고 그 돈으로 자녀를 좋은 학교에 보내 전문직을 갖게 한 뒤 사회를 이끌어가는 인재로 키울 수 있었던 가장 큰 이유는 4000년이라는 세월 동안 형성된 단일 민족이라는 개념 그리고 유대교와 관련된 문화라고 주장합니다. 즉 유대인은 문화의 민족이었기에 돈의 민족이 될 수 있었습니다.

바이마르공화국이
세계 최악의 인플레이션을 겪은 이유

"그러나 나는 정치가가 되기로 했다."

잘 알려진 대로 아돌프 히틀러의 꿈은 화가였지만 정치가의 길을 선택했습니다. 바로 증오감 때문이었죠. 그는 제1차 세계대전 이후 독일에 등장한 바이마르 정권을 진심으로 경멸했고 이를 무너뜨리는 일에 자신의 몸과 영혼을 바쳤습니다.

바이마르공화국은 1919년 초대 대통령 프리드리히 에베르트를 역사의 무대에 전면적으로 등장시킵니다. 에베르트는 독일 제국이 건국된 해인 1871년생입니다. 18세까지만 하더라도 마구를 제작해서 파는 아버지를 따라 장인의 길을 걸으려고 했죠. 그는 히틀러가 태어난 1889년 18세가 되던 해에 사민당에 가입해 사회민주주의 사상을 접하면서 운명이 달라졌습니다. 사회주의 성향의 신문 편집장 일을 맡은 뒤 술집을 운영하며 독일의 정치인들과 친분을 쌓기도 했습니다. 1912년 제1차 세계대전이 일어나기 2년 전 독일에서 있었던 총선에서 사민당이 압승(110석으로 2위 정당의 거의 3배)하면서 그도 국회의원으로 정계에 진출합니다. 이듬해 독일 사민당의 아버지 아우구스트 베벨이 타계한 후 후고 하세와 함께 당의 공동 대표를 맡으면서 주목을 받습니다.

전쟁이 일어나자 그는 전쟁에 찬성하며 공채를 발행해 군비를 증강해야 한다고 주장했습니다. 좌파들은 그를 노동자들의 이상을 배신한 자라며 손가락질했지만 그는 중도에 서서 중도는 물론 보수의 지지를 얻는 데에도 성공합니다. 전쟁이 끝나고 독일 제국이 무너지면서 바이마르공화국이 탄생했을 때 의회는 그를 초대 대통령으로 지명합니다.

잘 알려진 대로 바이마르공화국의 헌법은 여성에게도 참정권을 인정하고 노동자들의 사회복지권을 확대한 대표적인 진보 헌법으로 고등학교 교과서에도 자세하게 실려 있지만 그가 물려받은 경제적 자산은 넉넉하지 못했습니다. 당시 패전을 당한 국가로서 어마어마한 국가 부채가 있었고 이는 그 유명한 세계 최악의 인플레이션을 이끄는 견인차가 되었습니다.

1921년 당시 독일의 외화 부채는 GDP 대비 330%로 역대 2위인 1987년도 페루 정부의 200%를 압도합니다. 배상금 부담액이 발표되자 마르크화의 가치는 급락했고(1921년 한 해만 75%) 물가는 200% 상승했습니다. 베르사유 협상에 참여했던 독일의 한 대표는 "한 국가에 빚을 떠안기는 동시에 빚을 갚을 수단까지 박탈하는 것은 말도 안 되는 일임을 온 세상에 알려야 한다. 평화조약이 현 상태로 유지된다면 통화는 완전히 무너질 것이며, 이를 피할 길은 없을 것이다."라고 말했습니다.

이 시대 가장 위대한 투자자로 불리는 레이 달리오 브리지워터 어소시에이츠 설립자는 『금융 위기 템플릿』에서 국내 전시 공채와 달리 부채가 경화硬貨로 표시된 탓에 독일은 화폐 찍어 내기로 부채 부담을 덜 수밖에 없다고 말했습니다. 독일 정부는 부채 상환에 활용할 저축이 사실상 없었습니다. 베르사유 조약은 전쟁 전에 독일이 소유했던 모든 국외 자산을 압류하거나 동결했고, 독일이 채권자인 모든 부채를 무효로 했습니다. 외화로 저축한 사람들(주로 수출업자)은 배상금 부담을 떠안은 독일 정부가 재산을 몰수할 가능성을 우려하여 외국 은행 계좌에 자신들의 수입을 보관하려 했습니다. 바이마르 정권은 돈을 찍어서 부채를 갚을 최악의 길을 선택할 수밖에 없었습니다. 이 비극적인 선택에 앙숙인 프랑스가 많은 기여를 했죠.

독일 통일 과정에서 전쟁을 치렀던 프랑스가 이번에도 독일 정부의 발목을 잡았습니다. 프랑스는 독일이 내야 할 배상금 규모를 직접 결정하고, 독일이 채무를 이행하지 않으면 독일 소유의 자산을 압류하겠다는 뜻을 내비쳤습니다. 프랑스는 독일 경제의 마지막 보루인 루르 공업지대의 탄광을 점령하고자 독일에 대출을 연장해 주기 어렵다는 결론을 내렸습니다.

상황이 이렇게 돌아가자 독일 은행 시스템에 심각한 유동성 위기가 닥칩니다. 대규모 뱅크런(경제 상황 악화로 금융 시장에 위기감이 조성되면서 고객들이 대규모로 예금을 인출하는 사태) 사태가 발생하면서 은행은 구조조정을 막기 위해 주 3일 근무제를 도입해야 했고, 금융 붕괴 일보 직전에 바이마르 정부는 마르크화를 신속하게 찍어 내어 정부 부채를 화폐화하는 방식으로 위기에 대응할 수밖에 없었습니다.

그런데 화폐를 찍으면 찍을수록 통화가치는 떨어집니다. 왜 독일 정부는 한 달에 물가가 50%씩 상승하는 초인플레이션 단계에 들어와서도 돈 찍기를 중단하지 못했을까요? 그 이유는 극단적인 자본 이탈과 극심한 인플레이션이 서로 되먹임되어 증폭하면 돈이 가치를 잃어가는 데도 돈 구하기가 더 어려워지기 때문입니다. 1922년 독일을 방문한 경제학자 존 메이너드 케인스는 독일의 인플레이션을 두고 이렇게 묘사했습니다. "상점 안 가격은 매시간 바뀌었다. 주말에 이번 주 임금으로 무엇을 살 수 있을지 알 수 없었다."

당시 바이마르공화국이 처한 경제 위기는 입을 다물 수 없을 정도로 충격적이었습니다. 1922년 7월부터 1923년 11월까지 마르크화 가치는 달러화 대비 99.99999997% 하락했고(달러 비용이 1조 5,700억% 상승) 물가는 무려 3,870억%나 상승했습니다. 전쟁이 일어나기 전 독일에서는 60억 마르크에 달하는 돈이 독일 경제에 유통됐습니다. 1923년 10월 말에는 이 돈을 모두 합쳐도 1킬로그램 호밀빵 한 덩이밖에 살 수 없었습니다. 당시 독일인 중에서는 억만장자가 아닌 사람들이 없었지만 전 재산을 갖고도 빵 하나 살 수 없는 엄청난 고통을 겪었죠. 바이마르 정부는 새로운 통화인 '렌덴마르크'를 도입해 화폐 가치가 달러에 연동되게 했죠. 연합국도 배상금 비중을 크게 줄여 줬습니다. 1923년에 비해 90% 이상 부채 상환 비용이 감소했습니다. 독일은 여전히 1,300억 금 마르크를 지불해야 했지만, 장기간에 분산해서 낼 수 있게 되면서 비로소 채무를 이행할 수 있었습니다.

히틀러가 뮌헨에서 제1차 세계대전의 영웅 에리히 루덴도르프와 함께 쿠데타를 시도한 시기는 1924년 5월입니다. 독일이 최악의 경제 위기에서 벗어나려는 시기였죠. 만약에 히틀러가 조금 더 일찍, 초인플레이션이 정점을 찍던 1923년 말에 쿠데타를 시도했다면 역사는 어떻게 바뀌었을까요? 바이마르공화국의 설립자 에베르트는 최악의 경제 위기를 넘긴 뒤 1년 정도 순항하다 1925년 2월에 맹장 수술 후유증으로 임기를 채우지 못하고 물러납니다. 그의 후임자인 구스타프 슈트레제만은 만성 신경증과 갑상선 질환이라는 질병을 앓고 있었는데 1929년 10월에 뇌졸중으로 쓰러져 사망합니다. 이후 독일은 초인플레이션의 정반대인 디플레이션의 극한이었던 미국 대공황의 직격탄을 맞아 휘청거리기 시작해 결국 히틀러에게 무너집니다. 두 번의 경제 위기가 없었다면 히틀러가 독일을 이끄는 일은 없었을지도 모르겠네요.

대공황의 원인은
공급 과잉이 아닌 관세 폭탄

레이 달리오의 『금융 위기 템플릿』은 3권으로 구성되어 있습니다. 그중에 2권은 바이마르공화국의 초인플레이션과 역사상 최악의 디플레이션인 1930년대 미국의 대공황을 자세히 다룹니다. 물가가 한없이 오르는 초인플레이션과 물가가 끝없이 내리는 최악의 디플레이션 중 무엇이 더 고통스러울까요? 제 생각에는 돈은 있지만 살 물건이 없는 초인플레이션이 더 고통스러울 것 같은데, 물론 저마다 처한 상황에 따라 다르겠죠.

대공황은 제1차 세계대전으로 거슬러 올라갑니다. 제1차 세계대전 이후 2가지 신기술 산업이 미국을 이끕니다. 바로 라디오와 자동차였죠. 라디오는 1922년 6만 대에 불과하던 것이 1928년 대공황이 일어나기 전에는 750만 대로 증가했습니다. 100배 이상 증가한 거죠. 자동차도 마찬가지입니다. 1929년에는 10년 전보다 3배인 2천 3백만 대에 이르렀습니다. 당시 미국인 5명당 1명꼴로 자동차를 소유하고 있었죠. 1927년과 1929년 사이 미국 주가는 2배나 올랐습니다. 많은 주식이 30배 이상 오르기도 했습니다. "올라가면 내려오기 마련이라는 주식 시장의 격언이 예전에는 주식의 움직임을 예측하는 기준이었는지는 몰라도 이제는 한물간 이야기가 되었다."라는 이야기도 나돌았습니다.

당시 미국 신문은 경제에 대한 낙관적 시각으로 가득 차 있었습니다. 소설을 원작으로 만든 『위대한 개츠비』 영화는 백만장자의 호화스러운 파티로 시작하는데, 당시 시대적 분위기가 정말 그랬습니다. 모두가 풍요와 향락에 취해 있었죠.

누구 말대로 거품은 언젠가는 터지게 되어 있죠. 그 순간이 1929년 가을이었습니다. 최고점은 9월 3일, 지수는 381포인트였습니다. 이 수준으로 다우존스가 회복하는 데 무려 25년이나 걸렸습니다.

주식 시장이 폭락하면 정부는 금리를 내립니다. 당시 연방준비제도는 금리를 6.5%에서 6%로 낮추었고 다시 5%로 떨어뜨렸습니다. 금리를 낮춰야 돈이 은행으로 몰리지 않고 주식 시장으로 빠져서 매도세를 멈출 수 있기 때문입니다. 금리가 떨어지자 일시적으로 주가가 반등했지만 다시 급락했습니다. 주식 시장의 폭락은 당연히 재정적·심리적으로 경제에 악영향을 미쳤습니다. 산업 생산은 7월을 기준으로 떨어지기 시작했고 11월 이후에는 급격하게 둔화되었습니다. 당시 공화당원이었던 후버 대통령은 1% 감세와 1억 7,500

만 달러 규모의 공공 지출 확대를 제안했습니다. 뉴욕 연방준비은행은 시장이 붕괴하는 동안 유동성을 적극적으로 제공했습니다. 그러자 낙관론이 다시 고개를 들었습니다. 1930년 새해가 되면서 조정 국면이 끝났다는 게 전반적인 인식이었습니다.

대공황의 원인이 공급 과잉으로 인한 주식 시장의 폭락이라고 생각하는 것은 지나친 단순화의 오류입니다. 레이 달리오는 여기에 한 가지 이유를 더 답니다. 그것은 경기 침체기에 나타나는 보호주의와 반이민 정서입니다. 마치 이로부터 100년 뒤 오늘날의 트럼프 대통령처럼 당시 집권 여당은 미국 경제의 위기가 다른 나라들의 반경쟁적 행위 때문이라며 관세를 높여야 침체된 제조업과 농업을 되살릴 수 있고, 이민을 제한해야 실업 문제가 해결된다고 주장했습니다. 그리하여 스무트 홀리 관세법이 의회에서 통과되었죠. 약 2만 개 제품에 20%의 높은 관세가 부과됩니다. 경제학자 1,028명은 후버 대통령에게 법률안 거부권을 행사해 줄 것을 청원하는 공개서한을 보냅니다. 관세가 보복관세를 불러오고 이것이 세계 무역전쟁으로 이어질 거라는 우려 때문이었습니다.

후버 대통령은 장고에 들어갑니다. "경제학자의 말을 들을 것인가? 아니면 정치인의 말을 들을 것인가?" 그러나 관세는 후버 대통령의 공약 중 하나였기 때문에 그는 경제학자 대신 정치인들의 주장에 손을 들어 줄 수밖에 없었습니다. 만약에 이때 후버 대통령이 경제학자들의 말을 들어주었다면 어떻게 역사가 흘러갔을까요? 미국이 대공황에 빠지지 않았다면 히틀러의 집권도 없었을 것이고 그렇다면 5,500만 명이 죽어간 제2차 세계대전도 발생하지 않았을 수도 있습니다. 물론 역사에 가정은 없다고 하지만요.

미국은 곧 보복성 보호 정책의 물결에 직면합니다. 캐나다를 시작으로 대영제국 등이 동참했죠. 후버 대통령은 관세에 이어 또 한 가지 악수를 둡니다. 바로 '이민자의 나라'라는 미국의 정체성을 무시하고 일부 전문 인력을 제외한 이민자를 제한하는 최악의 한 수를 둡니다.

무너지던 경제는 최후의 일격을 맞았죠. 1930년 말이 되자 힘들게 버티던 은행들이 도산하기 시작합니다. 당시 최대 규모였던 미합중국은행이 파산한 것은 엄청난 충격이었습니다. 이어 미국의 정치 지형도가 바뀝니다. 중간 선거에서 야당인 민주당이 의석을 휩쓸다시피 한 것입니다. 경기 침체가 1년 넘게 이어지자 미국의 실업자 수는 600만 명을 돌파했고 이는 루스벨트 대통령이 2년 뒤에 집권하는 예고탄이 되었죠.

미국 경제 위기가 세계 경제 위기로 이어진 또 한 가지 이유는 미국이 빌려준 부채를 국가들에 갚으라고 했기 때문이기도 합니다. 그중에는 2차 세계 대전을 일으킨 독일과 일본도 포함돼 있었죠. 당시 독일은 미국보다 금리가 높아 미국 투자자들이 적극적으로 투자했던 곳이고, 조기 부채 상환을 요구하자 히틀러 같은 파퓰리스트가 자국민들에게 인기를 얻게 되었습니다. 일본은 군국주의의 길로 빠져들며 만주를 침공합니다.

후버 대통령은 결국 모라토리엄(지불 유예 기간)을 선언합니다. 미국은 외국에 진 빚을, 외국은 미국에서 빌린 돈을 서로 일정 기간 갚지 말자는 협약을 맺은 거죠. 일단 발등의 불인 국내 경제 사정부터 바로 잡고 국제 경제는 나중에 생각하자는 미국의 고육지책었습니다. 그러나 모라토리엄 선언 뒤 1년 후인 1932년에 미국의 위기는 유럽으로 건너 가 오스트리아를 시작해 유럽 은행들의 줄도산으로 이어집니다. 1932년에는 미국 내에서 수많은 기업이 부도가 나고 많은 사람이 거리로 쏟아져 나왔습니다. 시위에 나선 시민들을 진압하기 위해 군을 동원하고 탱크로 시위대를 진압한 인물이 바로 맥아더 장군이었습니다. 1932년에는 대공황이 발생하기 전 수준에 비해 31.5%나 하락한 국민총생산을 기록합니다. 이렇게 해서 루스벨트 대통령이 정권을 잡게 되고, 4선에 성공하며 황제에 가까운 권력을 휘두르며 미국을 위기에서 구해 냅니다.

이후 이야기는 모두가 아는 이야기입니다. 이제 코로나 이전의 마지막 위기인 2008년 금융 위기로 넘어가 볼까요.

2008년
최근의 금융 위기가 남긴 교훈

레이 달리오는 위대한 투자자이자 기업가로 불립니다. 그는 1975년 방 두 개짜리 아파트에서 브리지워터 어소시에이츠를 설립해 40년 만에 세계 최대 규모의 헤지펀드로 성장시켰습니다. 또한 2007년 글로벌 금융 위기를 예측한 것으로도 유명하며, 그의 혜안 덕분에 브리지워터는 놀랄 만큼 높은 수익을 꾸준히 내는 세계적인 헤지펀드로 성장했습니다.

레이 달리오는 《타임》이 선정한 세계에서 가장 영향력 있는 100대 인물에 선정됐을 뿐만 아니라 《포춘》이 선정한 세계 100대 부자에도 이름을 올렸습니다. 최근에는 투자의 제왕 조지 소로스의 수익률을 제치고 헤지펀드의 역사를 새롭게 썼죠. 경제 흐름에 정통한 경제학자이기도 합니다.

그는 2008년 금융 위기 전인 2007년 7월 고객들에게 이런 서신을 단체 메일로 보냈습니다.

"현 상황을 통해 우리는 금리 상승이 금융 시스템에 균열이 생길 때까지 지속될 것이며, 균열이 생기면 모든 것이 뒤집히는 양상이 될 것으로 보고 있습니다. 탐욕이 공포로 바뀌어 변동성이 커질 것이며, 캐리 트레이드(빌린 돈으로 주식을 사서 주가가 오르면 돈을 갚는 행위)는 사라질 것이고, 신용 스프레드는 폭발적으로 확장되어 부채 압박이 거세지리라 예상됩니다. 언제 그렇게 될지는 정확히 알 수 없지만, 확실한 건 그렇게 되면 대형 위기가 되는 것입니다."

당시만 해도 부채와 긴축 여건이 경제로 스며들지 않아서 성장이 양호해 보였음에도 그는 연방준비제도(이하 연준)가 지나치게 낙관적이라고 걱정했습니다.

위기가 본격적으로 모습을 드러낸 시점은 2007년 8월 초 프랑스 최대 은행이자 자산 기준으로 전 세계 최대 규모인 비엔피 파리바가 서브프라임모기지의 보유로 큰 손실을 보고 투자를 동결한 시기입니다. 2008년 금융 위기는 미국이 아닌 프랑스에서 시작된 것이죠. 곧이어 미국 최대 규모의 모기지 대출기관인 컨트리 와이드가 신용 한도를 모두 소진하여 파산을 선언해야 할 위기에 처해 있다는 뉴스가 보도되었습니다. 그 이후 주식은 급격하게 하락했고, 연준은 금리를 인하할 수밖에 없었습니다. 연준은 9월에 예상보다 높은 0.5%의 금리를 인하했습니다. 당시 버냉키 연준 의장은 "이번에는 매파와 비둘기파가 힘을 합치려고 했다."고 말했습니다. 주식 시장이 폭락하면 금리를 낮춰 유동성을 늘린 뒤 이 돈이 주식 시장으로 흘러가 주가를 올리는 모습이 2020년 코로나 위기 때도 한국, 미국 등 거의 전 세계 국가에서 나타난 현상이죠. 경제 위기, 금융 위기의 전형적인 모습을 보여 준 것입니다.

본격적인 대재앙은 베어스턴스가 2007년 3분기 실적에서 당기순이익이 61% 감소하면서 발생했습니다. 낮은 신용 등급, 고수익의 서브프라임 증권은 유럽 은행에도 많이 있었기 때문에 미국의 위기는 유럽으로 금방 전파되었습니다.

그 결과 집값은 폭락했고 주택을 담보로 돈을 빌린 집 주인들은 원금은 물론 이자를 갚을 수도 없는 상황이 되었습니다. 2008년 초는 전체 경제 분야로 위기가 확산했습니다. 제조업, 소매 판매, 고용 관련 보고서들이 일제히 부진을 보였습니다. 금리는 3.5%까지 떨어졌습니다. 그러나 서브프라임 증권과 연계된 부실 채권이 1조 달러가 넘었기에 주식 시장은 반등하지 못했습니다. 신용이 위축되자 실업률은 20년 동안 최악의 수준인 5.6%로 급등했습니다. 그런데 물가는 6개월 동안 최대 폭으로 오르며 5월 4.4% 상승했습니다. 2008 금융 위기는 불황 속에서 물가가 오르는 스태그플레이션이었습니다.

마침내 그동안 대마불사의 신화로 불렸던 리먼 브라더스가 9월에 파산하며 금융 위기는 정점을 찍습니다. 그리고 미국에서는 버락 오바마 대통령이 흑인 최초로 대통령에 오르면서 공적 자금을 투입해 시장 개입을 시도합니다. 오바마는 2월 17일 미국 경제 부흥 및 재투자법에 서명합니다. 총 7,870억 달러의 대규모 부양책이었습니다. 그리고 주택 위기를 해결하기 위해 2,750억 달러 규모의 계획을 발표합니다. 1조 달러의 부실 채권이 1조 달러 규모의 정부 지원으로 상쇄되면서 시장은 다시 살아납니다. 시장이 실패하면 정부가 개입하는 것은 자본주의 사회에서 피할 수 없는 진실이죠. 그런 면에서 2008년 금융 위기는 가장 전형적인 경제 위기였다고 말할 수 있습니다.

금융위기는 왜 이렇게 주기적으로 비슷한 양상으로 늘 반복되는 걸까요? 이때 통찰을 주는 책이 있습니다.

주식 투자계에서 유명한 아버지와 아들이 있습니다. 현대 투자 이론을 개척한 필립 피셔와 그의 막내아들이면서 《포브스》의 명칼럼리스트이며 운용자산이 1,000억 달러에 이르는 세계적인 자산운용사 피셔 인베스트먼트의 설립자 겸 회장인 켄 피셔입니다. 명저자로 아버지는 『위대한 기업에 투자하라』라는 불멸의 책을 썼고, 아들은 『주식시장은 어떻게 반복되는가』라는 백전불태의 투자 전략서를 썼습니다. 아들은 아버지에게서, 그리고 동시에 역사에서 배웠죠. 그는 아버지에게서 좋은 기업을 고르는 기준을 배웠습니다. 아버지 피셔가 말하는 좋은 기업의 조건 15가지는 지금 한국에서도 여전히 유효합니다. 켄 피셔는 이런 기업을 골라 장기 보유하라고 주문합니다. 어떤 원칙일까요?

1) 적어도 향후 몇 년간 매출액이 상당히 늘어날 수 있는 충분한 시장 잠재력을 가진 제품이나 서비스가 있는가?

2) 최고 경영진은 현재의 매력적인 성장 잠재력을 가진 제품 생산라인이 더는 확대되기 어려워졌을 때도 회사의 전체 매출액을 추가로 늘릴 수 있는 신제품이나 신기술을 개발하고자 하는 결의가 있는가?

3) 기업의 연구개발 노력은 회사 규모를 고려할 때 얼마나 생산적인가?

4) 평균 수준 이상의 영업 조직이 있는가?

5) 영업이익률은 충분히 거두고 있는가?

6) 영업이익률 개선을 위해 무엇을 하고 있는가?

7) 돋보이는 노사 관계인가?

8) 임원 간에 훌륭한 관계가 유지되고 있는가?

9) 두터운 기업 경영진을 갖고 있는가?

10) 원가 분석과 회계 관리 능력은 얼마나 우수한가?

11) 해당 업종에서 아주 특별한 의미를 지니는 별도의 사업 부문을 갖고 있으며, 이는 경쟁업체에 비해 얼마나 뛰어난 기업인가를 알려 주는 중요한 단서를 제공하는가?

12) 이익을 바라보는 시각이 단기적인가, 아니면 장기적인가?

13) 성장에 필요한 자금 조달을 위해 가까운 장래에 증자할 계획이 있으며, 이로 인해 현재의 주주가 누리는 이익이 상당 부분이 희석될 가능성은 없는가?

14) 경영진은 모든 것이 순조로울 때는 투자자들과 자유롭게 대화하지

만 문제가 발생하거나 실망스러운 일이 벌어졌을 때는 '입을 꼭 다
물어 버리지는' 않는가?

15) 의문의 여지가 없을 정도로 진실한 최고 경영진을 갖추고 있는가?

아버지 피셔는 돈을 얼마나 잘 벌 수 있는지 그 가능성을 미리 파
악하는 자가 돈을 벌 수 있다고 이야기합니다. 그 외에도 사업의 성
장에 영향을 주는 것이 기업 CEO의 역량과 인성, 의지라고 말합니다.
롯데 그룹이나 한국타이어처럼 경영권 분쟁에 시달리는 재벌 2세들
의 추한 모습은 그 자체가 회사의 수익성에 큰 악영향을 미칩니다.

아들 피셔는 『주식시장은 어떻게 반복되는가』에서 '이번에는 다
르다'라고 주장하는 사람들의 심리를 비판합니다. 위기에 처할 때
마다 뉴노멀을 이야기하면서 전혀 예측하지 못할 일이 벌어질 거라
고 주장하는 사람들은 주식 시장에서 절대 돈을 벌지 못할 거라고
합니다.

"'이번에는 다르다'라고 믿으면 투자에서 심각한 실수를 저지를 수 있
다. 물론 세계관이 완벽해야 하는 것은 아니다. 세계관이 완벽한 사람은 없
다. 그러나 자산운용에 성공하려면 장기적으로 예측이 빗나갈 때보다 적중
할 때가 더 많아야 한다. 적중률을 높이려면 더 정확해져야 한다."

물론 1929년 대공황 이후 주가 폭락이 있었고 약세장이 오래 지
속됐지만 그 후로는 10년 이상 계속되는 장기 약세장은 없었습니

다. 역사적 사례를 보면, 히틀러가 폴란드를 침공해 제2차 세계대전이 일어났을 때 주가는 내려갔습니다. 그러다 -5.6%에서 -1.4%로 낙폭을 줄였습니다. 1962년 쿠바 미사일 위기로 제3차 세계대전이 일어날 가능성이 여느 때보다 높았을 때는 6.2%가 빠졌습니다. 1990년 이라크가 쿠웨이트를 침공하면서 중동에서 전쟁이 일어났을 때는 17%가 빠졌습니다. 석유 가격이 오를까 봐 걱정해서였죠. 9·11 테러 때는 18.8%가 감소했습니다. 가장 큰 감소 폭은 2008년 금융 위기로 40.7%가 빠졌지요. 마이너스 감소 폭이 시간이 흐를수록 커지는 것 같지만 그만큼 반등도 높았기에 2020년 8월에는 다우 지수가 3만에 이를 정도로 높은 주가를 유지합니다. 주가는 여기저기에서 불규칙적으로 떨어지는 경향을 보였지만 결국에는 고점을 높이면서 전 세계의 부를 증진했다는 것이 아들 피셔의 주장입니다.

물론 주식은 채권이나 부동산보다 변동성이 큰 것은 사실입니다. 그러나 '장기적으로 주식은 오를 수밖에 없다.'라는 마음을 가지고 있으면 돈을 벌 수 있습니다. "관찰 기간을 하루에서 한 달로 넓히면, 역사적으로 월간 수익률의 62.3%가 플러스였다."라고 말합니다. 약세장은 평균 21개월간 지속됐습니다. 즉 2년 이상 참고 주식을 갖고 있으면 아무리 악재가 거듭되어도 돈을 벌게 된다는 이야기입니다. 그에 따르면 관찰 기간을 늘릴수록 월간 수익률이 플러스가 되는 시간도 늘어납니다. 주가가 폭락하더라도 주식을 팔지 않고 시장을 지켜보며 기다린다면 돈을 벌 확률은 갈수록 높아질 수 있습니다.

그에 따르면 주식의 수익률 평균값은 889%로 채권의 246%를 3.6 대 1로 압도했습니다. 즉 같은 1억 원을 주식과 채권에 각각 투자한 경우, 주식 보유자는 8억 9천만 원으로 불어나지만 채권은 3억 6천만 원에 그칩니다. 주식 시장에서는 비관론자보다 낙관론자가 돈을 더 잘 벌 수 있다는 거죠. 비관적 심리로 사는 게 더 편할지도 모르지만 심리에만 휘둘리면 절대 큰돈을 벌 수 없습니다.

그는 주식 시장에서 돈을 벌려면 2가지를 하라고 말합니다. 우선 TV를 끄고 인터넷 접속을 차단해야 합니다. 계속해서 시황만 보면 팔고 싶은 마음만 들기 마련입니다. 또, 한 가지 주식으로 돈을 벌려면 미국 주식만 바라보지 말고 세계 주식 시장으로 눈을 돌리라고 권합니다. 아무리 미국 주식이 잘 나가더라도 약세장을 만날 수 있으니 미국 시장과 반대로 움직이는 신흥 국가 시장의 주식을 갖고 있으면 마음도 편해지고 수익률도 올릴 수 있다는 것입니다. 더 넓게 투자할수록 주식 위험을 분산할 기회가 더 많아진다는 이야기입니다. 이 목소리는 피셔 부자뿐 아니라 주식을 다루는 모든 학자와 전문가도 동의하는 바입니다.

사회 현실을
읽으면
돈이 보인다

OPENING THE DOOR TO GETTING RICH

인간을 이해하고 나면 오늘의 사회 현실을 통해 미래를 읽어 내는 능력을 키워야 합니다. 우리는 2년 뒤 대선을 맞습니다. 가장 큰 이슈는 기본소득이 될 겁니다. 기본소득이 거시 변수라면 2019년의 고사성어인 각자도생과 유튜브는 미시 변수입니다. 왜 이 고사성어가 시대정신을 뜻하는지 이유를 파악해야 합니다. 왜 초등학생들이 명문대를 나와 전문직을 갖기보다 유튜버가 되고자 하는지 그 이유를 이해하고 우리 사회의 가장 큰 갈등으로 떠오르는 세대 갈등에 주목해야 합니다.

기본소득,
누가 원하고 누가 싫어할까?

긴급재난지원금을 계기로 기본소득에 관한 관심이 다시 일고 있습니다. 한겨레신문 경제부 기자 출신으로 삼성경제연구소와 한겨레경제연구소 등에서 일했던 이원재 작가가 이끄는 LAB2050이라는 싱크탱크에서 기본소득의 현실화 방안을 연구하고 있습니다. 그 연구 결과를 모아 『소득의 미래』라는 책을 펴냈습니다.

그의 주장은 앞으로의 미래는 고용 없는 성장과 자동화, 인공지능으로 대변되는 기술 혁신 때문에 많은 사람이 일자리를 잃을 가능성이 커져 지금보다 국가의 역할이 더욱 중요해질 수밖에 없다는 전제에서 시작합니다. 그 전제에 따른 결론은 많은 실업자들이 최소한의 생계를 유지할 수 있을 정도의 지원 즉 기본소득이 국가에 필요하다는 것입니다. 지금까지는 기업이 노동자를 고용해 일한 대가를 지급하는 임금만이 소득의 유일한 원천이었다면 앞으로 인류는 국가가 주는 기본소득과 일의 대가로 돈을 버는 근로소득의 2가지 형태의 소득원을 확보할 수 있습니다.

　이미 알려진 이야기지만 기본소득이 진보 좌파 진영이나 복지 천국인 북유럽에서만 나오는 이야기는 아닙니다. 실현은 안 됐지만 베트남 전쟁이 한창이던 1969년 공화당 정부였던 닉슨 정부에서 마이너스 소득세 형태로 가구당 연간 1,600달러를 보상하자는 안을 낸 적이 있습니다. 미국 알래스카주에서는 1967년 유전이 발견되면서 석유 자원으로 얻은 이익 중 일부를 알래스카 영구기금으로 조성해 주민 전체에 조건 없이 나눠 주고 있습니다.

　정부만이 관심을 보이는 건 아닙니다. 스타트업 사관학교 교장이라고 불리는 샘 오트먼은 오클랜드 등에서 기본소득 지급에 관한 실험을 하고 있고 페이스북 공동창업자 크리스 휴즈도 같은 캘리포니아주 스톡턴에서 기본소득 실험을 진행 중입니다.

　민간정책연구기관인 LAB2050은 2021년부터 월 30만 원을 모든 한국인에게 지급하자고 제안한 바 있습니다. 가구당이 아니라 개인당 지급으로 3인 가구라면 월 90만 원이 되는 셈이지요. 시뮬레이션해 본 결과 187조 원의 재원이 필요합니다. 대한민국 예산이 2019년에 469조 원인데 거의 3분의 1 이상의 돈이 필요합니다. 이 재원을 마련하기 위해 LAB2050은 고소득자들이 많이 받는 세금감면 혜택을 대폭 줄여 62조 원을 마련하고, 기본소득을 근로소득으로 간주해 소득세를 부과하면 15조 원을 추가로 걷을 수 있다는 것입니다. 또한 기본소득으로 대체 가능한 사회복지제도를 정비하면 35조 원을 더 마련할 수 있다고 주장합니다.

기본소득의 취지에는 많은 사람이 공감하지만 치명적인 비판도 있습니다. 일하지도 않는 사람에게 돈을 주면 일하는 사람들이 줄어들어 경제에 문제가 생긴다는 것입니다. 이에 대해 이원재 소장은 기술 변화로 앞으로 일하는 사람들 자체가 희소한 자원이 될 거라고 반론을 폅니다. 그러나 책에 적힌 내용은 진정한 반론이 될 수 없습니다. 반대하는 사람들은 경제에 문제가 생기면 어떻게 하느냐고 묻는데 답하는 사람은 경제에 문제가 생기는 건 어쩔 수 없다고 답변하기 때문입니다. 그러면 경제에 문제가 생길 확률이 높은데도 불구하고 기본소득을 줘야 하는 이유를 물을 테고, 그렇다면 최소한의 인간적인 삶을 누리도록 국가가 보장해야 한다는 최초의 논리로 돌아갑니다. 양측 모두 순환 논리에 빠져 접점을 찾기가 어려워집니다.

코로나19 여파로 비대면이 강조되면서 온라인 경제에 더욱 쏠릴 수밖에 없고, 온라인 경제는 고용 창출 효과가 극히 적습니다. 어느 정도 좋은 일자리를 많이 만들 수도 없고 좋은 일자리를 찾아 들어가기에는 문이 너무 좁습니다. 설상가상으로 GDP에서 자본, 즉 기술 혁신이 차지하는 비중과 인간의 노동이 차지하는 비중도 문제입니다. 자본의 기여는 계속 늘고, 노동의 기여는 계속 줄어듭니다. 이 예측은 기본소득의 필연성과 실현 가능성의 근거가 됩니다. 지금의 추세라면 자본의 기여도 증가 폭이 더 커서 전반적으로 GDP

는 상승할 가능성이 크며 자원이 마련될 여지도 충분합니다. 더군다나 국가가 개입해서 분배의 균형을 맞출 필요가 있습니다. 기업들도 수긍할 것입니다. 그 이유는 애플, 구글, 페이스북 등의 기업들이 창출한 기술 혁신이 이들 기업만의 연구 개발 결과가 아니라 국가가 주도하고 투자한 기술 혁신의 성과를 공유한 결과이기 때문이죠. 인터넷이나 GPS 등 개발 당시에는 미래가 불확실했기에 정부가 위험한 투자를 감행할 수밖에 없었죠. 그런 위험성을 진 정부에 대해 현재 돈을 잘 버는 IT 기업들은 책임이 있습니다. 이들 기업의 수익 중 일자리를 잃을 것으로 예상되는 사람들에게 나눠 주는 것은 자본주의 틀 안에서 분배 정의의 실현이라고 볼 수도 있습니다.

현재 기본소득에 대해서 여론 조사를 하면 지지 여론이 조금 더 높습니다. 이원재 소장은 보편적 기본소득이 언젠가는 반드시 현실이 될 것이라고 확신합니다. 저도 이번 재난소득을 시작으로 한국에서도 본격적인 논의가 활발해지리라 생각합니다. 여론은 더욱 긍정적으로 바뀔 것 같습니다. 대선주자 중에서는 현재 여론 조사 1위를 달리고 있는 이재명 경기도 지사가 기본소득에 가장 적극적입니다. 국민의힘 김종인 비대위원장도 호의적입니다. 그러나 기본소득이 실현되려면 재원 마련에 대한 보다 더 구체적인 시나리오가 나와야 합니다. 결국은 부동산이나 주식 등 자산 소득에 대한 세금 인상으로 갈 수밖에 없어 투자로 돈을 벌려는 사람들에게는 일방적으로 반길 소식만은 아니라는 게 분명합니다.

각자도생
사회의 도래

양극화가 심화하고, 부의 분배가 제대로 이뤄지지 않는 사회 속에서 개인들은 각자도생하며 살아가고 있습니다. 인구문제 전문가이자 한양대 국제대학원 교수인 전영수 박사는 저서 『각자도생 사회』에서 저출산·저성장의 늪에 빠진 한국 사회의 생존 키워드로 '각자도생'을 제시했습니다. 각자도생은 문자 그대로 각자 살길을 알아서 찾아가는 세상을 말합니다. 실제 역사에서 대기근이나 전쟁 등의 위기가 닥쳐왔을 때 결국은 각자가 살길을 찾아야 했던 것처럼 코로나19 직격탄을 맞은 대한민국 사회는 안 그래도 사분오열된 대한민국을 더욱 쪼개고 잘게 부수고 있습니다.

저자는 한국 사회는 불안 사회를 넘어 위기 사회로 진입하고 있다며 결국은 시간문제일 뿐 모두가 불행해질 것이라고 다소 비관적으로 전망하고 있습니다.

"그래도 맞서고 버티는 건 가족 때문이다. 집 밖은 위험해졌지만 그래도 담담하고 용감하게 나서는 이유는 지켜낼 목숨보다 소중한 가족이 있기 때문이다. 우리는 가족이 있기에 냉혹한 사회에서 버텨내고, 인생의 지향점에 가족을 둔다. 단, 아쉽게도 여기까지다. 살벌해진 시대 변화는 건강했던 가족 가치에까지 불행의 마수를 뻗친다. 현대 사회는 삶의 토대이자 애정의 원점인 가족마저 상시적으로 위험에 빠트리고 있다."

그의 말대로 대한민국 사회는 빠르게 가족을 해체 중입니다. 이미 대한민국은 2019년 1인 가구 비중이 30%(599만 가구)에 육박하며 2인 가구와 3인 가구 비율을 제쳤습니다. 그리고 놀라운 사실은 개인주의 문화를 대표하는 나라인 미국마저도 앞질렀다는 사실입니다. 미국은 2018년 1인 가구 비중이 28%였습니다.

고령화가 진행될수록 1인 가구 비율은 증가할 수밖에 없는데, 이웃 일본은 2015년에 34.5%로 이미 한국보다 높습니다. 일본은 2040년이면 거의 절반에 가까운 세대가 1인 가구가 될 것이라 예상합니다. 우리도 몇 년 늦더라도 그 뒤를 따라갈 가능성이 크죠.

가족이 해체되는 가장 큰 이유는 국민, 특히 젊은 사람들의 인식이 바뀌고 있기 때문입니다. 전통적인 가족 시스템이 현대 사회와 더는 맞지 않다는 거죠. 현대 사회는 효율성을 추구하는데, 그 과정에서 각자도생을 요구합니다. 전통적인 가족은 필요 이상으로 서로를 구속하며 책임과 의무라는 프레임에 과도하게 개인을 노출시킵니다. 가족끼리 너무 가까우면 한 사람의 위기가 전체 가족으로 연결되어 가족 구성원 전체를 옥죄고 괴롭힙니다.

각자도생을 추동하는 기저에는 저성장이 있다고 봅니다. 저성장은 저출산과 필연적으로 인과관계가 있을 수밖에 없습니다. 저출산의 원인인 결혼의 기피는 미혼 남녀가 가족을 새로 구성한다는 사실에 거부감을 느끼기 때문이라는 거죠. 경제적으로 결혼은 '하이 리스크 하이 리턴high risk high return'이 되었습니다. 나이가 들수록 직장에서는 직급과 임금이 오르니, 결혼한 남녀는 이를 예상하여 나중에 발생할 소득까지 미리 당겨 양육비에 투자합니다. 그러나 저성장 사회에서는 이러한 원천적 기회가 날아갔다고 해석하죠. 반려자와 자식을 행복하게 만들어 줄 방법이 없으니 나 혼자라도 행복해질 수밖에 없다고 생각합니다. 한국 사회는 일본처럼 끝을 모르는 불황의 터널에 빠져들었고 이에 따라 연애 - 결혼 - 출산 - 양육이라는 과정이 완전히 막혀 버렸습니다.

또 하나의 이유로 저성장 시대에는 기업과 정부의 협력이 어려워진다는 점이 있습니다. 정부 주도의 압축 성장 시스템에서는 세금 감면 혜택 등으로 기업에 편의를 봐 주는 대신 기업에 국가가 해야 할 복지를 위탁합니다. 저성장 시대에는 그게 불가능해졌다는 겁니다. 극히 일부의 대기업을 제외하면 어느 기업도 고용 안정성을 보장할 수 없고 기존의 직원들을 대상으로 한 사내 복지도 후퇴할 수밖에 없습니다. 정부는 코로나19를 계기로 뒤늦게 사회안전망을 강화하기 위한 다양한 대책을 시도하고 있지만 아직은 그 효과가 미미합니다.

자본주의와 공산주의 사회의 가장 큰 차이는 전자에서는 수요가 공급을 낳는다고 보는 반면, 후자에서는 공급이 수요를 만든다고 철석같이 믿는 데 있습니다. 그동안 4인 가구 혹은 3인 가구에 맞춰 물건을 만들어 오던 기업들도 이제는 1인 가구를 대상으로 한 상품과 사업들을 비중 있게 출시하고 있습니다. 대형 가구와 가전제품은 시장성을 갈수록 잃고 소형 가구와 소형 가전제품들은 갈수록 인기를 끌고 있습니다. 외식 사업도 큰 변화를 맞을 전망입니다. 주로 가족이 함께 모여 하는 게 외식이죠. 그러나 1인 가구 시대에는 외식보다 가정 간편식을 선호합니다. 이마트 같은 대형 쇼핑몰도 사양산업입니다. 대신 편의점은 잘될 것으로 보입니다. 통계 조사에 따르면 직장인 1인 가구 10명 중 4명은 퇴근하면서 편의점에 들러 이런저런 물건을 삽니다. 혼자 살면서 대량 포장 물건은 필요 없으니, 대형 쇼핑몰 대신 편의점을 선택합니다. 필요하면 편의점에서 간단하게 식사를 하면서 집에 들어가 넷플릭스를 보기도 합니다. 경제적으로 외식할 돈이 없는 것도 이유입니다.

또 다른 전망 있는 사업은 반려동물입니다. 미국은 이미 자녀가 있는 가구보다 반려동물이 있는 가구의 비율이 2.5배 이상 높습니다. 3월 코로나 위기가 닥쳐 미국 주식 시장이 일시적으로 붕괴했을 때도 반려동물 용품업체들의 주가는 끄떡없었습니다. 아직 미국만큼은 아닐지라도 외로운 우리는 자신을 옥죄는 가족보다 훨씬 적은 책임감과 의무감으로 대할 수 있는 반려동물을 선택할 가능성이 큽니다.

부동산이나 교육산업도 큰 변화를 맞으리라 보입니다. 저출산이 본격화되면서 사교육은 이미 벼랑 끝까지 몰렸습니다. 100만까지 이르던 학령인구는 이미 그 3분의 1 수준으로 떨어졌습니다. 공급은 그대로인데 수요는 갈수록 줄고 있으니 레드오션도 이런 레드오션이 없습니다. 교육산업은 부동산과 직결돼 있습니다. 부동산은 입지가 중요한데, 좋은 입지를 결정하는 요소 중 하나가 학군입니다. 그래서 '학세권'이라는 말까지 나왔지요. 그런데 가족을 만들지 않고 아이를 낳지 않으니 큰 아파트나 비싼 아파트가 필요 없는 세상이 올 것입니다. 이미 우리 곁에 와 있는지도 모릅니다.

삼성이라는 안정적인 직장을 버리고 퇴사한 후 부동산 투자자로 성공한 『나는 오늘도 경제적 자유를 꿈꾼다』의 저자 청울림은 시대 변화를 읽고 소형 주택에 집중적으로 투자했습니다. 혼자 살기에는 25평 아파트도 너무 큰 공간이죠. 그는 10평 내외의 작은 소형 주택을 구입한 뒤 월세를 받는 식으로 자본소득의 비율을 늘렸고 이는 자신의 경제적 자유를 이루는 직접적인 원동력이 되었다고 말합니다.

유튜브로
돈을 버는 시대

요즘 아이들은 말보다 유튜브를 먼저 배운다고 합니다. 말보다 동영상, 글자보다 동영상이라고 하지 않고 '유튜브'라고 하는 게 중요합니다. 유튜브는 동영상보다 더 보편적인 고유명사가 되었습니다. 아이들은 공공장소든 사적 장소든 휴대폰으로 유튜브를 보며 하루 중 많은 시간을 보냅니다. 유튜브가 너무 재미있다 보니 인터넷 뉴스나 검색 등도 잘 하지 않죠. 초등학생에게 숙제를 주면 네이버나 구글에서 검색하는 게 아니라 유튜브 동영상 검색을 해서 숙제를 해 오는 학생들이 점점 늘어나고 있다고 합니다.

구글이 유튜브를 2006년에 2조 원에 인수했기 때문에 어차피 구글 것이라 유튜브의 성장은 구글에 반가운 소식이겠지만 언젠가 유튜브가 본사인 구글을 추월하는 날이 올 것은 확실합니다. 2019년에 유튜브의 추정 가치는 무려 200조 원입니다. 구글의 창업자 래리 페이지와 세르게이 브린은 100배의 이익을 보았습니다. 유튜브는 중국을 제외한 전 세계에서 인기를 독차지하고 있지만 유독 강세인 곳이 우리나라입니다.

요즘 초등학생 중에서 상당수는 유튜버가 되어서 억대 연봉을 받는 게 꿈이라고 합니다. 2018년 교육부 발표 자료에는 초등학생 희망 직업 순위 1위 운동선수, 2위 교사, 3위 의사, 4위 요리사, 5위 유튜버로 나왔습니다. 2020년인 지금 조사한다면 순위가 더 올라가 있을 거 같습니다. '유튜브로 돈 벌기' 관련 책들이 베스트셀러 순위에 많이 올라 있는 걸 보면, 초등학생은 물론 중장년층까지 관심 분야가 된 걸 알 수 있습니다.

2008년에 나온 개리 마커스의 『클루지』는 절판이 되었다가 한 인기 유튜버가 자신의 인생이 바뀐 책으로 소개한 후 베스트셀러가 되었습니다. 정말 유튜브의 힘이 어느 정도인지 보여 줍니다. 신문사나 방송국보다 한 명의 유튜버가 미치는 영향력과 신뢰도가 더 큰 세상입니다. 세상이 바뀌었습니다.

『클루지』 저자 개리 마커스는 1970년생으로 뉴욕대학 심리학과 및 신경과학 교수입니다. 딥러닝 기술로 머신러닝 기술 벤처인 지오메트릭 인텔리전스Geometric Intelligence를 2014년 설립해 2016년에 우버에 팔았습니다. 인수 금액은 공개되지 않았는데 우버가 인공지능에서 앞서가는 선두 주자 구글과 페이스북을 따라잡기 위해 꽤 큰돈을 투자했으리라 짐작해 볼 수 있습니다.

그는 인공지능 왓슨에 흥미를 느껴 인공지능 공부에 뛰어들었으며 그의 현재 관심은 인공지능과 의학을 결합하는 연구입니다. 그는 인공지능 기술이 의료에 더 많이 쓰여야 하는데 지금처럼 광고와 마케팅에 많이 투자되는 상황이 우려가 된다고 말합니다. 우버의 미래 행보가 어디일지 예측할 수 있는 대목입니다. 'AI 마인드'에서 마틴 포드와 나눈 대화를 보면 그는 인간을 닮은 인공지능, 이른바 범용 인공 지능Artificial General Intelligence, 洞用人工知能의 미래를 여성화해야 한다는 지론을 가지고 있습니다. 여성에 비해 남성이 가진 폭력적인 유전자가 5배 더 많기 때문에 범용 인공 지능이 킬러 로봇으로 진화하지 않으려면 여성성이 필수적이라는 논리죠.

『클루지』가 갑자기 다시 인기를 얻은 일에서 한 가지 통찰을 얻을 수 있습니다. 이 책이 인기 유튜버 개인이 좋아서 추천한 책이 아니라 12년 전 책이 나올 당시 이미 선견지명을 보여 주는 콘텐츠를 담고 있었기 때문에 가능한 일이었다는 것입니다. 즉 유튜버가 정말 좋은 콘텐츠를 찾아내 확대 재생산함으로써 인류의 지적 문화 발전에 기여하고 있다는 것이 정답일 듯합니다.

어려서부터 부자가 되고 싶었지만 월급의 노예로 살아가는 자신의 한계를 깨닫고 SNS와 유튜브 등을 활용한 마케터로 성공한 허대리는『N잡하는 허대리의 월급 독립 스쿨』에서 유튜브의 가장 큰 장점을 '공평성'으로 보고 있습니다. 내용이 좋은 콘텐츠라면 유튜버가 유명인이 아니더라도, 많은 자본을 투자하지 않더라도 얼마든지 성공해서 돈을 벌 수 있다는 것입니다.

유튜브에서는 편법이나 꼼수 같은 게 통하지 않습니다. 오직 콘텐츠에 신경 써 차별화하여 잘 만들면 됩니다. 그러면 홍보는 유튜브가 알아서 해 줍니다. 허대리는 유튜브에서 성공하는 방법은 간단한데, 바로 사람들의 욕구를 충족시켜 주면 된다고 말합니다. 그에 따르면 성공하는 유튜브의 유형을 다음과 같이 나눌 수 있습니다.

1) 즐거움을 주는 유형 : 단순한 재미뿐만 아니라 행복함, 연예인을 보는 흐뭇함 등을 제공하는 유형(예: 조중현-개그, 불개-게임, 한예슬-연예인, 메낄룩-음악)

2) 문제를 해결해 주는 유형 : 주로 교육 콘텐츠로 사업, 직무 등 여러 주제와 관련된 어려움을 해결하는 유형(예: 자청-사업, 박세니-심리, 비뇨클래스-영상, 존코비-디자인, 김달-연애고민)

3) 긍정적인 정서를 만들어 주는 유형 : 구독자에게 영감을 불러넣거나 자기계발 동기를 부여하는 유형(예: 포크포크 감동, 체인지그라운드, 젝스피어스-동기부여)

4) 똑똑하게 만들어 주는 유형 : 몰라도 사는 데 지장은 없지만 알아 두면 좋은 지식을 알려 주는 유형(예: 사물궁이-상식, 씨리얼-사회, 1분 과학-과학, 이슈왕-사회, 호기심-역사)

5) 미디어 유형 : 주요 언론사 채널처럼 미디어 역할을 하는 유형(예: 비디오 머그, 닷페이스, 14f-사회 소식)

이 다섯 유형의 경계가 분명한 것은 아닙니다. 어떤 콘텐츠는 문제를 해결해 주면서 즐거움을 줄 수도 있고, 똑똑하게 만들어 주면서 미디어 역할을 할 수도 있습니다. 그런데 뜨는 유튜브의 유형을 곰곰 생각해 보면 이런 통찰을 얻을 수 있습니다. 유튜브 공간에서 돈을 벌려면 누군가에게 도움을 주어야 합니다. 돈을 버는 이기적 행위가 누군가를 돕는 이타적 행위로 표현될 때 돈을 벌 수 있습니다. 부를 얻고자 할 때 정석처럼 생각되는 탐욕, 폭리 이런 것들은 유튜브 공간에서 찾을 수가 없습니다. 유튜브는 내가 누군가에게 도움을 주고 사람들이 도움을 얻는 그 대가로 광고를 시청함으로써 좋은 콘텐츠를 생산하는 사람을 유튜브가 보상해 주는 시스템을 갖추고 있습니다. 잘 알려진 대로 유튜브에서 돈을 벌려면 구독자 수와 조회 수를 늘리면 됩니다.

구독자 100만이 넘는 유튜버 중에서는 월 1억 원 이상의 수입을 구글로부터 받는 경우도 있습니다. 정확히 구독자 숫자가 연봉에 비례하는 것은 아니지만 상대적으로 월 조회수가 많은 유튜버일수록 많은 수익을 올립니다.

하지만 이러한 유튜브에도 문제가 있다고 그는 말합니다. 지금은 너무 많은 사람이 뛰어들어 블루오션이 아닌 레드오션이 되었다는 것이죠. 웬만한 콘텐츠로는 성공할 수 없습니다. 따라서 차별화 전략이 필요합니다. 예를 들어 돈 버는 일에 관심이 생겨 유튜브에 콘텐츠를 올린다면 막연하게 재테크라고 자신의 채널을 규정 짓기보다 여성이 돈 버는 방법, 20대 대학생이 돈 버는 방법, 개발자로 돈 버는 방법, 호주에서 돈 버는 방법, 무자본으로 약 50만 원 더 버는 방법 등 성별, 연령별, 직업별, 지역별, 취향별로 욕구를 세분화하여 니즈를 만족시켜야 레드오션에서 살아남을 수 있다고 말합니다. 또한 유튜브에서 성공하려면 "딴 건 모르겠고, 나는 ~만큼은 확실하게 알려 줄 수 있다."라는 생각으로 동영상을 만들어 꾸준히 올린다면 틀림없이 자신이 원하는 수입을 얻을 수 있다고 말합니다.

영국의 유튜브 전문 기술 칼럼니스트로 『유튜버들』을 쓴 크리스 스토클 워커는 유튜브는 레드오션이 아니라 새로운 수익 모델이 새록새록 생겨나는 블루오션이라고 합니다.

"유튜버는 이제 전방위적으로 판매 기회를 노리는 하나의 브랜드이고 고작 카메라나 가지고 노는 사람이 아니다. 우리는 지난 몇 년 동안 자질구레한 장신구, 티셔츠, 책과 같은 유튜브 파생상품의 등장을 지켜봤다. 수많은 유튜버가 팬들과의 개인적인 관계를 사업 기회로 활용해 추가 물품을 판매함으로써 광고 수입과 브랜드로부터 받는 후원금보다 더 많이 벌어들인다."

유튜브는 계속 진화하면서 상품을 개발하고 있습니다. 허대리는 유튜브가 레드오션이라는 말이 이미 몇 년 전부터 나온 이야기라며 유튜브는 무엇이 돈이 될지 아이템을 발견하는 아이디어의 공장이 되어가고 있다고 말합니다.

그는 월 10만 원 정도의 비용을 투자해서 키워드 툴이라는 프로그램을 이용해 유튜브에 올라온 검색 키워드의 숫자를 알려 주고 분석해 줍니다. 그는 이 프로그램을 이용해 공부한 뒤 사람들이 그때그때 원하는 최적의 콘텐츠를 만들고 이를 바탕으로 유튜브 컨설팅을 하면서 새로운 수익 모델을 추가했습니다. 유튜브로 돈을 벌고 싶은 사람이라면 한번 참고할 만한 조언인 듯싶습니다.

세대 갈등과
주식 시장

서울대 인문대에서 철학과 고전을 가르치는 인문학자 김헌의 『천년의 수업』은 그리스 신화로 인간과 사회의 본질을 다루는 책입니다. 김헌에 따르면 그리스 신화를 통해서 우리는 무엇이 세상을 변하게 하는지 알 수 있습니다. 새로운 세대가 어떻게 새로운 세상을 열어야 하는지 그리고 기득권을 지닌 기성세대들은 다른 세대를 어떤 식으로 포용해야 하는지 알 수 있습니다.

그는 그리스 신화를 '친부 살해의 전통'이라고 표현합니다. 그리스 말로는 파트로크토니아^{patroktonia}라고 하는데, '파트로'는 아버지를, '크토니아'는 살해를 뜻합니다. 잘 알려져 있듯이 그리스의 제우스 신은 아버지인 크로노스를 쫓아내고 권력을 잡았습니다, 사실은 아버지 크로노스 역시 아버지(제우스의 할아버지) 가이아를 몰아내고 권력을 잡았죠.

아들이 아버지를 몰아낸 친부 살해의 전통은 동양에도 있습니다. 당태종 이세민의 경우가 그렇고 조선의 이방원도 동생과 형을 죽였지만 사실상 친부 살해를 한 거나 다름없죠. 김헌은 인류 역사상 아버지 세대가 아들 세대를 대하는 방식은 바뀌지 않았으며, 그것은 바로 통제하려는 욕망에서 비롯되었다고 말합니다.

그리스 시대나 지금이나 언제나 부모 세대는 자신이 정한 틀 안에서 자식들이 살기를 원합니다. 자식 세대는 그런 기성세대의 생각을 받아들이지 않으려 하고 통제에서 벗어나려고 하죠. 이처럼 입장이 다르기 때문에 당연히 갈등이 발생할 수밖에 없습니다. 우리 사회의 세대 갈등 또한 통제하려는 욕망과 통제에서 벗어나려는 욕망 사이의 갈등이라는 점에서 본질적으로 그리스 시대와 닮았습니다. 하지만 예전의 세대 갈등은 세대 간의 사랑을 전제로 표현 방식과 수위에서의 갈등이었다면 지금 우리 사회에서의 세대 갈등은 바로 사랑의 부재에서 비롯되었다는 점입니다. 기성세대는 젊은 세대에 불만을 넘어 혐오에 이르는 감정을 보입니다. 혐오에 맞서 신세대 또한 기성세대를 혐오합니다.

우리 사회는 전통적으로 지역 갈등이 컸고 그 기저에는 이데올로기의 차이가 있었지만 지금은 지역과 진보 보수의 이데올로기가 서로를 혐오하는 세대 간의 갈등으로 수렴됩니다. 놀라운 사실은 세대 갈등은 50대 이상의 중장년층과 젊은 세대 간의 갈등뿐만 아니라 비슷한 세대인 20대와 30대 사이, 즉 10년 간격의 나이 차에서도

172

발생한다는 것입니다.

　서점마다 조금씩 다르긴 하지만, 2019년 인터넷 서점들이 발표한 올해의 책에 1980년대 초반생 작가 임홍택의 『90년생이 온다』가 차지했습니다. 이 책의 장점은 엄청난 가독성입니다. 특히 90년대생이 쓰는 언어들을 80년대생조차 이해하지 못한다는 내용은 50대인 제가 봐도 참 재미있는 이야기였습니다. 30대가 20대의 언어와 마음을 알지 못하는 상황에서 저와 같은 50대는 하물며 얼마나 낯설겠습니까? 세대 갈등이 심각한 이유는 같은 언어를 쓰고 같은 문화를 지닌 단일 민족 국가에서 같은 연령대가 아니면 소통 자체가 어려워진다는 데 있습니다. 부모와 자식 간에도 말이 통하지 않는데 생면부지의 젊은 사람을 나이 든 사람이 만나 극히 일상적인 대화 외에 심도 있는 대화를 나누기가 얼마나 어렵겠습니까?

　소통이 안 되는 이유는 언어 탓이 아닌 감정 때문입니다. 예전에도 세대 간의 갈등이 있었지만, 그 당시와 지금이 다른 점은 그전에는 세대 간 소통은 되었습니다. 적어도 말은 통했지요. 그런데 지금은 부모와 자식 간에도 말이 통하지 않는 지경에 이르다 보니 서로 간에 좋은 감정이 쌓일 리가 없습니다. 그래서 서로 불만을 넘어 반감을 갖게 되고 자기와 다르다는 이유로 혐오합니다.

　『90년생이 온다』를 보면 90년생들의 생각을 지배하는 정서는 '공정함과 정의'라는 것을 알 수 있습니다. 그들의 눈에 비친 한국은 지나치게 불공정하고 부정의가 판을 치고 있습니다. 그런데 50대 이상의 기성세대는 한국 사회를 보는 프레임이 다릅니다. 경제적 안정입니다. 돈을 잘 버는 데 그 초점이 맞춰져 있습니다. 청년 세대는 그러한 과정에서 불공정과 불공평이 발생할 수밖에 없다고 생각합니다. 그들은 기성세대보다 훨씬 더 사회적이고 정치적인 고민을 하고 있습니다.

50대 이상의 기성세대는 나와 내 가족이 행복하고 돈을 더 벌 수만 있다면 약간의 사회적 불평등은 용인되어야 한다는 입장이지만 젊은 세대는 자신의 몫은 줄어들더라도 한국 사회의 대표적 불평등인 흙수저 금수저 논쟁 같은 건 사라져야 한다고 생각합니다.

『90년생이 온다』의 저자와 제가 보기에도 오히려 젊은 세대일수록 타인과 사회를 생각하는 이타적 정서가 더 강합니다. 공동체 가치관을 자기화한 기성세대들이 이타적이고 협력적일 것 같은데, 젊은 세대가 더 이타적이고 공동체를 먼저 생각하는 경향이 있다는 사실은 놀랍습니다. 우리 사회는 그동안 많이 변했고 특히 2016년 사상 초유의 대통령 탄핵이라는 사건을 겪으면서 많이 달라졌습니다.

하지만 이런 현상은 한편으로는 상당히 모순적으로 다가옵니다. 제 딸이 90년대생이고 저는 입시 현장에서 90년대생을 숱하게 만났습니다. 저에게-이건 순전히 제 개인적인 경험에 근거한 의견입니다-90년대생의 이미지 키워드는 공정보다는 과보호라고 생각합니다. 주로 60년대생인 부모들이 아이를 적게 낳으면서 노후는 생각하지 않고 자녀 교육에 집중 투자하는 경향이 있었습니다. 그 결과 과보호에 따른 에고의 강화와 독립성의 부족으로 나타났죠. 그런데 에고는 강하고 독립성이 떨어지면 상식적으로 공정성에 대한 가치는 낮아져야 하는데, 90년대생이 여느 세대보다도 공정성을 중시한다는 게 아주 놀라운 변화고 때로는 모순적이라는 생각도 듭니다.

우리 사회의 세대 갈등은 2022년 대선을 앞두고 정점을 찍으리라 생각합니다. 그러면 이런 세대 갈등에 어떻게 대응해야 할까요? 대응법은 바로 투자라고 생각합니다. 정치적·사회적·문화적으로 극과 극을 달리는 두 세대는 만나는 지점이 있습니다. 바로 돈에 관한 생각입니다. 50대 이상의 중장년층은 평균 퇴직 연령인 57세보다 더 오래 일하고 싶어 합니다. 돈을 더 많이는 아니더라도 더 오래 벌고 싶은 욕구가 있습니다. 20대 역시 마찬가지입니다. 결혼과 가족을 구성하는 일에는 예전 세대보다 덜 적극적이지만 경제 활동을 통해 경제적 자유를 누리고 싶어 합니다. 하지만 정부가 일자리로 이 두 세대를 만족시킬 방법은 없습니다. 기성세대를 더 오래 일하게 만들려면 은퇴 연령을 늦춰야 하고, 젊은 세대의 일자리를 늘리려면 기성세대의 은퇴 연령을 앞당길 수밖에 없는 딜레마가 생깁니다.

둘 사이에 긴 정치 집단은 어떤 선택을 할까요. 저는 주식 시장이 지금 현재의 정부와 차기 정부가 생각하는 세대 갈등의 조정장이 되지 않을까 생각합니다. 50대 이상의 연령층이나 20대의 청춘이나 기업의 성장에 돈을 투자하고 자신이 버는 돈의 비중에서 근로

소득의 비중을 조금씩 줄이고 자본소득을 조금씩 늘리는 미국식 사회로 전환되면 기성세대와 신세대 모두 만족할 수 있는 길이 열릴 것이라 생각합니다.

두 세대 간 공유가 생기면 소통이 이뤄지고, 그러면 사회 통합도 이뤄질 수 있습니다. 부동산 시장은 신세대의 접근이 원천적으로 불가능하고 주로 기성세대 돈 있는 사람만이 투자할 수 있는 시장으로 바뀌면서 더욱더 불공정한 시장으로 비판받을 수 있습니다. 그러나 소액으로 투자할 수 있는, 본인이 공부할수록 수익을 창출할 수 있는 주식 시장은 부동산보다 훨씬 더 공정하고 공평한 시장입니다. 세대 갈등은 자연스럽게 부동산에서 주식으로 부의 대이동을 부추깁니다.

성공 투자 전략,
국제 정세 읽기

OPENING THE DOOR TO GETTING RICH

우리나라는 수출로 먹고삽니다. 앞으로도 그 사실은 변하지 않을 것 같습니다. 따라서 세계 4대 강국에 둘러싸여 미국과 중국의 눈치를 볼 수밖에 없습니다. 살기 위해서, 돈을 벌기 위해서는 국제 관계에 눈을 떠야 합니다. 먼저 미국과 중국이 가진 강점과 단점을 동시에 파악해 현실에서 미래를 읽어야 합니다. 가깝고도 먼 나라 일본은 우리와 비슷하게 저출산·저성장·저물가에 시달리는 나라입니다. 세계에서 가장 빨리 늙어가는 일본의 현실을 이해하는 게 우리의 미래를 이해하는 데 큰 도움이 됩니다. 더불어 지금의 자본주의를 만들어 낸 유럽 국가가 어떤 방향으로 움직일지도 관심 있게 지켜봐야 합니다. 마지막으로 중국과 미국 중에서 어느 나라가 돈을 더 벌게 해 줄지도 분석해야 합니다.

미국이
세계 경찰 노릇을 하지 않는다면

미국을 가리켜 세계 경찰 혹은 미국이 주도하는 세계 평화라는 뜻에서 팍스 아메리카나라는 표현을 씁니다. 지금도 경제, 외교, 국방 등에서 전 세계에 막강한 영향력을 행사하고 있습니다. 돈을 벌려면 미국의 경제뿐 아니라 정치, 사회 등 구석구석까지 잘 알아야 하는 이유죠. 앞으로 미국은 국제 사회에서 어떤 나라로 기억될까요? 그 이미지를 미리 그려 보는 것, 그것도 근사치에 가깝게 예측할 수 있다면 돈은 자연스럽게 보입니다.

진정한 전략가이자 글로벌 에너지 인구통계학과 안보 전문가인 피터 자이한이 2017년도에 쓴 『셰일 혁명과 미국 없는 세계』는 비평가들에게 극찬을 받은 명저입니다. 미국이 어디로 향해 가는지 잘 보여 주기 때문이죠. 셰일가스의 등장으로 더는 중동의 석유가 필요 없어진 세계 최대 산유국 미국은 에너지, 식량 등 거의 전 분야에서 완전한 자립 경제를 구축했습니다. 그리하여 중동을 포함해 전 세계 곳곳에서 벌어지는 분쟁에 정치적·군사적으로 개입할 이유가 없다고 말합니다. 중동을 시작으로 유럽, 아시아에서도 미군을 차례로 철수할 것이라는 예측이죠.

먼저 셰일가스가 무엇인지부터 알아야 할 것 같습니다. 셰일가스는 석유를 함유한 암석의 일종입니다. 석유는 대부분 오래전에 죽은 플랑크톤과 조류의 사체입니다. 셰일 암석에는 석유가 기체의 형태로 잔존해 있으며 석유처럼 이동하지 않고 그 자리에 있습니다. 즉 기존의 석유가 액체라면 셰일가스는 기체라는 가장 큰 차이점이 있습니다.

이 셰일가스가 가장 많이 매장된 곳이 미국에 있습니다. 셰일가스에서 생산되는 원유는 가볍고 달콤한 프리미엄 석유입니다. 순도가 아주 높아서 정제하기도 식은 죽 먹기죠. 유일한 단점은 기체이기 때문에 담아 두기가 어렵습니다. 액체 형태인 석유는 운송하기가 쉽습니다. 이 말은 미국으로서는 에너지 최강국의 독점적 지위를 구축하는 데 도움이 될 수도 있다는 뜻입니다. 즉 미국 땅에서 난 셰일가스는 자체적으로 이용하고 에너지가 부족한 다른 나라(특히 중국처럼 라이벌 국가)에는 운송을 이유로 비싼 가격에 수출해 통제력을 확보할 수 있기 때문이죠. 현재 셰일가스 가격은 생산 기술이 급속도로 발전해 1배럴에 50달러 이하로 떨어진 상태입니다. 지금은 코로나로 인해 국제 원유 가격도 큰 폭으로 떨어져서 셰일 가스 업체들도 위기를 맞고 있는 중이죠.

2007년 금융 위기 이후 기준 금리가 제로까지 내려가서 미국 정부는 텍사스나 중동 지역의 유전에 비해 수익성이 낮아 포기했던 셰일가스를 본격 개발하기로 합니다. 이후 미국은 호로위츠 해협을 지키며 중동의 석유를 아시아를 거쳐 태평양을 지나 미국 서부까지 이송하는 데 군대를 동원할 이유가 없어졌습니다. 그리고 이라크의 쿠웨이트 침공에 따른 응징과 9·11 사태 후 테러 배후국으로 이라크를 지목한 뒤 대규모 지상군을 동원해 침공한 것처럼 중동 지역에서 전쟁을 치를 이유도 없어졌습니다.

미국이 세계에 빗장을 걸어 잠그고 국내 문제에만 신경을 써도 된다면 세계 질서는 어떻게 바뀔까요? 제2차 세계대전 이후 큰 규모의 전쟁은 일어나지 않았습니다. 그러나 미국이라는 슈퍼 파워가 뒷전으로 물러선다면 그때는 에너지 전쟁이 일어날 수도 있습니다. 그것도 동시다발적으로요.

먼저 유럽의 변화부터 살펴볼까요. 피터 자이한은 유럽에서 러시아의 부상을 예상합니다. 민족주의로 무장한 푸틴 대통령은 형식적인 우크라이나 군대를 무력화시키고 벨라루스, 아르메니아, 아제르바이잔, 발트 3국 등 구소련 국가들을 병합할 것입니다. 그렇게 되면 루마니아, 폴란드 등 동유럽 국가들이 러시아와 국경을 맞닿게 되고 언젠가는 이들 국가와 러시아 군대가 충돌할 수도 있습니다. 과거와 완벽한 절연을 위해 재무장을 포기했던 독일(독일은 현재 6만

8천 명 정도의 군인만 있습니다.)도 러시아를 막기 위해 재무장을 선택할 수밖에 없고 발트해 3국을 지키기 위해 노르웨이, 스웨덴, 핀란드 등 스칸디나비아 3국이 러시아와의 전쟁에 나섭니다. 영국도 노르웨이의 유정油井을 지키기 위해 참전할 수밖에 없습니다. 원래부터 러시아와 가까웠던 아르메니아는 러시아와 합병을 선택할 것이고 아르메니아를 못 잡아먹어서 안달인 아제르바이잔이 러시아의 반대 진영에 합세해 전쟁은 유럽 전역으로 확대됩니다. 터키는 아제르바이잔 때문에 반反러시아 진영에 설 것으로 전망합니다.

미국이 빠진 중동은 호랑이 없는 곳에서 여우, 오소리, 너구리, 들개 등이 자기가 최고라고 힘자랑을 하는 격입니다. 수니파의 두목 사우디아라비아와 시아파의 종주국 이란은 전면적으로 맞붙을 가능성이 아주 큽니다. 사우디아라비아와 이란은 같은 이슬람 국가라는 동질감보다는 서로를 반드시 제거해야 할 원수로 여기기에 미국의 부재는 자연스럽게 중동의 전쟁으로 치달을 수 있습니다. 여기에 이스라엘이 가세합니다. 이스라엘은 만약 이란이 핵실험에 성공하면 선제 핵 공격을 할 것이라 선언했기에 이란은 재래식 전쟁이 아닌 핵전쟁에 큰 부담을 느낄 수밖에 없습니다. 군사력 자체만으로는 일백만 대군의 이란이 사우디아라비아를 능가하지만 이스라엘이 사우디아라비아 편을 든다면 상황은 달라질 수 있습니다. 중동은 시아파와 수니파로만 나뉘는 게 아니라 쿠르드족, 체첸족, 타타르족 등 다양한 민족들이 섞여 있어 전쟁이 더욱 크게 확대될 가능성이 있습니다.

마지막으로 전쟁이 일어날 곳은 동아시아입니다. 타이완, 한국, 일본은 자체 에너지가 전혀 없어 대부분 에너지를 중동에서 수입해야 하므로 전쟁에 가담할 수밖에 없습니다. 중국은 타이완에 언젠가 무력으로 침공할 것이고 타이완은 일본과 손을 잡아 중국에 대항할 수밖에 없습니다. 아직 중국은 해군력이 막강하지 못해 일본의 해군과 대만의 공군에게 고전할 수밖에 없습니다. 저자는 이때 중요한 것이 한국의 스탠스라고 말합니다. 한국은 오래된 반일 감정으로 중국과 일본의 전쟁에서 일본을 편들기 어렵지만 그렇다고 노골적으로 중국 편을 들기도 힘듭니다. 중국은 베트남, 인도 등 국경을 맞대고 있는 국가들과 최악의 관계여서 아시아에서 전쟁이 나면 중국과 일본을 중심으로 한 아시아 국가 연합세력 간의 대결이 될 가능성이 큽니다.

　그렇다면 이런 질문을 던질 수도 있습니다. 미국에서 보호무역을 주장하는 트럼프가 재선에 실패하고 민주당이 집권하면 셰일가스를 어떻게 활용할 것인가? 저자는 이렇게 말합니다.

"좌파(미국 민주당)가 셰일 부문을 폐쇄하려고 한다면 오바마 정부하에서 그렇게 했을 것이다. 그런데 오바마 정부는 채굴 가능한 것이면, 어디서든 천연가스 채굴을 권장했고, 이는 셰일이 발견되는 지역이면 어디서든 호재가 되었다. 오바마 정부는 키스톤같이 송유관을 통해 천연가스를 멕시코와 캐나다로 수출하는 일은 쌍수를 들어 환영했다."

셰일가스의 개발은 미국에서 민주당이든 공화당이든 어떤 정권
이 잡든지 간에 이루어질 거라고 주장합니다. 셰일가스 이후 미국
이 사라진 세계에서 끔찍한 전쟁을 피하려면 세계는 미국의 셰일
가스에 더 의존할 수밖에 없습니다. 석유에서 셰일가스로 에너지의
무게 중심이 옮겨가는 게 미국의 패권이 무너지는 것이 아니라 오
히려 힘을 더 키운다는 사실이 역설적으로 들립니다.

시진핑의 연설을 보면
중국의 미래가 보인다

인터넷 서점에 시진핑이라는 키워드를 입력하면 흥미로운 결과가 드러납니다. 시진핑과 현재의 중국에 대단히 비판적인 『위대한 중국은 없다』가 가장 판매가 잘되는 데 반해 시진핑이 했던 공식 연설과 인민일보를 분석한 『시진핑 주석이 연설 속에 인용한 이야기』는 놀랍게도 판매가 매우 저조합니다. 전체 여론은 모르겠지만 적어도 책을 읽는 사람들이 현재 중국과 시진핑에 대해 매우 부정적이라는 것을 알 수 있습니다.

저는 중국을 진정으로 이해하려면 『시진핑 주석이 연설 속에 인용한 이야기』를 분석적으로 읽어볼 필요가 있다고 생각합니다. 대외 관계를 어떻게 맺고 풀어 가야 할지 귀중한 인사이트를 주기 때문입니다. 트럼프나 바이든 같은 정치인을 살펴본다고 미국을 이해하기는 어렵겠지만 시진핑 1당 체제에서는 시진핑을 제대로 이해하면 거의 모든 시스템을 이해할 수 있는 게 중국이라는 나라입니다. 5가지 관점으로 시진핑의 연설을 분석해 보았습니다.

1) 시진핑의 연설에는 어떤 특징이 있는가?

인민일보는 당연히 시진핑과 그의 연설에 대해서 절대적인 긍정 분위기입니다. 이렇게 전체적인 총평을 내립니다.

"시진핑의 연설은 소박하지만 높낮이가 있고 간결하지만 깊이가 있다. 국제무대에서 한 그의 연설은 참신한 문풍과 특유의 매력으로 국제 정계의 '주요 브랜드'로 부상했다."

이 책이 연설문 전체를 분석하기보다는 그가 사례로 든 이야기들의 맥락과 배경을 상세히 설명하는 책이라 그렇겠지만 일단 연설을 통해 드러난 시진핑은 대단한 지식을 갖춘 이야기꾼입니다. 주로 역사와 문학에서 소재를 찾고 때로는 날카로운 직설화법, 비유와 완곡어법으로 호흡을 조절합니다. 그가 전공한 자신 있는 과학 기술에 대한 전문적이고 어려운 이야기는 가급적 자제하는 특징이 있습니다. 연설은 철저하게 대중의 눈높이에서 감성적으로 다가가려고 노력합니다. 그의 연설은 마르크스 레닌주의자에 가깝기보다는 자신을 철저히 낮춰 인민이 권력 위에 있고 권력은 인민을 위해 철저하게 봉사해야 한다는 전통적 중국의 군주상을 닮았습니다. 어쩌면 그가 지향하는 지점이 제2의 마오쩌둥이 아니라 요순의 재림이라는 평가를 듣는 게 아닐까 싶기도 합니다.

2) 중국은 시진핑이 지배하는 1인 독재 국가인가?

그의 연설 중, 2016년 1월 중국 공산당 제18기 중앙기율검사위원회 6차 전원회의에서 한 연설은 지금 현재 중국의 권력 구도를 이해하는 데 많은 도움을 줍니다.

시진핑은 케빈 스페이시 주연의 미드 〈하우스 오브 카드〉를 재미있게 보았다고 말문을 열면서 중국에는 그런 식의 권모술수와 협작이 없다고 단언합니다. 또한 자신이 적극적으로 추진하는 반부패운동은 시공하다 만 부실 건물이 절대 아니라는 점도 분명히 합니다. 방미 기간에 미국 기자들이 "반부패운동은 권력 다툼을 의미하지 않는가?"라는 질문을 하자 "호랑이(고위 부패 관리)와 파리(하위 부패 관리)를 함께 잡아내는 것은 인민들의 요구에 순응하는 것이므로 권력 싸움 같은 것은 존재하지 않는다."고 답했습니다.

그런데 정말 권력 투쟁 없는 정치가 가능할까요. 모든 사람이 똑같은 목소리를 낸다는 이야기인데 그게 가능할까요. 그 이야기는 시진핑이 추구하는 정치 체제가 덩샤오핑 이후 집단 지도 체제가 아닌 스탈린이나 히틀러 식의 1인 독재 체제라는 주장을 뒷받침합니다.

그런데 1인 독재에 성공하려면 스탈린처럼 정적을 찾아 철저하게 죽이든지, 히틀러처럼 국민을 완벽히 자기편으로 만들어 반대자들이 감히 자신에게 도전하지 못하게 하든지 둘 중 하나입니다. 시진핑은 분명 스탈린 스타일도 아니고, 히틀러 스타일은 더더욱 아니죠. 그가 국방, 외교, 내정 등 3권을 완전히 장악한 건 맞지만 모든 게 그의 의도대로 굴러가는 스탈린이나 히틀러 시스템과는 분명히 다른 듯합니다. 그가 야당이 없는 독재 시스템에서 반대세력의 목소리를 겁낼 이유는 없겠지만 미국이나 다른 국가의 평판을 무척이나 인식하고 최종 결정까지 뜸을 들인다는 인상을 많이 줍니다. 그게 원래 그의 스타일일 수도 있겠지만 그가 개인적 야망보다 국익이나 중국이라는 브랜드의 신뢰도를 좀 더 많이 챙기는 방향으로 자신의 권력을 쓰고 있다고 볼 수도 있습니다.

3) 시진핑의 연설에서 배울 점은 무엇인가?

시진핑은 다독가입니다. 개인적인 시간은 거의 없는 와중에서도 일상적으로 자신에게 투자할 수 있는 시간은 독서 외에는 없다고 합니다. 그가 가장 좋아하는 소설은 체르니셰프스키의 『무엇을 할 것인가』입니다. 그 외에도 푸시킨, 투르게네프, 톨스토이, 도스토옙스키 등 러시아 작가들의 작품을 좋아합니다. 괴테의 『파우스트』도 무척 좋아하며 셰익스피어의 작품 대부분을 한때 열정적으로 읽기도 했죠. 공산주의가 원하는 인간형과 정반대의 인간을 그린 플로베르의 『보바리 부인』도 인상적으로 읽은 듯합니다.

박사 과정에서 마르크시즘을 공부하면서 마르크스의 『자본론』 등 난해한 원전들과 지적 혈투를 벌이기도 했습니다. 지적으로 활력을 유지하고 지혜를 얻으며 호연지기를 키우는 데는 독서만 한 것이 없다고 합니다. 그가 마오쩌둥, 마르크스, 레닌이 쓴 책을 열심히 읽은 것은 어찌 보면 당연한 듯한데, 다른 서양 작가들의 고전에도 심취했다는 게 인상적입니다. 공산주의는 절대 다른 생각을 허용하지 않는 배타성이 기본이라고 생각했는데, 연설 내용을 보면 생각보다 그는 유연한 사고를 지닌 사람이었습니다.

우리 언론은 주로 일본을 비판하는 데 시진핑을 많이 활용합니다. 시진핑은 난징 대학살과 이를 부정하는 일본의 행태를 비판하지 일본 자체나 일본인 전부를 싸잡아서 비난하지는 않습니다. 당나라 유학생으로 당나라에서 고관대작으로 출세하기도 한 일본인 아베노 나카마로를 칭찬하는 모습을 보면 일본이 마지노선(헌법 개정 및 군국주의 회귀)만 넘지 않는다면 얼마든 친구가 될 수 있다고 생각하는 것 같습니다. 그는 "이웃은 옮길 수 없다. 사람은 이웃을 가려서 옮겨 가며 살 수 있어도 나라는 옮길 수 없다. 그렇기에 선택은 오직 하나, 즉 이웃 국가와 화목하게 지내는 것뿐이다."라고 말하기도 했습니다. 여기서 이웃이 일본을 의미하는 것은 분명해 보이죠. 그런데 그가 가진 한계이기도 하지만 사실 국가도 집처럼 얼마든 옮길 수 있습니다. 중국의 모든 왕 그리고 시진핑 이전의 다른 중국 공산당 지도자처럼 그도 개인을 초월하는 국가 주권을 절대적으로 신봉하는 것은 분명해 보입니다.

4) 시진핑이 연설에서 절대 언급하지 못하는 것들은 무엇인가?

2가지입니다. 하나는 중국 공산당의 잘못 중에 으뜸이죠. 대약진

운동 때 수천만 명이 굶어 죽은 일입니다. 그가 문화혁명 때문에 중국의 개방이 늦어졌다는 점을 솔직히 인정한 적은 있어도 대약진운동 중에 발생한 대기근이란 말은 공식적으로 꺼낸 적이 한 번도 없습니다. 아마 앞으로도 없겠죠. 마오쩌둥이 스탈린, 히틀러와 함께 악마로 평가받는 이유 중 하나가 바로 대기근 때문이었습니다. 그런데 엄밀히 말하면 이는 마오쩌둥의 의도는 아니었습니다. 마오쩌둥은 생산량을 과대로 포장해 상부에 보고했던 집단 농장 관리자들의 말을 그대로 믿고 식량 분배에 여유가 생겼으니 남는 식량을 소련과 제3세계에 팔아 그 돈으로 소련에서 무기를 사야겠다고 생각했던 거죠. 여하튼 수천만 명이 굶어 죽었는데도 여전히 중국 사회에서 국부로 추앙받고 있으니 마오쩌둥은 정말 대단한 인물이긴 합니다.

또 한 가지는 중국의 역사를 그렇게 폭넓게 인용해도 원나라와 그전의 칭기즈 칸에 대해서는 인용하지 않습니다. '이민족이어서 그렇겠지'라고 생각할 수도 있겠지만 강건성세康乾盛世(청나라의 최전성기)라는 말을 즐겨 사용하며 청나라 초기의 치세를 긍정적으로 평가하는 걸 보면 꼭 그렇지만은 않은 것 같습니다. 칭기즈 칸과 그의 아들, 손자들이 행했던 정복 과정이 자신과 굴기하는 중국을 제2의 몽고족 침략으로 여길지도 모르는 서구 세계에 대한 배려가 아닐까 싶습니다.

5) 시진핑은 어떤 미래를 원하는가?

책을 다 읽고 나니 이런 궁금증이 들었습니다. 앞으로 중국은 어떤 모습을 보여 줄 것인가? 시진핑의 롤모델은 덩샤오핑이 아니라 마오쩌둥임은 분명한데, 그가 중국의 패권을 위해 무력을 사용하는 정책을 사용할지는 조금 회의적입니다. 물론 중국의 경제력이 미국을 따라잡는 것만으로 그가 만족할 리도 없습니다. "하늘은 세계의 하늘이지만 땅은 분명 중국의 것"이라고 말한 점을 볼 때 그가 중국의 지도자들이 전통적으로 추구했던 패권주의에서 결코 자유롭지 못하다는 것을 알 수 있습니다. 분명 그는 자신의 집권 기간 중에 중국이 세계 최강국이라는 소리를 듣고 싶어 하겠죠. 그러나 그 방법에 대해서는 조금 더 상상력이 가미된 새로운 형태의 헤게모니가 되지 않을까 싶습니다. 적어도 그가 집권 10년을 맞이하는 2023년까지는 그 실체가 드러나지 않을까요?

현재 한국의 언론은 중국과 시진핑 주석에 대한 비판에 굉장히 조심스러워합니다. 중국이 강력한 권위주의 독재 국가이기 때문입니다. 하지만 국내 여론은 일본의 아베 못지않게 중국과 시진핑에 대해 비판적입니다. 코로나 이후 중국에 대한 비판적인 견해는 큰 폭으로 늘었습니다.

동북아연구포럼 회장으로 서강대 국제대학원장을 역임한 안세영 성균관대 특임 교수는 시진핑 주석이 이끄는 현재의 중국에 가장 비판적인 국내 학자입니다. 중국 중심의 기존 동아시아 사관과 달리 그는 중국, 북방민족, 한반도가 균형을 추구해 온 것이 동아시아의 역사였다며 현재 진행되고 있는 시진핑의 패권주의에 대해 맹렬하게 비판합니다. 특히 시진핑이 야심차게 밀어붙이는 일대일로 一帶一路(중국 주도의 '신 실크로드 전략 구상')에 일침을 가합니다. 시진핑을 검색어로 입력했을 때 가장 먼저 뜨는 책인 『위대한 중국은 없다』에서 그는 이렇게 일갈합니다.

"그동안 일대일로 건설 붐이 있었지만 중국 업체의 독식에 가깝다. 동남아나 중앙아시아 국가들이 일대일로 사업으로 항만이나 철도 사업 계약을 하려면 묘한 함정들이 있다. 그중 하나는 금융 거래를 중국 은행을 거쳐서 해야 한다는 것이다. 그렇게 하면 자연스럽게 사업 시공은 중국 업체가 하게 된다. 한국은 미국의 만류에도 불구하고 제2의 중동 붐을 노리고 AIIB 창립회원으로 가입했는데, 이는 너무 순진했다. 계약서에는 기자재, 장비, 기술 그리고 서비스의 절반 이상을 중국에서 공급한다는 독소조항이 있다. 사실 AIIB의 상당수 프로젝트 파이낸싱은 아시아 개발은행 등이 경제성 때문에 참여하기를 꺼린 것이다. 개도국이야 당장 중국이 돈을 빌려준다니까 항구, 철도를 건설하지만 경제성이 없으면 빚을 갚지 못하고 고스란히 국가 채무가 된다."

그에 따르면 일대일로 사업은 부채의 덫이었다고 합니다. 한 예로 라오스는 국내 총생산의 40%에 이르는 총 길이 414킬로미터의 철도 공사를 중국 정부의 지원을 받아 시작했는데, 실제 이 철도는 중국의 상인, 상품, 기업 그리고 노동자들이 라오스로 들어와 라오스의 경제 주권을 빼앗는 데 사용되고 있습니다. 저자는 라오스 정부가 중국의 전형적인 '한화형漢化型 제국주의'에 말려든 것으로 해석합니다. 과거 페르시아제국이나 몽골제국 등 다른 제국들이 총칼로 힘을 키웠다면 중화제국은 조그만 사료라도 있으면 끈질기게 잡고 늘어져 영토를 넓혀 주변 민족을 한화漢化시켰습니다. 처음엔 환심을 산 뒤 경제권을 장악해 사실상 식민지로 만드는 것이 중국이 해 온 중국형 제국주의의 실체였습니다. 그에 따르면 동남아시아에 이어 아프리카는 제2의 중국 대륙이 되어 가는 중이죠.

안세영 저자가 생각하는 중국의 패권주의는 성공보다는 실패의 가능성이 압도적으로 높습니다. 그 이유를 5가지로 압축합니다.

첫째, 중국이 미국을 따라잡기 위해 해군력을 키우고 남사군도에 해군 기지를 건설하는 비용은 실제로 미국에서 흘러 들어간 돈입니다. 지난 정부와 달리 중국의 노골적인 패권주의를 간파한 트럼프 정권은 관세 전쟁과 무역전쟁을 벌이며 돈을 회수하고 있습니다. 시진핑이 드디어 임자를 만난 셈이지요.

둘째, 중국은 원천 기술이 없는 나라입니다. 중국의 국부는 외국 기업들이 일본, 한국 등에서 조립한 부품 소재를 중국의 값싼 노동력을 이용해 생산하여 '메이드 인 차이나'라는 최종 마크를 붙여 세계 시장에 진출하는 것에서 비롯됩니다. 트럼프는 중국에 투자한 미국 기업을 철수하겠다고 으름장을 놓으며 중국에 유리했던 글로

벌 가치 체인을 바꾸려고 합니다.

셋째, 중국은 덩치에 걸맞은 소프트 파워가 전무합니다. 미국은 경제나 군사로 세계를 정복한 것이 아니라 미키 마우스 같은 디즈니 애니메이션, 할리우드 등으로 상징되는 소프트 파워로 세계 제1위 나라가 되었습니다. 그러나 중국은 그런 문화도 없을뿐더러 전 세계인을 사로잡을 보편적 가치 또한 제시하지 못합니다. 중국이 내세우는 건 오직 위대한 중화사상뿐이죠. 저자는 위대한 아리안족을 외쳤던 나치 독일이 어떤 운명을 맞았는지 중국이 생각해 봐야 한다고 주장합니다.

넷째, 중국에는 진정한 동맹국이 없다는 점입니다. 중국은 끝없는 영토 팽창 야욕으로 국경을 접한 14개국과 영토 분쟁 중입니다. 중국의 친구 나라로는 북한과 파키스탄뿐입니다. 미국이 나토, 한국, 일본, 호주 등 70여 개국과 군사 동맹을 맺고 있는 상황과는 사뭇 다르죠. 이 책은 코로나가 창궐하기 전에 출간되었는데, 지금 중국을 봐도 국제적 신뢰를 많이 잃은 건 분명해 보입니다.

다섯째, 시진핑 주석의 조급함입니다. 시 주석은 너무 일찍 칼을 빼 들었습니다. 미국과 국력의 격차가 현격한데 미국을 따라잡겠다고 나선 배경에는 시진핑의 중국몽이 국내 정치용으로 작용하고 있는 게 아닌가 하는 의구심이 듭니다. 즉 영구집권을 위한 포석 차원에서 중국 국민에게 희망과 꿈을 심어 주기 위한 일종의 집단 최면제가 바로 중국몽이라고 저자는 해석합니다.

저자는 시진핑이 더이상 마오쩌둥을 모방하지 말고 국제적으로도 겸손했던 덩샤오핑을 배워야 한다고 말합니다. 덩은 싱가포르와 일본을 방문해 '어떻게 하면 경제를 발전시킬 수 있을지' 물어보고 한 수 가르쳐 달라고 고개를 숙인 바 있습니다.

  '우리가 남의 땅을 빼앗을 이유는 없지만 우리 조상이 물려준 땅을 남에게 양보할 생각은 추호도 없다'고 밝힌 중국의 속내에는 조선 시대 이전까지 700년 동안 중국 땅이었던 청천강 이북도 포함되어 있다고 저자는 분석합니다. 중국인들이 북한을 왜 '둥베이사성'이라고 부르는지 그 이유(지린성, 헤이룽장성, 랴오닝성의 동북 삼성에 이은 이름)를 어느 정도 짐작할 수 있습니다. 중국의 굴기는 우리에게 다시 사대의 끔찍한 악몽을 떠올리게 합니다.

일본을 통해
우리의 미래를 보다

짐 로저스는 미국에서는 한물간 투자자지만 한국과 일본에서는 아직도 유명세가 남아 있습니다. 2011년 동일본 지진 때 일본 주가가 폭락하자 그는 일본의 저력을 믿고 일본 주식을 매입하기 시작했습니다. 그리고 7년 동안 일본에 대한 긍정적인 발언을 숱하게 내뱉자 일본 언론에서 앞다투어 모셔갔습니다. 그러다 2018년 갑자기 가지고 있던 일본 주식을 전부 팝니다. 아베노믹스 덕분에 일본의 주가가 많이 올랐기 때문이죠. 그러고는 전 세계에서 가장 위험한 자산인 북한의 국채를 매입했습니다. 아무도 안 사는 북한 국채, 당연히 이자가 높습니다. 무려 15%입니다. 전형적인 정크펀드요, 하이일드 채권이죠. 지금 현재 10년 만기 미국 국채 가격은 0.768%입니다. 절대 망할 리 없는 미국 국채이기 때문에 이자가 낮습니다.

그가 북한 국채를 산 이유는 언젠가는 통일이 되고, 통일된 이후 한국 국가 경쟁력이 어느 순간에는 일본을 추월해 아시아 2위로 올라설 거라고 확신하기 때문입니다. 사실 북한의 경제력으로 국채를 갚을 상황은 아닙니다. 그러나 짐 로저스는 북한이 갚지 못한 채권을 북한을 흡수 통일할 게 거의 확실한 남한이 언젠가는 갚아줄 거라고 확신합니다. 그가 북한 국채를 매입하고 한국의 대항항공과 여행 주식에 투자한 이후 그는 친일파에서 친한파로 변신한 뒤 일본, 아베에 대해서 연일 쓴소리를 토해내고 있습니다. 그의 쓴소리를 모은 책이 『짐 로저스의 일본에 보내는 경고』입니다.

그는 저출산·고령화 등으로 막대한 재정 적자가 누적되어 장기 부채를 안고 있는 일본의 미래에 신랄한 비판을 합니다. 자신도 한때 일본에서 살 생각을 할 정도로 좋아하는 나라였지만, 일본을 알면 알수록 특유의 배타성(외국인에 대한)과 갈수록 하향 곡선을 그리고 있는 경쟁력 때문에 대한민국이 통일되는 순간 중국은 물론 한국에게도 국력이 뒤질 것이라고 내다보고 있습니다. 그는 외국어를 배우기 싫어하는 일본인들이 영어는 물론 중국어 심지어 한국어를 공부할 날이 올 거라고 예측합니다.

짐 로저스가 지적하는 일본의 문제 중 하나는 일본인의 폐쇄주의가 나이가 어릴수록 더욱 심해지고 있다는 점입니다. 일본은 20대가 해외여행을 가는 비율이 극도로 낮습니다. 일본의 젊은이는 세계화와 반대로 가고 있습니다.

KBS 전 일본 특파원이 쓴 『나쁜 나라가 아니라 아픈 나라였다』에서도 일본의 폐쇄성을 엿볼 수 있습니다. 이 책에 따르면 20대의 외출 비율은 70대보다 낮습니다. 한창 젊을 때 일본 젊은이들은 바깥으로 외출해서 소비하지 않고 집에만 틀어박혀 히키코모리(은둔형 외톨이)가 되어 갑니다. 연애도 안 하고 결혼도 안 하니 출생률도 떨어집니다. 가장 절망적인 고령화 사회의 문제점을 노인 세대가 아닌 젊은 세대가 보여 주고 있는 게 현재 일본 사회의 현주소입니다.

저자인 이승철 기자는 일본 사회의 특성을 한마디로 '자기 속박 사회'라고 정의합니다. 자기 연민에 빠져 타인의 아픔에도 공감하지 못하고 타인과 소통하지 못하는 일본 사회의 부정적 측면을 명쾌하게 설명합니다.

그는 일본 사회를 '배제 사회'라고 또 달리 부릅니다. '무라하치부(마을 전체가 특정인이나 가족을 따돌리는 징벌적 행위)'라고 해서 우리말로 하면 사회적 약자 혹은 내부 고발자에 대해 집단적으로 왕따를 선언하는 공동 절교 선언입니다. 또한 일본 사회는 속으로 병들어 있는 억압 사회입니다. 상상을 초월하는 엽기적 사건들이 연이어 발생하며 극도로 불안정한 두려움을 느끼기도 합니다. 1989년에는 안정 54%, 불안 9%였던 여론 조사 결과가 현재는 안정 23%, 불안 46%로 바뀌었습니다. 경기 침체가 계속되면서 스트레스는 치솟고, 불특정 다수에게 향하는 범죄가 기승을 부립니다. 타인에게 폐를 끼치지 않으려고 개인적으로 노력하다 모두가 모두에게 폐를 끼치는 사회가 되었습니다.

저자가 밝힌 또 한 가지 특징은 일본의 정치는 실제로 세습이 이루어지는 호족 사회란 것입니다. 2017년 일본 중의원 선거 결과 일본의 세습 의원은 전체 4분의 1인 120명에 달했습니다. 할아버지가 아버지에게 아버지는 아들에게 권력을 물려주는 세습의 나라가 일본입니다. 정치인의 비서 보좌관은 보스를 위해서라면 살인도 마다하지 않는 손타쿠忖度 정치를 합니다. 이런 상황에서 정치는 변화 없이 기득권을 지키려는 집단 이기주의로 변질됩니다. 고령화될수록 변화에 둔감해지고, 쇠락의 기미가 농후해지는 일본 사회에서 위로는 일왕, 아래로는 일반 서민까지 복지부동하고 있습니다.

저자는 일본 기업의 경쟁력이 떨어지고 있는 대표적인 사례로 2가지를 듭니다. 세계 최초로 D램 반도체를 개발한 도시바가 한·중·미 컨소시엄에 팔린 것과 한때 TV, 게임기, 노트북, 워크맨 등 세계를 휩쓸던 소니가 지금은 손해보험회사로 변신한 사례를 들고 있습니다. 일본 기업들의 장점인 장인 정신은 역사 속으로 사라지고, 적당주의와 부정에 물들어 기업가 정신을 완전히 상실했습니다.

저자는 미타니 다이치로 도쿄대 명예교수가 지적한 '소국小國 일본으로의 회귀'를 일본이 받아들일 수밖에 없다고 지적합니다. 그런 면에서 짐 로저스와 생각이 같습니다.

한국 사회가 닮지 말아야 할 반면교사로 일본은 너무나 적격입니다. 현재 우리나라의 평균 연령은 43.7세, 일본은 50세로, 우리 사회도 일본처럼 늙어 가고 있습니다. 결국은 고령화가 우리의 경쟁력을 갉아먹을 날이 올 게 분명합니다. 이웃 일본은 얼마나 심각할까요? 일본 소설을 통해 일본에 닥칠 미래와 한국이 극단적으로 피해야 할 미래를 동시에 살펴볼까요?

　소설 중에서 제목부터 충격을 주었던 가키야 미우의 『70세 사망 법안, 가결』이 있습니다. 고령화 문제가 심각한 일본 정부의 새 총리가 드디어 결단을 내려 2년 뒤(소설이 나올 때부터 2년이니 지금 시점이네요. 아베가 사퇴하고 총리가 아베의 분신이라는 스가 관방장관으로 바뀐 시점) 70세 이상 노인을 대상으로 강제 안락사를 결정하는 법안을 통과시킨 후 벌어지는 한 가족의 붕괴 이야기입니다. 빠르게 전개되는 사건과 사실적인 인물 묘사, 흡인력 있는 문체 등은 인정할 만한 수준입니다.

　고령화·저출산 문제가 한국보다 더 심각한 일본 사회가 이런 법안을 가결한다면 책에 소개된 2020년보다 훨씬 뒤에 일어날 일이겠죠. 경제 대공황이나 제3차 세계대전 등 일본뿐 아니라 전 세계를 흔드는 뭔가의 격변이 선행 조건으로 있어야 합니다.

　하지만 아무리 개혁이 필요하고 국가 재정의 건전화를 부르짖는 정권도 이런 법안을 통과시킬 힘은 없습니다. 인류 역사에 이런 능력과 의지를 가진 정치인은 한 명 있었지요. 바로 아돌프 히틀러. 그는 T4 프로그램으로 불리는 비적격 아리아인 안락사 프로그램을 만들었습니다. 장애를 갖고 태어난 자신의 아이에게 죽음을 허용해 달라는 한 부모의 편지를 받고 히틀러는 주치의를 보내 여러 검사를 시킨 뒤 안락사를 허용합니다. 이후 안락사 대상을 장애인, 정신병자, 동성애자 등으로 확대하고 70세 이상 노인들도 포함하려다 전쟁 때문에 계획을 접습니다. 독일과 소련의 전쟁이 장기화하면서 독일군 측의 사망자 숫자도 소련 못지않게 늘어납니다. 독일 군대는 나중에 70대 이상의 노인들도 총을 들게 합니다. 그런 점에서 이 법은 인간의 존엄성을 가볍게 무시하는 우생학과 파시즘이 활개를 쳤던 30~40년대에나 가능했을까요.

이 책을 읽으며 고령화, 저출산, 청년실업, 명문대를 나와 좋은 직장을 얻어야 자식 노릇 한다는 믿음, 일과 가정에서 양자택일을 강요받는 여성의 위치, 노부모는 맏아들이 모셔야 한다는 통념, 세대 갈등 등 일본과 우리는 참으로 많이 닮았다는 생각을 했습니다. 또한 일본의 오늘을 보면 한국의 10년 뒤가 보인다는 말이 부분적으로는 옳다는 생각이 들었습니다. 그러나 다른 점도 있습니다. 미래가 없는 일본 사회에서 은둔자를 자처하는 일본의 젊은이들과 달리 한국은 '헬조선' 속에서 삶과 사회를 원망할지언정 열심히 살려고 애쓴다는 사실이죠. 적어도 소설에서 드러난 모습으로만 비교하면 한국의 젊은이들이 훨씬 더 적극적이고 사회 참여적이라고 생각합니다. 아직 한국에 희망이 남아 있는 이유입니다.

유럽은 지금
마르크시즘과 나치즘 사이에서 분열 중

유럽은 미국과 중국의 패권 경쟁 사이에서 미국 편을 들지만 일본이 미국에 보내는 일방적 사랑보다는 약합니다. 앞으로도 이 기조는 계속되겠지만 중국이 더욱 강해지면 조금씩 흔들릴 수도 있겠지요. 독일과 프랑스를 제외하면 대부분의 유럽 국가가 관광으로 먹고사는데, 중국 관광객들이 가장 많은 관광 수입을 올려 주기 때문이죠.

유럽이 문화적·혈연적으로 훨씬 가까운 미국 편을 무조건적으로 들지 않는 이유는 이데올로기적인 측면도 있습니다. 유럽은 이전보다 훨씬 더 다민족 사회로 접어들었으며 기독교의 영향이 갈수록 줄어들고 있고 경제적으로 평등한 사회를 지향하는 분위기가 형성됐기 때문입니다. 특히 여론에 절대적으로 영향을 미치는 유럽의 지식인들은 압도적으로 좌파가 많습니다.

2020년 상반기에 출간된 토마 피케티의 신작 『자본과 이데올로기』를 보면 이러한 흐름을 살펴볼 수 있습니다. 원래 유럽은 미국보다 더한 불평등의 나라였습니다. 20세기 초반인 1900년부터 1910년 사이에 유럽의 상위 10%가 사회 전체 부의 평균 50%를 갖고 있었습니다. 이 수치는 제2차 세계대전 이후에 급속히 줄어들어 1950~1980년 사이에는 30%로 떨어집니다. 그 후 서독 정부가 정식 출범하기 전 독일 임시 정부(연합군이 사실상 지휘)는 최고의 누진 세율을 적용해 최상위 계층의 소득세를 90%까지 올립니다. 그러다 영국의 대처 총리가 집권한 이후 유럽에서도 신자유주의가 힘을 얻으면서 조금씩 늘어 2010년에는 불평등 정도가 35% 이상으로 다시 올랐습니다.

양극화가 심화하면서 부의 불평등이 가장 심했던 20세기 초반 러시아에서 공산주의 혁명이 일어났듯이 불평등이 심각해지면 평등에 대한 욕구가 커집니다. 그래서 토마 피케티 같은 마르크스 정치경제학을 신봉하는 좌파 경제학자가 선풍적 인기를 끌게 됩니다. 그는 "불평등은 경제적인 것도 기술공학적인 것도 아니다. 오히려 이데올로기적이고 정치적이다."라고 말합니다.

피케티는 이 책에서 식민지와 노예제로 상징되는 유럽의 원죄를 집요하게 추적하면서 유럽의 지배계급이 독단적으로 유럽을 경영하는 것을 막고 새로운 평등주의 지평을 세우기 위해서 대놓고 부활하려는 유럽의 민족주의와 투쟁해야 한다고 주장합니다. 피케티의 이 책은 본문이 총 4부로 1,000페이지가 넘는 대작입니다.

1부에서는 프랑스의 대혁명기와 영국과 스웨덴의 불평등 상황을 비교하며 불평등의 탄생과 이에 맞선 정치적 이데올로기의 중요성을 강조합니다. 2부에서는 유럽이 국내를 넘어 국제적으로 불평등을 어떻게 확산시켰는지 고발합니다. 3부는 현 체제를 잠식하는 불평등과 환경의 위기에 대처하지 못하는 세계의 무능력을 비판합니다. 4부는 세계 경제의 대안적 조직화를 설명하는 본격적인 대안을 제시합니다.

그는 FTA로 대변되는 세계 각국의 자본과 재화의 자유 이동 조약 대신에 조세재정, 사회 환경을 평등주의적 연대로 묶어내는 새로운 안으로 사회연방주의를 제시합니다. 물론 세상의 모든 부자가 "그래, 우리가 잘못했어. 이제부터 욕심을 그만 부릴게. 같이 살자."라고 태도를 바꿀 리는 없습니다. 그는 이렇게 말합니다. "인류의 진보가 존재한다고 해도, 이는 하나의 전투다." 가진 자와 못 가진 자의 갈등이 전면적으로 전개될 확률이 높다는 것이 피케티가 바라보는 2020년 이후의 미래입니다.

피케티는 스웨덴 등의 국가에서 받아들인 사회민주주의 또한 실패에 가깝다고 생각합니다. 그들은 연방 형태의 새로운 조직을 생각하지 못했으며 그 이유는 조세 정책 및 정치적 기획이 모두 민족 국가의 협소한 한계 틀 안에 틀어박혔다는 것이죠. 그는 현재 러시아 및 동유럽 지역에서 진행되는 포스트 공산주의에 대해서도 대단히 비판적입니다. 지금 현재 러시아는 국민소득의 75%가 조세회피처에 숨겨져 있으며 1990년대 이후 상속세를 폐지하고 소득세도

13%만 내는 것으로 바뀌면서 부의 격차가 더욱 확대되고 있습니다. 동유럽에서도 부의 격차가 커지면서 시장 자본주의에 대한 환멸이 커지고 있습니다.

피케티의 비판에도 불구하고 유럽은 행복한 나라입니다. 가장 살고 싶은 나라 1위에서 10위까지가 대부분 유럽 국가이며 많은 사람들이 유럽 국가들을 동경합니다. 피케티가 증명한 불평등 정도가 35%인 유럽은 48%의 미국보다도 낮고 42%의 중국보다도 낮은 수치입니다. 심지어 공산주의의 원조인 러시아의 45%보다도 낮습니다. 가장 높은 인도의 55%에 비하면 거의 절반 수준이죠. 그럼에도 유럽은 아우성입니다. 이는 백인과 기독교라는 양대 정체성이 급속히 흔들리고 있기 때문입니다. 바로 이민자의 폭발적인 증가로 유럽은 분열 위기에 처해 있습니다. 이에 대한 공포를 가장 잘 보여 준 작가가 바로 프랑스의 인기 소설가 미셸 우엘벡입니다.

미셸 우엘벡은 파격적인 성 묘사, 때로는 인종차별주의에 가까운 극우적 정치색 때문에 프랑스에서 논쟁적인 작가로 유명하죠. 가장 논쟁적인 작품은 여섯 번째 장편소설인 『복종』입니다. 2022년 대선 (이 작품의 집필 시기는 10년 전인 2012년)에서 이슬람박애당의 무하마드 엔 아베스 후보가 당선되면서 프랑스가 이슬람 국가가 된다는 충격적인 내용 때문입니다. 프랑스는 정체성 운동으로 대변되는 우파와 사회민주주의를 옹호하는 진보가 정권을 주고받다 어느 순간 혜성처럼 등장한 아베스 후보의 유세에 많은 중도파가 제3의 길을 택해

결국 정권이 넘어간다는 이야기입니다. 물론 지금 현실 정치 구도에서는 절대 일어날 수 없는 일이죠.

우엘벡은 그 당시로부터 10년 뒤에 이런 일이 가능해질 정도로 프랑스 사회에서 2가지가 변할 거라 예상합니다. 우선 가톨릭을 믿는 프랑스 백인들이 결혼을 하지 않고 자식을 낳지 않으면서 인구가 줄어듭니다. 점점 더 무신론자가 늘어나면서 개인주의, 자유주의, 허무주의가 뒤섞인 칵테일 속에서 허우적대는 바람에 정치적 영향력도 줄어듭니다. 개인주의는 언제나 그렇듯 정치적 무관심을 부추기니까요. 반면 이슬람은 2가지에만 신경을 씁니다. 바로 출산과 교육으로 가톨릭이나 무교도 프랑스인보다 아이를 더 많이 낳고 아이들에게 일찍부터 종교 교육을 강요하면서 하나로 똘똘 뭉쳐 어느 시점에 비주류에서 주류로 올라선다는 예언이죠. 엄밀히 말하면 2022년에도 인구 구성은 여전히 소수파지만 프랑스 특유의 똘레랑스, 다문화 이데올로기의 도움을 받아 진보 사회당과 연합 정부를 구성함으로써 집권할 수는 있습니다.

아베스의 등장은 히틀러를 연상시킵니다. 그는 자본주의도, 공산주의도 아닌 분배주의(가족 기업)를 대안으로 제시하면서 이슬람 표 외에 많은 중도적 프랑스인들의 지지를 확보하는 데 성공합니다. 아베스는 대통령이 된 후, 터키와 시리아, 모로코 등의 지중해 아랍 국가들의 EU 가입을 적극 추진해 프랑스어를 유럽의 지배 언어로 부상시켜 준다는 약속을 지킵니다. 프랑스는 민족적 정체성을 잃어가지만 언어적 정체성은 더욱더 강해집니다.

주인공은 19세기 프랑스 소설가이자 미술 평론가인 조리스 카를 위스망스에 관한 논문으로 소르본느대학 정교수가 된 프랑스와라는 무신교 신도입니다. 부모와도 10년 이상 연락을 끊고 단 한 명의 친구조차 없이 뼛속까지 쓸쓸하게 고독을 씹는 전형적인 프랑스 지식인이죠. 정치적으로는 우파도 아니고 좌파도 아니었는데 프랑스 사회가 이슬람화된 후 국립대학 교수가 되려면 이슬람교로 개종을 해야 하는 상황에서 이슬람교 신자가 되는 절차를 밟습니다. 그게 바로 복종입니다. 우엘벡은 이런 프랑스의 운명을 크로마뇽인에게 밀려난 네안데르탈인의 운명에 비유합니다.

프랑스 현지에서는 이 책을 마치 1984의 프랑스 버전인 2022쯤 되는 디스토피아 소설로 분류했습니다. 우엘벡은 이런 미래에 대해서 다수의 프랑스 백인들처럼 두려움과 불안을 느끼고 있음이 분명해 보입니다. 이 작품을 출간하기 직전에 이슬람 테러리스트에 의해 친한 친구가 사망하는 사건이 일어났습니다. 물론 집필이 거의 완성된 시점이기는 했지만 그는 자유주의적 개인주의가 이대로 가다가는 망한다는 메시지를 던져주고 싶었던 듯합니다.

그는 이슬람교에 대항할 수 있는 두 세력, 중국과 인도도 지금처럼 서구화·자본화를 부르짖으면서 정신적으로 서양을 좇아갈 경우, 필연적으로 이슬람교에 무릎을 꿇으리라고 예언합니다. 그리고 극단적인 남녀 불평등을 용인하는 이슬람교가 지배 이데올로기가 될 때까지 침묵하고 방치한 지식인들의 무책임한 자세(자신을 포함해)를 비판합니다. "프랑스에서 지식인들이란 책임을 지지 않는 자들이다. 책임감은 그들의 천성이 아니었다."

작품 속의 주인공 프랑스와가 정치적으로 무색무취한 개인주의자인 데 반해 소설가 우엘벡은 반대입니다. 그는 드골 같은 인물, 'Non(아니)'이라고 말할 수 있는 프랑스 우파의 귀환을 노골적으로 기대합니다. 소설 속에서는 2022년 대선 전에 프랑스 사회가 내전으로 치닫는 상황이 나오는데 아베스의 등장 때문에 내전 이야기는 쑥 들어갑니다. 아베스가 프랑스 무교도인 중도층의 마음을 잡을 수 있었던 데에는 지하드 등의 극단주의와 선을 긋고, 폭력 대신 민주주의를 통해 원하는 것을 쟁취해 가는 방법을 썼기 때문입니다. 현실에서는 아베스 같은 현실적인 이슬람 정치인은 없고 극단(테러)에 극단(강경 대응)으로 맞서는 형국이니 프랑스에서 정말 내전이 일어나는 건 아닌지 모르겠습니다.

번역자의 후기에 따르면 작가가 『복종』을 통해서 복종을 거부하라고 선동하는 건지, 그런 미래를 가상적으로 보여 주는 건지 모호하다고 했는데, 제가 볼 때는 복종이라는 제목을 붙인 자체가 전자의 의도가 있음을 보여 줍니다. 복종에는 스스로 알아서 하는 순종과 자기 자신을 버리는 굴종이 있는데, 끝까지 읽어 보면 굴종에 가까운 복종임을 읽어 낼 수 있습니다. 순종이라면 상대에 대한 존중과 감사가 드러나야 하는데, 책에서는 자신을 교수로 만들어 주는 이슬람교에 대한 감사나 존중 같은 게 없습니다. 자신이 얻고자 하는 것을 위해서 비굴하게 받아들이는 굴종에 더욱 가깝습니다.

우엘벡은 호불호가 극명하게 엇갈리는 작가입니다. 그러나 좋아하는 사람이든 싫어하는 사람이든 인정하는 공통점이 있습니다. 바로 선견지명이 대단한 작가라는 점이지요. 지금부터 2년 뒤(마침 같은 해에 우리나라에서도 대선이 있습니다) 그의 예언이 실현될지 지켜보는 것도 꽤나 흥미로운 일이 아닐까 싶습니다.

미국과 중국
무역전쟁의 끝은?

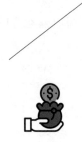

　'조던'이라는 필명으로 활동하는 경제 금융 작가 김창섭의 『내일의 부』는 한때 베스트셀러 1위를 기록할 정도로 인기가 많았습니다. 부동산에서 미국 주식까지 알려진 모든 방법을 동원해 돈도 벌어 보고 실패도 해 본 작가는 자신의 경험과 폭넓은 독서량을 바탕으로 과거, 현재 그리고 미래의 부의 흐름을 분석하고 예측합니다.

　'알파편'과 '오메가편'으로 나눠 두 권의 책으로 나왔는데, 현재 시점의 세계 경제와 한국 경제를 거시적으로 분석하며 부동산, 주식, 채권, 보험, 선물 등 각종 금융상품의 장단점을 분석하며 돈을 어디에 투자하는 게 좋을지 조언해 줍니다.

　그는 명쾌한 공식으로 자신의 재테크 방법을 정리합니다. 한마디로 요약하면 미국의 주식을 사라는 것입니다. 기술주로 애플이나 아마존, 마이크로소프트 등 시가총액 1위 업체를 사면 절대로 손해

볼 일이 없다는 것이죠. 그가 보는 자본주의의 최대 강점이자 약점은 바로 수요입니다. 공산주의는 공급이 안 돼 망했다면 자본주의는 수요를 통제할 수 없어 망할 수 있다는 겁니다. 주기적으로 수요와 공급이 어긋나는 시점이 있으니 그때가 공황입니다. 10년에 한 번 오는 공황이라도 투자자는 가진 돈을 모두 잃고 신용불량자가 될 수 있습니다. 그래서 그는 1987년 블랙먼데이, 2000년 닷컴버블, 2008년 서브프라임모기지를 분석하며 공황의 법칙을 발견해 내려 애씁니다. 그가 찾은 해답은 나스닥에 있었습니다. 같은 달에 −3%가 4번 발생하면 그게 바로 공황의 시작입니다. 이때는 주식을 팔고 안전한 미국 국채로 갈아타야 하는 시점이라는 거죠. 이와 함께 요동치는 환율 시장에서 미국 달러는 원화로, 원화는 미국 달러로 바꿔 환차익을 노리는 길이 공황에서 살아남는 유일한 길이라고 합니다.

최고의 재테크 전문가가 보는 우리나라의 경제는 암울합니다. 모두가 공무원이 되려고 하는 나라에서 좋은 일자리가 만들어질 수 없습니다. 공무원은 분배하는 일자리지, 성장하는 일자리가 절대 아닙니다. 또 그는 한국의 부동산은 1990년대 일본처럼 조만간 거품이 터질 가장 위험한 자산이라고 봅니다. 공황이 닥친다면 아마 강남의 아파트 외에는 어떤 집도 안 팔릴 정도로 위험자산이라는 거죠. 실제로 지방, 지방도 아닌 부산의 도심 아파트에조차 텅 빈 곳이 있을 정도로 강남을 제외한 우리나라 부동산 대부분을 절망적으로 봅니다. 그는 국내 기업의 주식도 희망이 없다고 봅니다. 우량주라는 삼성전자 주식조차 경기를 타며 오르락내리락하는 경기주일 뿐이죠. 어떤 시장에서도 꿈쩍하지 않는 그런 튼튼한 주식은 한국 시장에 없다고 합니다.

두 번째 책인 오메가편에서는 미국과 중국의 무역전쟁을 다각도로 분석합니다. 그는 미국과 중국의 무역전쟁이 무역으로 시작해서 환율과 금융전쟁을 거쳐 실제 전쟁으로 이어질 확률이 대단히 높다고 봅니다. 그리고 승자는 이미 예정돼 있습니다. 그는 미국의 승리를 100% 예상합니다. 중국은 1980년대 일본이나 소련과 같은 수준으로 적수도 안 된다고 봅니다. 단 하나의 세계 최고 기술도 없이 석유 비축량은 37일에 불과한 나라가 그동안 낮은 위안화를 통해 세계의 공장 역할을 하면서 미국 달러를 모은 것이 중국 경제의 A이자 Z라고 주장합니다. 개인이 없는 나라는 창의성도 없고 인건비를 낮추는 일 외에 어떤 생산성의 혁신도 기대할 수 없다는 게 중국에 대한 그의 신랄한 평가입니다.

또한 전 세계에서 인건비 외에 창조적 혁신으로 생산성을 높일 수 있는 유일한 나라는 미국뿐이라고 주장합니다. 저 역시 동의합니다.『대전환』을 쓴 앨프리드 맥코이 같은 사람은 2030년이면 미국과 중국의 패권이 바뀌는 해라고 전망하지만 맥코이는 정치학자인 만큼 경제에 대해서는 잘 모릅니다. 겉으로 드러난 중국의 경제 성장률을 바탕으로 그때쯤이면 미국과 중국 경제의 규모가 바뀔 거라고 쉽게 전망했습니다.

그러나 조던이 보는 중국 경제의 문제는 심각합니다. 이미 인건비는 선진국 수준으로 올랐고(미국과 이제 4% 차이밖에 안 납니다.) 부동산 버블은 상하이의 아파트 한 채가 10억 원을 넘을 정도로 비슷해졌습니다. 맥코이가 못 본 중국의 부채 또한 심각합니다. 국가 부채가 이미 세계 2위이며 그 증가율은 단연 세계 톱입니다. 인구 구조도 급속히 고령화 사회로 접어들고 있습니다. 상위 4%가 전체 70%의 부를 차지할 정도로 양극화도 심합니다. 상위 10%가 전체 저축의 74%를 차지하는 나라죠. 55%는 저축이 한 푼도 없는 잠재적 극빈자들의 나라입니다. 철강, 조선, 정유, 자동차 등 중국의 주력 수출 분야는 포화 상태입니다. 작년에 미국과 무역전쟁을 하면서 그나마 잘 나가던 수출도 막혔습니다. 미국이 중국에 관세를 부과하자 시그널을 읽은 외국계 기업은 중국에 있는 공장을 이전하려고 합니다. 미국의 기준 금리 인상으로 중국의 위안화가 떨어지면서 중국 기업들은 부채 갚기가 더욱 힘들어지는 악순환의 고리에 접어들었습니다. 중국 외국환 채권의 80%가 달러에 연동되기 때문에 그렇습니다. 또 한 가지 중국의 약점은 아프리카나 중남미 국가들처럼 빚 갚을 능력이 떨어지는 국가들에 대규모로 빌려준 차관借款입니다. 어느 순간 이들 국가가 디폴트를 선언하면 중국은 대책이 없습니다. 10분의 1이라도 돌려받으면 다행이죠.

저자는 중국이 경착륙하고 있다는 징후가 뚜렷하다고 주장합니다. 우선 위안화 환율의 급락 가능성입니다. 현재 7위안 내외인데 조만간 8위안을 넘어 최대 24위안까지 치솟을 수 있다고 분석합니다. 중국의 경기 침체는 중국의 정유사들이 정유 제품 소비를 줄어들게 만들고 덤핑의 순간이 어느 순간 찾아온다는 거죠.

그가 보는 중국의 미래는 지금의 일본과 비슷합니다. 결국 대차대조표 불황으로 불리는 잃어버린 30년이 올 것이고 어쩌면 디폴트 선언으로 중국이 IMF 자금을 빌리는 최악의 사태도 충분히 일어날 수 있습니다. 트럼프는 중국과의 무역전쟁을 단기전으로 보지 않고 장기적으로 끌고 가 소련처럼 반드시 붕괴시키려고 합니다. 중국은 이에 대항해 맞설 수단이 없습니다.

미국은 셰일가스의 등장으로 이미 러시아와 사우디아라비아를 제치고 세계 최대 산유국으로 등극했습니다. 천연자원, 식량, 최첨단 기술, 군사력 등 모든 면에서 중국은 미국의 상대가 되지 않습니다. 대한민국, 그리고 투자자들이 살길은 미국 채권과 미국의 기술주 기업에 투자하는 것입니다. 위기 때마다 창의성으로 극복한 거의 유일한 나라가 미국인 만큼 새롭게 떠오르는 클라우드에서 또 한 번 혁신을 터트릴 것으로 저자는 확신합니다. 물론 미국에도 문제가 있습니다. 실업률 증가와 달러 강세로 싸게 들어온 외국의 물건들로 자국에 인플레이션이 일어날 수 있지요.

그러나 앞서 본 셰일가스와, 트럼프가 적극적으로 추진하는 리쇼어링 정책re-shoring(해외에 나가 있는 자국기업들을 각종 세제 혜택과 규제 완화 등을 통해 자국으로 불러들이는 정책) 때문에 미국은 영광의 1950년대를 되찾을 수 있다고 저자는 주장합니다. 인구 구조도 미국의 강점입니다. 미국은 중국, 일본, 유럽과 달리 20대가 많은 안정적인 몽골

텐트형입니다. 젊은 나라는 혁신이 일어나기 쉽죠. 트럼프 정부에서 이민의 벽이 세워진 것처럼 보이지만 고급 인력들은 여전히 미국을 택하고 있습니다.

『부의 본능』과 『부자의 인문학』을 쓴 브라운스톤도 미국과 중국의 무역전쟁은 중국의 필패로 끝날 것으로 예측했습니다. 그는 중국 공산당의 1당 독재 체제에서는 부패를 피할 수 없고 창조적 혁신은 절대 일어나지 않는다고 보았습니다. 돈을 벌 때는 정치적 편견 없이 있는 그대로 보려고 노력해야 하는데 중국은 국력이 성장하면 성장할수록 오히려 주변 국가들을 불안하게 만드는 요소가 많습니다. 특히 통계와 공식발표는 많은 사람들을 불신의 늪에 빠지도록 만들죠. 중국 시장이 돈이 된다고 말들은 하지만 주변을 둘러봐도 중국에서 돈 번 사람보다는 잃은 사람들이 더 많은 건 저만의 경험일까요? 제 경험으로 느끼는 현실도 우리에게 더 많은 부를 가져다 줄 나라는 중국보다는 미국일 거라는 생각입니다.

테슬라가 낮은 생산량, 적자를 못 벗어나는 이익 구조에도 불구하고
이렇게 많이 뛰어오른 이유는 뭘까요? 많은 사람은 테슬라 모터스의 최대 힘은
최대 주주이자 회장인 일론 머스크의 개인적 매력에서 나온다고 합니다.

주목받거나
앞으로
부상할 산업과 기업

OPENING THE DOOR TO GETTING RICH

이번 단계에서는 주식은 물론 산업과 기업을 공부해 보는 시간입니다. 코로나 이전에도 IT와 BT(생명공학)는 잘 나갔지만 지금은 더욱더 잘 나가고 있습니다. 이 둘을 아울러 전에는 4차 산업혁명이라 불렀지만 지금은 언택트라고 부르지요. 4차 산업혁명의 핵심인 인공지능에 대해서 G2의 전략 차이를 알아봅니다. 미래는 친환경 사업의 비중이 커지는 만큼 그린 뉴딜의 실체와 그 핵심에 있는 일론 머스크의 테슬라에 대해서도 살펴봅니다. 2020 한국 주식 시장에서 뜨거웠던 바이오 주식을 잘 고르는 법과 넷플릭스의 성공 비결, 그리고 플랫폼 전쟁에서 누가 최후의 승자가 될지, 제 2의 아마존 제 2의 구글 등 미래에 큰 부를 안겨 줄 기업을 찾는 통찰력에 관해 이야기합니다.

미국과 중국의
인공지능 산업의 현주소

"시진핑 주석은 그의 인민과 당을 통합할 것이다. 젊은 나이에 죽든, 후계자에게 자리를 양보하든 중국 공산당은 더 강해질 것이고 AI 계획을 끝까지 추진해 나갈 것이다. 그래서 이 악순환은 계속될 것이다."

여성 미래학자 에이미 웹의 신작 『빅 나인』은 미국의 IT기업 6개와 중국의 3개 기업 등 총 9개 기업의 인공지능 전략과 그들이 가져올 미래 시나리오를 담고 있는 책입니다. 미국 기업은 스콧 갤러웨이가 『플랫폼 제국의 미래』에서 다룬 빅4(아마존, 구글, 애플, 페이스북)에 전통 강자 MS(마이크로소프트)와 IBM을 합친 것입니다. 중국의 3대 기업은 바이두, 알리바바, 텐센트를 지칭합니다. 이들 기업의 두 문자를 따서 'BAT'라고 부릅니다. 미국 IT 6대 기업은 'G-MAFIA'로 부릅니다. 미국 기업은 수익성을 생각하며 자신들의 이익을 위해 일한다는 점에서 마피아를 닮았고, 중국 기업들은 실제로는 국가가 소유한 국영기업으로서 국가의 지시와 통제에 따라 움직이는 시스템에 묶여 있죠.

시진핑 이전에 이미 장쩌민 국가 주석이 집권하던 1995년부터 중국은 AI 기술을 이용한 사회 치안 시스템을 구상해 왔습니다. 중국 정부는 베이징대학과 협력해 AI가 구동한 전국적인 사회 신용 점수 시스템을 만들어 어떻게 적용할지를 연구하는 중국신용연구센터를 설립했습니다. 중국 사람들이 1,000점을 기본으로 영웅적인 행동을 하면 30점이 가산되고 교통신호를 위반하면 자동으로 5점이 감점되는 시스템입니다. 시민들에게는 A플러스에서 D까지 등급이 매겨지죠. C등급은 공공 자전거를 대여할 때 보증금을 내야 하고 A등급은 무료로 90분간 빌릴 수 있습니다. AI로 가동되는 지향성 무전기와 스마트 카메라는 과도하게 경적을 울린 운전자에게 텐센트의 메신저 위챗을 통해 자동으로 벌금이 부과됩니다. 중국 공안들은 BAT를 활용해 사람들을 모니터링하고 추적합니다. 소수민족 출신이거나 공개적으로 정부를 비판하는 사람들이 그 대상이죠. 넷플릭스의 SF 시리즈 〈블랙 미러〉에 나오는 디스토피아는 이미 중국 사회에 구현 중이라는 게 저자의 설명입니다.

저자는 인공지능의 최강자 자리를 놓고 미국과 중국이 벌일 전쟁에서 승자는 중국이 되리라는 암울한 미래를 예상합니다. 민주주의는 분열하고 독재국가는 뭉치기 때문이죠. 중국 정부는 AI를 이용해 미국 정부도 공격하지만 G-MAFIA에 대한 불신을 심어 주기 위해 해커들을 이용하기도 합니다. G-MAFIA 중에 수익 모델이 제일 약한 페이스북이 먼저 파산하고 MS와 IBM은 구글에 인수합병되는 시나리오를 제시합니다. 정부 보호를 받지 않는 3개 기업 대 정부를 배후에 둔 3개 기업의 대결! 중국 정부가 개별 기업들을 각개격파 하는 것은 시간문제죠. "미국의 종말이다. 미국 동맹국의 종말이다. 민주주의의 종말이다." 저자는 마오쩌둥이 중국을 통일한 1949년 의 100년 뒤면 중국 정부가 AI로 세계를 지배할 것으로 예측합니다.

"미국과 미국의 동맹국은 통제된 환경에서 살아간다. 모든 네트워크 인 프라를 중국 공산당이 통제하기 때문에 친구나 가족과 소통하기도 어렵다. 만약 누군가와 접촉해야 한다면 당신이 하는 모든 일이 도청되고 있다는 것을 기억해야 한다. 2049년에 시작돼 2069년에 완성된 중국의 미국 정복 은 이런 시나리오를 만들 것이다. 당신은 중국의 디지털 점령국에 거주하 고 있다. 당신의 소통, 은행, 의료 시스템, 전등 스위치, 냉장고는 모두 중국 이 통제할 수 있다."

저자뿐 아니라 많은 전문가가 중국에서 하는 국가 주도의 AI 방 식이, 기업들이 각개 약진하는 미국식을 이길 거라 말합니다. 문제 는 AI로 세계를 지배하려는 중국 정부의 생각을 미국이 아직 제대 로 알지 못한다는 것입니다. 중국의 패권 추구 본성은 21세기판 실 크로드를 다시 만들어 유라시아 대륙을 연결하고 유럽과 아시아 국 가들을 사실상 식민지로 만드는 '일대일로'를 실행할 것 같습니다.

2069년은 중국 정부가 그토록 바라던 세상이 드디어 완성되는 날로, 그날부터 우리는 AI를 AI라 부르지 않고 중국식인 '런공지넝'으로 발음해야 할 수도 있습니다.

AI에 대해서 조금 더 깊이 공부하려면 마틴 포드의 『AI 마인드』를 함께 읽는 게 좋습니다. AI 업계에서 세계적으로 가장 저명한 개발자와 기업가의 대화를 통해 AI에 관한 진실을 조명합니다.

전 세계에서 잘나가는 인공지능 전문가들이 총출동하는 인공지능 어벤져스 『AI 마인드』의 저자는 모든 인터뷰이에게 중국의 권위주의 체제 속에서 AI의 미래를 어떻게 보는지를 질문합니다. AI의 힘은 빅데이터에 있는데 중국만큼 데이터가 많은 곳이 없지요. 거기다 기술 발전에 장애가 되는 인권이라든지 정보 보호라든지 이른바 윤리적 개념 자체가 아예 없는 나라인지라 AI 기술 발전에 굉장히 유리한 조건을 가졌다고 분석합니다. 구글, 페이스북, MS, MIT, 스탠퍼드대학, 토론토대학 등 AI 연구의 중심에 있는 전문가들도 대체로 비슷한 견해를 보입니다.

『AI 마인드』에는 중국계 미국인 2명이 등장합니다. 1명은 스탠퍼드대학 교수이면서 구글 클라우드의 수석 과학자인 리 페이페이(현재는 구글을 떠나 MS와 손잡았지만 인터뷰 당시인 2018년도까지는 구글 소속이었죠.) 그리고 역시 스탠퍼드대학 컴퓨터과학 교수 출신으로 중국 최대 인터넷 바이두에서 AI 개발을 주도했던 앤드루 응입니다. 여기에 이 책에서는 다루지 않지만 『수학의 아름다움』을 쓴 중국의 수학자로서 구글의 AI 초기 개발자 우췐까지 포함하면 중국 AI의 빅 3가 탄생하는 셈입니다.

리 페이페이는 기술을 선한 일, 주로 복지에 사용하는 일에 관심이 많습니다. 그녀는 소외계층을 위한 AI 프로젝트를 스탠퍼드대학에서 진행하기도 했습니다. 리 페이페이가 요즘 관심을 둔 기술은 인공지능을 활용한 의료 서비스입니다. 환자를 보살피는 간호 자체에 영감을 받아 프로젝트를 진행하고 있죠. 병원의 환경과 상태를 감지하는 자율 센서에 수집된 데이터를 이해하고 분석하며 간호사, 환자 그리고 보호자에게 피드백을 제공하는 알고리즘을 만들기 시작했습니다. 그녀는 마틴 포드와의 인터뷰에서 무엇보다 인간 중심 기술과 응용을 강조합니다. 리 페이페이는 이렇게 말했는데, 무척이나 공감 가는 답변이었습니다.

"컴퓨터과학만으로는 인공지능으로 생길 모든 문제를 해결할 수 없다는 사실을 깨닫는 것이 중요합니다. 인공지능은 인류에게 큰 영향을 주는 기술이므로 경제학자들과 함께 일자리와 금융에 관해 이야기하고, 정책 입안자와 법학자, 윤리학자들과 함께 규제와 규정, 개인 정보와 보안에 관해 이야기해야 합니다. 또 역사가, 예술가, 인류학자, 철학자들과 협력해서 인공지능 연구의 새 의미와 영역을 연구해야 합니다."

흥미롭게도 인터뷰 끝에 중국계 미국인인 그녀에게 중국, 정확히는 인공지능을 놓고 벌이는 미국과 중국의 경쟁에 관해 물어보는 장면이 나옵니다. 그녀는 자신의 국적인 미국 편을 들까요? 핏줄인 중국 편을 들까요? 이에 질문에 대한 확답을 피하고 "기업 간, 지역 간에 경쟁은 분명 있을 거예요. 저는 이런 경쟁이 건강한 방향으로 서로를 존중하고, 시장을 존중하고, 사용자를 존중하고, 국가 간 법이나 국제법이더라도 법률을 존중하기를 바랍니다."라고 말했습니다.

국적과 인종을 초월해 모든 배경의 사람들과 협력하고 싶다는 이상적인 그러나 너무나 어려운 희망을 표시하면서 인터뷰를 마쳤습니다. 지금 중국과 미국 관계를 보면 그리고 동아시아가 돌아가는 상황을 보면 저는 그녀의 희망이 실현되는 쪽보다는 제3차 세계대전이 일어나 인류가 공멸할 가능성이 더 커 보입니다.

스탠퍼드 대학의 앤드루 응 교수는 이 책을 읽기 전에도 워낙 국내 언론에서 많이 다뤄져 이름은 익히 알고 있었습니다. 연구자이자 기업가이자 벤처캐피털리스트로 1인 3역을 하는 실리콘밸리의 실세입니다. 구글에도 몸담은 적이 있고 바이두의 수석 과학자로 인공지능 연구를 이끌었으니 미국과 중국의 인공지능에 대해서 가장 잘 아는 사람 중 한 사람이죠. 그와 같은 사람이 또 한 명 있습니다. 중국에서 태어나 청화대학을 나와 존스홉킨스대학에서 컴퓨터 공학으로 박사 학위를 받은 뒤 중국어, 일본어, 한국어 검색 알고리즘을 개발한 우쥔입니다. 그 역시 텐센트에서 일한 적이 있으니 중국과 미국을 동시에 잘 아는 인물입니다.

앤드루 응은 버클리대학에서 「강화학습의 형성과 정책 검사」라는 논문을 써 박사 학위를 받았습니다. 스탠퍼드대학에서 12년간 학생들을 가르치다가 2011년 초반 구글이 본격 인공지능 기업으로 탈바꿈할 때 참여해 구글 브레인을 주도합니다. 구글이 딥러닝을 도입한 게 구글 브레인 때문이라고 하니 그는 구글 인공지능의 산파였던 셈이죠. 앤드루 응은 100명이 넘는 엔지니어들을 직접 가르쳤습니다. 비지도학습을 기반으로 신경망을 짜고 유튜브 데이터를 이용해 고양이의 얼굴을 보고 고양이를 알아맞히는 작업을 주도합니다.

구글에서 일하다 다프네 콜러와 함께 코세라라는 온라인 대학을 창업한 뒤 바이두에 들어갑니다. 구글처럼 바이두도 그로 인해 인공지능 기업으로 탈바꿈합니다. 그 기간이 3년이 걸렸습니다. 그는 약간 보헤미안 기질이 있어서 직장을 자주 옮기는 편인데 바이두에 있다가(구글, 바이두 모두 자신이 없어도 잘될 거라는 판단이 들면) 그만두고 이번에는 AI 기업들을 직접 키우는 인큐베이팅 사업에 뛰어듭니다. 스타트업을 키워 IPO를 통해 자신이 직접 구글 같은 회사를 창업하고 싶어 했습니다. 현재 그가 공을 들이는 스타트업 기업은 워봇 WOEBOT이라는 정신건강 앱을 개발하는 회사입니다. 이곳의 회장으로 있으면서 그는 심리학 전문가들을 영입했는데 CEO는 앨리슨 다시라는 스탠퍼드대학에서 행동경제학과 의학을 같이 공부한 재원입니다.

그는 마틴 포드와의 인터뷰에서 누구보다 AI의 미래에 대한 낙관론을 펼쳤습니다. 어찌 보면 AI뿐 아니라 미래에 대한 낙관론이기도 하죠.

"자기 일도 열심히 하고, 계속 공부하며 자신의 직업에서 의미 있는 일들을 찾았으면 좋겠습니다. 제가 바라는 세상은 아직 오지 않았지만요. 기술적인 변동으로 혼란이 있을 때마다 그 속에는 변화의 기미가 숨어 있습니다. 전 세계 사람들뿐만 아니라 우리 팀원들도 우리가 원하는 방식으로 세상을 더 살기 좋은 곳으로 만들어 갔으면 좋겠습니다. 몽상가의 얘기처럼 들리겠지만 그게 실제로 제가 하고 싶은 것입니다."

미국 AI의 힘은 미국뿐 아니라 이웃 나라인 캐나다에서도 나옵니다. 이세돌을 격파한 알파고의 알고리즘 딥러닝의 1세대인 페이스북의 얀 르쿤 부사장이나 몬트리올대학의 요슈아 벤지오 교수는 모두 프랑스계 캐나다인입니다. AI 업계에서는 두 사람에 제프리 힌튼(영국계 캐나다인)을 더해 이 셋을 캐나다 마피아로 부르곤 합니다. 두 사람 모두 60년대생들이니 그들의 스승이었던 제프리 힌튼(47년생) 다음으로 나이가 많은 편입니다. 캐나다 토론토대학은 인공지능과 머신러닝 연구에서 스탠퍼드대학과 MIT 못지않은 명성을 지닌 곳입니다. 이곳의 터줏대감인 힌튼 교수는 AI 투자에 다들 망설일 때 캐나다 정부가 50만 달러를 투자한 것이 결정적이었다고 말합니다. 지금은 수십억 달러 규모로 투자가 이루어지고 있죠. 얀 르쿤이 지휘하는 페이스북의 인공지능은 합성곱 신경망기술입니다. 이는 특별한 방법으로 뉴런을 연결하는 것인데, 이미지 처리에 뛰어난 요수아는 반면 비지도학습의 최고 전문가입니다. 비지도학습은 데이터에 대한 정답이 주어지지 않는 컴퓨터 학습입니다. 즉 고양이 사진에 고양이라는 라벨이 붙어있지 않은 상태에서 컴퓨터가 인식 능력을 스스로 키우도록 하는 방식입니다. 그는 학자로서 매우 통찰력 있는 말을 남겼는데 왜 투자자가 인공지능에도 관심을 가져야하는지 그 분명한 이유를 설명하죠.

"우리는 미래를 개인적으로도 선택하지만 집단적으로도 선택해야 한다. 인공지능은 매우 강력하고 집단적으로 미래를 선택해야 할 때 반드시 염두에 두어야 할 요소이니 모든 사람이 문제가 무엇인지는 어느 정도 알고 있어야 한다."

우리의 미래가 달린
글로벌 그린 뉴딜

정부는 '뉴딜 펀드'를 조성해 금융기관과 기업, 국민 참여를 유도해 수익을 함께 나눌 계획입니다. 문 대통령은 코로나로 인한 극심한 경기 침체에서 벗어나기 위해 전 세계적으로 사상 유례 없는 초저금리와 유동성 공급이 확대되고 있고 우리나라도 시중에 유동성이 이미 3000조 원을 넘어섰다며 이 같은 풍부한 유동성이 생산적인 부분으로 흘러가도록 하는 게 우리 경제를 튼튼하게 하며 경제회복을 앞당기는 길이라고 했습니다.

또한 한국판 뉴딜 사업은 국가 재정 투입만으로는 충분치 않다고 지적하면서, "국가 재정에만 의존하지 말고 금융과 민간 자금이 참여하는 뉴딜 펀드 조성을 적극적으로 검토하여 시중의 막대한 유동자금이 한국판 뉴딜 사업으로 모이고, 수익을 함께 향유할 수 있는 방안을 추진할 필요가 있다."고 강조했습니다. 특히 바이오, 시스템

반도체, 미래 차 등 신산업 분야와 아울러 벤처와 스타트업 분야에 대한 투자를 강조했습니다.

초저금리 시대에 넘치는 유동성이 부동산처럼 비생산적인 곳에 투입돼 버블만 키운다면 나중에 거품이 꺼졌을 때 30년 불황을 겪는 일본처럼 될 수 있습니다. 그린 뉴딜은 문재인 대통령이 처음으로 꺼낸 말이 아닙니다. 세계 최고의 미래학자이며 유럽을 이끄는 독일 메르켈 총리의 두뇌로 알려진 『접속의 시대』, 『소유의 종말』, 『노동의 종말』, 『한계비용제로 사회』, 『3차 산업혁명』 등 명저를 쓴 제러미 리프킨이 만든 말입니다.

그가 쓴 『글로벌 그린 뉴딜』에서 2028년이면 화석연료 문명이 종말하고 완전히 새로운 경제가 탄생한다고 강조합니다. 이제 앞으로 8년만 지나면 돈과 인재, 기술 그리고 사람들의 관심이 이곳에 모입니다. 지금은 언택트의 시대로 바이오와 인터넷 주들이 폭발적으로 성장하고 있지만 대체에너지와 전기차로 대표되는 녹색경제에도 관심을 보여야 하는 이유입니다. 그는 인프라가 살아 있는 유기체로서 그린 뉴딜에는 정부의 지원이 필수적이라고 말합니다. 그런 점에서 트럼프는 낙제점이죠. 그는 이렇게 주장합니다.

"트럼프 대통령은 향후 10년간 인프라 부문에 1조 5,000억 달러의 예산을 편성하는 안을 옹호하고 있다. 주로 노후한 20세기 2차 산업혁명 인프라의 개보수에 투입될 예정이다. 민주당은 연방 정부에서 재정을 대는 1조 달러 규모의 인프라 정책을 요구하고 있다. 여기에는 2차 산업혁명 인프라에 대한 개보수와 함께 미국이 탄소 제로 사회로 도약하고 기후 변화에 대응할 수 있도록 스마트 디지털 녹색 3차 산업혁명 인프라를 구축하는 것도 포함된다."

전통적으로 미국 대선에서 공화당이 집권하면 유가가 뛰어 석유 기업들의 주가에 투자하는 것이 답이었습니다. 그러나 집권이 유력한 민주당 정권에서는 정반대의 일이 펼쳐집니다. 이제 돈에 관심이 있는 사람들은 비탄소 경제에 친숙해져야 합니다. '비탄소 경제' 하면 낯설지만 전기차라고 하면 다들 한 번쯤 들어봤을 것입니다. 테슬라 등 관련 기업 주식이, 떨어지는 주식 시장을 끌어올리고 있기 때문입니다. 리프킨에 따르면 2028년보다 빠른 2025년에 사람들은 그린 뉴딜의 엄청난 힘을 겪을 것으로 봅니다. 시장 조사업체 BNEF는 전기자동차가 내연 자동차와 경쟁하는 티핑포인트는 2024년이 되리라 전망했습니다. 2025년이면 중국 내 모든 승용차 판매량의 19%를 차지할 것이고 그 수치가 EU에서는 14%, 미국에서는 11%가 될 것으로 예상합니다. 내연 차량은 20년대 중반부터 감소하기 시작하리라는 게 확실해 보입니다.

리프킨은 친환경 대국 독일과 저탄소 녹색 성장에 가장 발 빠르게 대처하는 중국 정부에 자문과 컨설팅을 해 줍니다. 그는 친환경 전기 차량으로 전환하는 것은 세계 경제를 뒤흔들 혁신적인 사건이며, 동시에 자동차 공유 서비스와 무인 자율 차량으로 바뀌는 것 역시 사회에서 이동성과 물류를 조직하는 방식을 바꾸는데, 이는 그에 견줄 만한 영향을 줄 것이라고 내다보고 있습니다. 테슬라와 우버가 결합하면 인간의 이동성은 완전히 성격이 달라지겠지요.

제러미 리프킨은 그린 뉴딜이 성공하려면 2가지가 필요하다고 주장합니다. 하나는 대중들에게 다가가는 스토리텔링입니다. 스토리가 없으면 아이디어들은 뒤죽박죽 섞여 있는 아이템에 불과해 상호연결성을 찾기가 힘들어집니다.

또 한 가지는 미국 정부의 태도입니다. 미국 연방 정부는 즉각적이고 전면적으로 공격적인 탄소세 인상을 추진하고 연간 150억 달러에 이르는 화석연료 보조금을 신속하게 단계적으로 삭감하거나 아예 없애야 한다고 말합니다. 그는 정권 교체를 100% 확신하는 듯합니다. 대통령과 의회의 새로운 임기가 시작되는 2021년 초반 6개월 동안 미국 의회는 대통령이 서명한 그린 뉴딜 법안을 통과시켜야 합니다. 이 일은 오직 바이든 정부만이 가능합니다. 바이든 후보는 대선 4개월 전에 자신의 재임 기간에 2조 달러를 신재생에너지에 투자하겠다는 의지를 밝힌 바 있습니다. 10년 동안 1조 7천억 달러를 쏟아붓겠다던 기존 안보다 훨씬 더 강화된 투자안입니다. 바이든 후보는 2028년까지 화석연료를 끝내겠다는 리프킨의 주장에 적극 공감하며 세 마리 토끼를 잡겠다고 합니다. 트럼프의 지지 기반이었던 러스트 벨트 내에서 녹색 혁명으로 새로운 일자리(1년에 60만 개)를 만드는 것입니다. 그리고 신재생 관련 상품은 미국산을 우선시하는 과정에서 수입 위주의 제조업 경쟁력을 떨어뜨렸던 과거의 오류에서 벗어나 국가 경제를 살리겠다는 의지를 보인 것이

죠. 마지막으로 에너지 단가를 낮추어서 그 혜택이 국민에게 돌아
가도록 하겠다는 뜻입니다.

신재생에너지 그린 뉴딜은 경제에 진입하면서 비용의 효율성
에서도 기존 화석 에너지를 압도하는 단계까지 올라온 것입니다.
2020년 11월 미국 대선은 미국의 운명뿐 아니라 전 지구와 인류의
운명을 결정짓는 역사적 순간이 될 것입니다. 글로벌 그린 뉴딜의
주역은 조세프 바이든과 제레미 리프킨 외에 한 사람 더 있습니다.
바로 테슬라의 최대 주주인 일론 머스크입니다.

2020년 한 해 동안 미국 시장에서 가장 많이 오른 종목은 테슬라
입니다. 연초에 500달러 밑이었던 주가가 코로나를 겪고도 무려 4
배 이상이 오른 2300달러(8월 31일부터 5분의 1로 액면분할해서 주가는 5
분의 1로 표시되었습니다. 시가총액은 똑같이 주식 총 발행만 5배 늘고 각 주주
가 가진 보유량도 이에 따라 5배가 늘어난 것이지요)에 이릅니다. 1년에 50
만 대의 차도 생산하지 못하는 자동차 업체가 500만 대 이상을 출
시하는 GM, 도요타, 벤츠를 생산하는 다임러 AG 같은 업체들을 압
도한 지 오래입니다. 미국인들이 자동차 관련해서 가장 많이 사용
하는 브랜드인 캐딜락을 테슬라가 따라잡은 지도요.

테슬라가 낮은 생산량, 적자를 못 벗어나는 이익 구조에도 불구
하고 이렇게 많이 뛰어오른 이유는 뭘까요? 게다가 테슬라는 가장
많은 공매도(주식을 빌려 판 뒤 가격이 내려가면 떨어진 주식을 사서 갚는 행
위. 주가 하락 시 패닉 셀링의 원인이 되어 우리는 2021년 3월 15일까지 금지하
고 있습니다)가 있는 불리한 상황인데도 말이지요. 많은 사람은 테슬

라 모터스의 최대 힘은 최대 주주이자 회장인 일론 머스크의 개인적 매력에서 나온다고 합니다. 애플의 스티브 잡스 이후 가장 많이 사랑받고 회자되는 CEO가 바로 머스크죠. 머스크가 유명해진 데는 그를 모델로 한 영화 〈아이언 맨〉 덕분도 있습니다.

머스크와 테슬라 모터스의 역사에 관한 책 『테슬라 모터스』는 테슬라와 테슬라의 주가에 관심 있는 분들은 꼭 읽어 보기를 권합니다. 전기차 전문가가 쓴 인물의 전기이자 테슬라를 중심으로 한 전기차 업종의 과거·현재·미래를 담았습니다. 머스크의 최대 강점은 미래를 보며 큰 그림을 그릴 줄 아는 능력입니다. 세상에 혁신을 불러일으켜 아름답게 만들겠다는 이상주의자로서 꿈이 있습니다. 그 꿈을 이루기 위한 실행 능력과 무엇보다 돈을 조달하는 재무 능력이 있습니다. 수많은 책을 읽고 그 책을 바탕으로 한 마르지 않는 아이디어의 샘도 있습니다. 무엇보다도 주당 100시간 이상 일할 수 있는 체력과 열정이 있습니다.

원래 테슬라의 창업자는 따로 있었습니다. 지금은 퇴사한 상태지만 초기(2003년부터)에는 창업자 2명이 더 있었죠. 페이팔로 성공해 큰돈을 번 후 나중에 투자자로 참여한 일론 머스크는 그들과 수시로 갈등을 빚었고, 로드스터 모델 S 등을 개발할 때 삐걱댔죠. 그러나 머스크가 두 사람을 내보내고 자신과 코드가 맞는 새로운 인물을 CEO로 앉힌 다음 테슬라도 안정을 찾았습니다.

테슬라의 강점은 미국뿐 아니라 전통적인 유럽 시장과 떠오르는 중국 시장에서 더욱더 성장할 수 있다는 사실입니다. 유럽은 엄격하게 탄소 배출 프리를 추구합니다. 아예 화석연료로 움직이는 자동차를 조만간 없앨 예정이죠. 그런 나라들에서 세련된 디자인과 성능 그리고 상대적으로 합리적인 가격(테슬라는 성장할수록 가격대를 낮춘 상품을 출시하고 있습니다)으로 가솔린차에 아직도 미련을 못 버리는 전통적인 유럽의 자동차 강호들을 압도하고 있습니다.

중국은 가솔린차로는 유럽의 차들을 기술적으로 따라갈 수 없습니다. 그리고 건강과 바이오를 특별히 챙기는 시진핑 주석이 베이징과 상하이의 극도로 나쁜 대기 환경을 개선하기 위해 전기차에 투자하겠다고 선언한 바 있습니다. 시진핑 주석은 지난 9월 UN연설에서 역시 늦어도 2060년이면 중국에서는 완전히 화석연료가 사라질 거라고 전망했습니다. 중국에서는 석유 업체들과 기존 대형 자동차 업체로부터 집중 견제를 받는 테슬라를 적극 환영하고 있습니다. 테슬라는 중국 시장에서도 반응이 좋아 현지 생산을 하기 시작했고 2019년 처음으로 중국에서, 생산한 모델을 선보인 적이 있습니다.

미국 측 사정도 테슬라에 유리하게 변화하고 있습니다. 캘리포니아주는 2025년까지 15%를 무공해 차량으로 바꾸겠다고 선언했습니다. 환경 문제를 강조하는 바이든 정부는 주 정부 차원이 아닌 연방 정부 차원에서 전기차의 안착을 앞당기려고 합니다.

물론 전기차가 장밋빛 전망만 있는 것은 아닙니다. 전기차에는 가솔린차에는 없는 치명적인 약점이 있습니다. 한 번 충전으로 갈

수 있는 거리, 즉 주행거리가 제한적이라는 사실입니다. 다른 한 가지는 배터리를 다 쓰면 재충전하는 데 시간이 걸린다는 점입니다. 직류 고속 충전 방식을 사용해도 30분은 걸리고 일반적인 2단계 충전 방식을 이용하면 더 오랜 시간이 걸리죠. 물론 이 대안으로 휴대전화처럼 보조 배터리로 교체하는 방안을 연구 중입니다.

전기차는 우리에게도 기회입니다. 물론 테슬라가 일본의 파나소닉 배터리를 쓰고 있긴 하지만, 머스크가 같이 일하고 싶어 하는 도요타는 전기차의 미래를 부정적으로 보고 사업성이 떨어지는 수소차에 올인하는 실정이기에 수소차와 전기차에 동시에 강한 우리 현대자동차 회사에 기회가 될 수도 있습니다. LG화학, 삼성SDI, SK이노베이션 등 2차 전지 업체들의 주가가 코로나에도 불구하고 고공행진을 하는 것도 앞으로 큰 성장이 요구되는 이 분야에서 대한민국 기업들이 선전할 가능성이 있다는 것을 보여 줍니다.

석유 기업에 친화적이고, 전통적인 대기업에 우호적인 트럼프 정부 때도 주가가 크게 올랐는데 바이든이 집권하면 도대체 얼마까지 갈지 사람들은 궁금해합니다. 어쩌면 애플, 아마존과 더불어 시가 총액 1위를 다투는 천하 지존의 자리로 조만간 등극하지 않을까요?

구글과 페이스북에서 드러나는
빅데이터의 위력

페이스북의 '좋아요'는 은근 중독성이 있습니다. 사람들이 페이스북을 하는 이유 중 하나는 '좋아요' 때문이 아닐까요. 저는 하루 1개 리뷰를 올리고 주기적으로 '좋아요' 개수를 셉니다. 저야 많아 봤자 수십 개 수준이지만 몇백 개씩 붙는 포스팅을 볼 때마다 부럽기도 하거니와 정말 대단해 보입니다. 그런데 과연 페이스북의 '좋아요'는 사람들이 정말 좋아하는 걸까요? 그만큼 인기가 많다는 객관적 증거가 될까요?

유대계 미국인이며 사회과학자인 세스 스티븐스 다비도위츠의 『모두 거짓말을 한다』는 빅데이터 관련 책 중에서 가장 재미있고 임팩트가 강한 책이었습니다. 그에 따르면 페이스북의 '좋아요' 역시 거짓말을 합니다. 다음 사례를 볼까요?

미국의 대표적인 타블로이드 신문인《내셔널 인콰이어러》와 대표적인 정론지로 우리로 치면《한겨레》신문에 해당하는《애틀랜틱》의 판매 부수와 구글 검색은 일대일입니다. 그런데 빅데이터를 활용해 페이스북의 '좋아요'를 비교 분석해 본 결과, 놀라운 사실이 발견됐습니다. 그 비율은 무려 27 대 1이었습니다. 즉 페이스북에서는 진보적인 매체의 기사에 '좋아요'를 누르는 사람들이 그 반대의 사람보다 27배가 많다는 이야기죠. 그 이유는 그만큼 진보주의자가 페이스북을 열성적으로 한다는 뜻도 되겠지만 다비도위츠는 다른 추론을 합니다. 사람들은 솔직하지 못하고 실제론 아니지만 남들이 볼 때는 자신이 진보적인 인사이기를 바라는 마음 때문이라는 거죠.

　저자는 자신의 주장을 뒷받침하기 위한 논거로 유튜브에서 가장 인기 있었던 싸이의 '강남스타일' 뮤직비디오와 가장 인기가 있었던 포르노 영상의 조회 수를 비교합니다. 조회 수가 23억 대 8,000만 회입니다. 사람들이 '강남스타일'을 30번 볼 때 포르노 영상은 한 번 보았다는 거죠. 페이스북의 공유는 어땠을까요? 수천만 대 수십입니다. 백만 배 이상 차이가 난 거죠. 저자는 이렇게 말합니다, 페이스북은 친구들에게 내가 얼마나 괜찮게 사는지 자랑하는 디지털 허풍쟁이라는 거죠. 페이스북 세상에서는 외부로 보이는 가정생활이 완벽합니다. 그러나 실제 미국인들의 가정생활은 엉망 그 자체입니다. 주말 페이스북에는 근사한 파티에 모인 사람들의 사진과 이야기로 가득 차 있죠. 그러나 실제로는 대부분이 집에서 혼자 넷플릭스 드라마를 몰아서 보는 경우가 많습니다.

그가 이런 추론을 하는 데는 전제가 있습니다. 바로 디지털 진실이 있으니 그 영역에는 검색, 조회 수, 클릭 수, 결제 등 4가지입니다. 익명으로 하는 것과 돈을 쓴다는 것은 진실입니다. 거짓은 바로 SNS 포스팅과 좋아요 그리고 자신의 프로필입니다. 우리는 다른 사람의 페이스북 포스팅은 볼 수 있습니다. 그러나 그들이 무엇을 검색하는지는 알 수가 없죠. 그래서 진실은 포스팅이나 '좋아요'가 아닌 '검색'에 있다는 게 그가 주장하는 핵심 전제입니다. 저자는 검색을 '디지털 자백약'이라고 표현합니다. 유머러스하면서도 본질적이라는 생각이 듭니다.

검색의 진실성을 일단 인정하면 우리가 상식으로 알고 있는 것과는 다른 의외의 결과들을 발견할 수 있습니다. 미국인 중 다수를 대표하는 백인들은 자신을 겉으로는 인종주의자로 드러내지 않지만 실제로 구글 검색 빅데이터 분석을 해 보면 전혀 다른 결과를 보인다는 거죠. 겉으로는 오바마를 3선 대통령으로 뽑을 수 있다면 그를 뽑았을 거라고 말하면서 실제 검색할 때는 깜둥이 대통령이라는 키워드를 넣습니다. 인종과 관련해 자동완성으로 가장 많이 발견되는 단어는 유대인에 대해서는 '사악한'입니다, 동양인은 '못생긴', 흑인은 '무례한'이 따라붙습니다.

익명성이 보장되는 인터넷 공간에는 극우 사이트, 히틀러 찬양 사이트들이 한두 개가 아니고 이들 사이트에 가입한 미국 백인들의 숫자는 생각보다 훨씬 더 많습니다. 더 놀라운 사실은 이들 사이트

238

에 가입하는 백인들의 연령대가 아주 어리다는 사실입니다. 어릴수록 진보적이고 인종 평등적인 교육을 받았을 거라고 짐작하지만 실상은 히틀러 찬양 사이트 가입률에서 19세 가입자가 40세 가입자보다 4배 더 많습니다. 검색과 포스팅에서 인터넷 전체로 범위를 넓혀 볼까요? 『넛지』의 공동저자이며 하버드 로스쿨 교수인 캐스 선스타인은 이렇게 말했습니다.

"커뮤니케이션 시장은 사람들이 자신의 견해에 스스로를 가두는 상황으로 빠르게 변화하고 있다. 진보주의자는 대체로 또는 오로지 진보주의적인 것을 읽고 보며, 중도주의자는 중도주의적인 것을, 보수주의자는 보수주의적인 것을, 신나치주의자는 신나치주의적인 것을 읽고 본다."

이 말에 다비도위츠의 답은 무엇이었을까요? 아니라고 말합니다. 그에 따르면 진보주의자와 보수주의자는 같은 뉴스 사이트에서 마주칠 확률이 예상보다 훨씬 더 높습니다. 인터넷은 완벽하게 분리되어 있지 않죠. 저자에 따르면 뉴스 웹 사이트에서 반대되는 정치적 견해를 가질 확률이 약 45%입니다. 진보주의자와 보수주의자 숫자가 비슷하다면 이 비율은 50%가 이상적이죠. 그런데 45%는 거의 50%에 육박합니다. 실제 이 비율은 가족(37%), 친구(34.7%)보다도 높습니다. 그 이유는 자신이 강력하게 지지하는 정당이 있다면 이를 옹호하는 신문 못지않게 이를 비판하는 반대 뉴스 사이트에 접근하는 경향이 많기 때문이죠.

빅데이터가 결국 인간의 진실을 드러내고 더욱더 가까워지게 한다면 돈을 벌려는 우리에게는 어떤 통찰을 줄까요? 빅데이터는 중국처럼 인구가 많은 나라, 미국처럼 소비력이 막강한 나라에서 발전할 수밖에 없습니다. 국내 시장보다는 중국과 미국 시장에 조금 더 관심을 가져야 하는 이유입니다.

최고의 테마주로 떠오른
바이오 주식

세상에 존재하는 약은 모두 몇 개일까요? 100만 개, 1,000만 개혹은 1억 개? 차의과대학 의학전문대학원 정보의학교실 한현욱 교수가 쓴 『이것이 헬스케어 빅데이터이다』에 보면 총 1만 3,363개라는 답이 나와 있습니다. 생각보다 너무 적어서 놀랐습니다. 세부적으로 보면 FDA에서 승인된 약물은 3,905개뿐이고 나머지는 건강보조식품과 연구용 신약 그리고 약물과 관련된 단백질 서열에 관한정보였습니다. 실제 시중에서 판매되는 약물은 4,000종이 안 되는거죠. 그런데 하나 알아둘 것은 4,000종은 제품명이 아니라 성분명이라는 사실입니다. 예를 들어 타이레놀이나 타이리콜로 팔리는 아세트아미노산은 하나로 취급되는 거죠. 그렇더라도 생각보다는 적습니다. 제약 시장의 규모가 1.5조 달러인데 말입니다.

IT 기업이 100개 중에 하나꼴로 성공하고 나머지는 실패한다면 신약 비즈니스는 그보다 더한 빈익빈 부익부입니다. 약물 연구 1만 건당 한 건 정도이니 0.01%의 성공 확률입니다. 보통 신약 개발에 드는 비용은 1억 달러에서 6억 달러 사이인데 이런 비용을 벤처기업에서 마련한다는 건 불가능합니다. 왜 유명한 약들은 유명한 제약회사에서만 출시되는지 그 이유를 알 것도 같습니다.

약을 개발하는 과정은 앱이나 게임 소프트웨어나 하드웨어를 개발하는 것과는 비교가 안 될 정도로 험난합니다. 우선 문헌 조사, 가설, 수입, 신물질 설계, 합성 등을 하는 기초 탐색 원천 기술 연구 개발부터 시작합니다. 이 과정을 통해 치료에 효과가 있을 거라고 예상되는 약이 선별되면 수많은 검증을 거쳐야 합니다. 물론 IT 업체도 베타테스트를 거치지만 신약을 제조하기 위해서는 다음과 같은 과정을 거쳐야 합니다.

1. 살아 있는 세포와 동물에게서 검증하는 전 임상 단계이며, 여기서 실패하면 다시 처음으로 돌아가 다시 그 과정을 밟아야 합니다.
2. 제1상 임상 단계: 우선적으로 소수 건강인을 대상으로 안전성과 내약성을 검사합니다.
3. 제2상 임상 단계: 소수 환자를 대상으로 약의 용량과 용법을 결정하는 단계입니다. 안정성과 유효성 검증 단계입니다.
4. 제3상 임상 단계: 다수 환자를 대상으로 안정성과 유효성을 검증하는 단계로 시간과 비용이 가장 많이 필요합니다.
5. 시판 후 조사 단계 : 보통 FDA에서 7명의 심사위원들이 1년에서 2년

에 걸쳐 심사합니다. 필요하면 전문가들로부터 자문을 받죠. 이를 통과해서 신약 판매 승인을 받고 제약사들은 안전성을 중심으로 시장의 반응을 면밀히 관찰합니다. 기형아 출산 등의 부작용으로 엄청난 파장을 일으킨 탈리도마이드도 일단 FDA에서 승인을 통과한 후 전혀 예측하지 못한 반응을 보면서 시장에서 퇴출된 케이스이기 때문에 시판 이후에도 계속 관심을 기울여야 합니다.

이렇듯 임상 단계가 까다롭다 보니 평균 연구 시간이 1960년대까지는 8년 정도, 지금은 거의 2배인 15년 정도가 걸립니다. 즉 투자를 해서 원금을 회수하는 시점(그것도 모든 검증을 거쳐 성공한 후에나 가능한 일이지만)은 무려 15년 혹은 20년 뒤라고 할 수 있습니다. 이정도 미래면 인간이 상상할 수 있는 한계를 넘어섭니다. 통계에 따르면 인간은 15년을 넘어서는 미래를 상상하지 못한다고 합니다.

그런데 이런 엄청난 불확실성에도 불구하고 2020년 코로나19의 창궐로 가장 뜨겁게 달아오른 주식이 바이오 관련 주입니다. 날개를 달고 미친 듯이 날았죠. 바이오 제약주의 선봉에 있는 삼성 바이오로로직스는 한때 SK하이닉스를 제치고 시가총액 2위로 올라섰습니다. 그 위에는 삼성전자 외에는 없습니다. 코스닥의 1위는 올해 내내 셀트리온 헬스케어였죠. 2위는 코로나 진단 키트로 유명한 씨젠이었습니다. 더 놀라운 사실은 1위부터 5위 셀트리온 제약까지 모두 제약 바이오 분야라는 점입니다. 원래부터 바이오 제약회사는 잘 나갔습니다. 앞서 살펴본 대로 성공률은 극히 낮지만 하나라도

히트를 치면 거의 반영구적인 매출을 기록하기 때문입니다. 코로나처럼 예기치 못한 새로운 질병이 발생할 위험이 커지고 평균 수명이 갈수록 길어진다면 제약 바이오 기업의 성장은 필연적일 수밖에 없습니다.

미국도 한국만큼은 아니지만 잘 나가고 있습니다. 세계 최대 제약회사 존슨앤드존슨은 타이레놀을 비롯해 연간 매출이 10억 달러(약 1조 2천억 원) 이상을 기록하는 글로벌 메가트렌드가 12개에 이를 정도로 엄청난 매출을 기록 중입니다. 미국과 중국은 한국과 달리 원격진료를 할 수 있어서 알리바바헬스나 텔라닥 같은 원격진료 기업들 역시 승승장구하고 있습니다. 미국의 바이오 헬스업체 1위인 텔라닥은 원격으로 혈당 관리를 도와주는 '리봉고'라는 업체를 인수해 덩치를 키웠습니다. 약사 출신 정승규는 저서 『인류를 구한 12가지 약 이야기』에서 지금은 IT의 시대를 지나 뇌과학과 바이오 기술 시대에 접어들었다며 BT의 꽃이 바로 의약품이라고 주장합니다. 세계 제약 시장 규모가 2018년 기준 940조 원입니다. 2024년에는 1,360조 원에 이를 것으로 전망됩니다. 우리를 지금까지 먹여 살린 반도체 시장의 2배가 넘는 규모죠. 858조인 스마트폰 시장보다도 더 큽니다.

그런데 바이오 헬스케어 시장에는 기본적으로 정보의 비대칭이 발생합니다. 예를 들어 지난 5월 말라리아 치료제 '피라맥스'의 신종 코로나바이러스 감염증(코로나19) 치료 효과를 확인하는 임상 시험을 승인받은 제약회사 신풍제약의 주가가 연일 상한가를 기록했습니다. 당시 주가는 2만 2,000원이었는데 11월 5일 현재 14만 6000원으로 무려 7배 가까이 올랐습니다. 시장에서는 놀라운 일이 벌어졌습니다. 신풍제지라는 회사의 주가가 같이 오른 겁니다. 신풍제지는 종이 관련 회사로 신풍제약과는 아무 관계가 없는 회사인데, 사람들이 관련주로 오해하고 사기 시작해 주가가 연일 고공행진을 기록하기도 했습니다.

바이오 헬스케어 시장에 관심을 두고 돈을 벌고자 한다면 공부해야 합니다. KAIST 생물공학 박사 출신으로 LSK인베스트먼트 대표이사이며 『바이오 인더스트리 밸류에이션』의 저자인 김명기 박사는 이렇게 말합니다.

"이 분야의 산업을 이해하려면 생명 현상을 이해하기 위한 생물학, 의약품 합성과 분석을 위한 화학, 임상 현장에서의 가치를 평가하기 위한 의학, 사람을 대상으로 하는 의약품 시험에 앞서 동물에서 독성과 약효성을 평가하기 위한 수의학에 대한 개념을 잡고 있어야 한다. 여기에 통계학, 전자공학, 기계공학, 물리학 등의 여러 전공 분야에 대한 지식까지 필요하다. 물론 시장을 이해하기 위한 기본적인 사업 모델에 대한 이해도 필수다."

신중해야 합니다. 생물학과 의학은 기본이고 화학, 통계학, 물리학, 기계공학 등 이과 과목 전반에 대한 지식에 경제학 지식까지 갖춰야 합니다. 전문가들과 애널리스트들이 사용하는 전문용어와 약어는 일반인들이 알아듣기도 어렵죠. 예를 들어 코로나19 이후에 많이 등장하는 CMO^{Contract Manufacturing Organizations}는 의약품 위탁 생산기관이라고 말해 주면 알기 쉬울 텐데, 애널리스트들은 그런 노력을 기울이지 않습니다. 참고로 CMO는 신약 개발의 3단계인 연구, 개발, 임상까지는 선진국의 연구소와 병원에서 맡아서 하고, 생산은 인건비가 싼 신흥국에서 하는 시스템을 뜻합니다. SK바이오사이언스가 코로나 백신 위탁 생산^{CMO} 계약을 맺은 이후에야 일반 투자자들에게도 알려진 용어입니다. 셀트리온과 삼성바이오로직스 같은 업체들과 뉴스에서 종종 들리는 바이오 시밀러도 낯설기 그지없습니다. 특허가 만료된 생물의약품에 대한 복제약을 뜻하는데 사실 투자자들 대부분이 모르는 용어입니다. 그때마다 일일이 구글 검색을 할 수도 없는 노릇이죠.

바이오산업이 어려운 또 한 가지 이유는 예측이 어렵기 때문입니다. 특정 질병과 그 질병의 원인을 찾아 해결하는 메커니즘을 고안하고 새로운 물질을 약으로 만드는 과정만이 바이오산업의 전부가 아닙니다. 신약을 개발하는 과정에서 생기는 문제를 해결하는 기반 기술 역시 바이오산업의 일부입니다. 이렇게 되면 바이오산업은 외연이 더 커집니다. 따라서 바이오산업은 시작부터 덩치가 커야 합니다.

저자는 좋은 바이오 기업을 고르는 기준 4가지를 제시합니다. 우선 충분한 자금이 있는지, 대규모 임상 시험 등 신약 개발에 대한 노하우가 있는지, 시장별로 다른 규제와 인허가 과정에 대한 경험이 있는지, 광범위한 마케팅 능력이 있는지 등입니다. 그에 따르면 한국의 바이오테크들은 이 모든 과정을 수행할 수 있도록 덩치를 키우는 전략 대신 신약 개발 과정에서 만나는 어떤 길목에서 자리를 차지하는 현실적인 포지션을 택하는 편이라고 합니다. 기술 개발에 집중해 성공한 뒤 통행료를 받는 식으로 수익 모델을 만들어 간다는 이야기죠.

따라서 국내의 좋은 바이오 기업들을 찾아 투자하려면 전체적인 덩치를 보는 것보다 존슨앤드존슨이나 화이자, 머크 같은 세계적 제약회사들과 어떤 관계를 맺는지 맥락을 살펴봐야 합니다. 즉 기술 기반 바이오테크가 자신의 기술을 적용할 가능성이 있는 파트너와 협업하고 있는지, 기반기술을 유력한 학술지에 논문으로 게재하고 있는지, 글로벌 대형 제약기업과 어떤 커뮤니케이션을 이어가고 있는지 살펴봐야 합니다.

앞서 살펴본 대로 바이오산업은 생명공학과 의학 지식만이 아니라 과학과 경제학을 넘나드는 통섭적 지식을 요구합니다. 그 구성원이 다양한 전공, 이력, 경력의 사람들로 채워져 있는지도 따져봐야 합니다. 화학, 생물학, 수의학, 의학 전문가가 포진해 있다면 그 기업은 믿을 만합니다. 기술력과 사업성에 마케팅 능력까지 갖춘 기업을 찾는다면 최상이겠지만 한국 시장에서 그런 기업을 찾기는 쉽지 않습니다.

미국은 바이오 기업들이 창업 이후 짧게는 3년, 늦어도 5년 정도 지나면 나스닥 상장에 성공합니다. 그러나 우리는 평균적으로 8.3 년이라는 세월이 걸립니다. 시장이 작기 때문이죠. 그러나 코로나 이후 바이오 벤처기업들이 시가총액 1조를 돌파하는 일이 늘어나면서 시장에서 빠르게 자금을 조달할 기회가 생겼습니다. 외국 대형 제약회사들과의 협력뿐 아니라 국내 바이오 벤처 사이에서의 합종연횡도 활발하게 진행되고 있습니다. 제넥산이 툴젠을 인수 합병한 사례가 대표적입니다. 코로나 때문에 어닝 서프라이즈^{earning} ^{surprise}(기업의 영업 실적이 시장의 예상보다 높아 주가가 큰 폭으로 상승하는 것)를 맞은 국내 바이오 벤처들이 세계 시장에서 선전할 가능성이 여느 때보다 높아졌습니다.

취향 저격하는
넷플릭스의 성공 비결

　미국 주식 중 2010년 1월을 기준으로 지난 10년 동안 가장 많이 오른 주식은 무엇일까요? 바로 넷플릭스입니다. 10년 전에 8달러였던 주가는 11월 초 현재 500달러선이고 10월 중에는 540달러에 이른 적도 있습니다. 10년 동안 무려 60배나 상승한 거죠. 유튜브 다음으로 우리가 많이 이용하는 미국 인터넷 서비스 업체는 넷플릭스입니다. 유튜브는 한국 시장 진출 3년 만인 지난 2019년 말에 유료 가입자 200만 명을 돌파했고 코로나 위기로 집콕이 늘어난 2020년 4월 말에는 그 수가 272만 명으로 늘어났습니다. 9월 말에는 330만 명까지 늘어났습니다.

　넷플릭스는 하나의 계정으로 최대 4명까지 이용할 수 있습니다. 국내 미디어 업계에서는 최소 600만 명 이상의 한국인이 주기적으로 넷플릭스에 들러 영화나 드라마를 시청하고 있는 것으로 추산합니다. 반면 코로나 때문에 2020년 상반기 극장은 관객이 10분의 3으로 줄었습니다. 넷플릭스는 극장을 완전히 대체하고 유튜브와 경쟁하며 조만간 TV까지 대체할 것으로 보입니다. 미국인들은 4명 중 1명이 하루에 한 편 이상의 넷플릭스 작품을 감상한다는 조사가 있습니다.

넷플릭스는 1997년 창업했습니다. 초창기 비즈니스 모델은 DVD 우편 대여 사업이었죠. 2002년 나스닥에 상장한 뒤 처음에는 고전했습니다. 수익이 나지 않아 주가도 좋지 않았습니다. 『넷플릭스 인사이트』의 저자 이호수는 넷플릭스의 성공을 창조적 혁신 덕분으로 이해합니다. 1999년 DVD 월 정액제를 최초로 도입했고, 2007년에는 인터넷 스트리밍 서비스를 업계 최초로 시도했죠. 스트리밍 서비스는 북미 지역에 한정된 수익 모델을 전 세계로 확장하는 계기가 되었습니다. 2010년 캐나다, 2011년 중남미와 카리브해 국가로 사업 영역을 넓혔고 2012년에는 유럽 시장으로 진출했습니다. 2015년에는 호주, 뉴질랜드, 일본 시장으로 진출했죠.

2020년 현재 넷플릭스는 중국, 북한, 이란 등 몇몇 국가를 제외한 대부분 국가인 190여 개국에서 서비스하고 있습니다. 2013년부터 흑자로 전환해 2020년도까지 23배 성장했습니다. 현재 전 세계 유료 가입자 수는 지난 2020년 9월 말로 2억 명을 돌파했습니다. 너무나 잘 나가는 넷플릭스는 아마존, 애플, 페이스북, 구글과 함께 묶이며 FAANG로 불릴 정도입니다. 『넷플릭스 세계화의 비밀』의 저자 라몬 로바토는 넷플릭스를 초국가적 텔레비전에 비유했습니다.

넷플릭스의 성공은 사용자 중심의 경영 방침에 있습니다. 칸느 영화제가 프랑스에서 먼저 극장 개봉을 하고 36개월 뒤에 IP TV 등에 방영할 수 있다는 원칙을 고수하자 "소비자는 언제 어디서 어떤 영화를 볼지 스스로 결정할 수 있어야 한다."며 칸느 영화제에서 철수할 정도로 모든 것을 철저히 소비자 관점에서 생각합니다.

또 한 가지 성공의 비결은 AI의 힘입니다. 넷플릭스로 영화를 보다 보면 어떻게 넷플릭스는 이리도 내 취향을 정확히 알고 저격하는 걸까 궁금해집니다. 독일의 과학저널리스트 크리스토프 드뢰서의 최신작 『알고리즘이 당신에게 이것을 추천합니다』는 넷플릭스, 페이스북, 구글 등 유명 IT업체들의 알고리즘을 분석하고 있습니다. 총 11장 중 네 번째 장에서 넷플릭스를 자세히 다루는데, 유튜브의 음악, 아마존의 도서 추천 서비스와 마찬가지로 넷플릭스 역시 알고리즘을 활용합니다.

드뢰서에 따르면 이들 서비스의 알고리즘은 기본적으로 2가지입니다. 협업 필터링 알고리즘은 상품을 임의의 내용물이 담긴 봉투로 여기며 오직 수많은 사람의 소비 행태에만 주목합니다. 취급하는 상품 자체에 대해서는 잘 몰라도 된다는 장점이 있죠. 병행하는 알고리즘은 내용 기반 필터링 알고리즘입니다. 상품에 대한 지식을 많이 보유하고 그것을 새로운 추천의 기반으로 삼습니다.

협업 필터링의 논리는 다음과 같습니다. 내가 높은 평점을 준 영화, 나와 비슷한 평점을 준 수많은 사람을 알고리즘이 찾는 겁니다.

〈타이타닉〉과 〈스타워즈〉 두 편의 영화를 4명의 회원이 감상할 것인가 고민하고 있다고 가정해 보죠. 한 여성 A는 낭만적이어서 SF 영화에는 별 관심이 없습니다. 반면에 한 남성 B는 눈물 짜내는 영화는 별로이고 우주와 영웅 서사를 좋아합니다. 또 한 명 C는 할리우드 블록버스터라면 다 좋아합니다. 마지막으로 상업영화를 싫어하고 독립영화를 좋아하는 영화마니아 D가 있습니다. 알고리즘으로 서로의 벌어진 거리를 계산하면 거리가 서로 가까울수록 취향도 비슷한 거죠. 피타고라스 정리에 기반한 직선거리 측정 방식으로 비교하면 B와 C의 거리가 가장 가깝습니다. 거리가 가깝다고 판단하면 이를 추천하는 시스템입니다.

취향이라는 단어에는 방향을 나타내는 한자가 포함돼 있는데 알고리즘은 글자에 수학적 의미를 부여한 결과입니다. 2억 명이 넘는 회원을 보유한 넷플릭스는 취향이 가까운 사람들끼리 그루핑을 해서 추천의 정확도를 높입니다. 이것이 넷플릭스 추천 알고리즘인 시네매치의 작동 방식이죠. 넷플릭스는 여기에 양자이론을 결합했습니다. 영화를 일일이 가장 작은 요소로 분해해 사용자의 개인적 취향과 미디어의 내용을 일치시켰습니다.

이 2가지로 넷플릭스의 성공이 완벽하게 분석되는 건 아닙니다. 여기에 한 가지 덧붙일 수 있는 게 바로 인간의 협업입니다. 국내 최고의 『넷플릭스 인사이트』의 AI 전문가 이호수는 넷플릭스가 다루는 비디오 콘텐츠 분야는 주로 감정, 심미성, 사회성 측면이 많은 TV, 영화, 애니메이션을 포함하고 있기 때문에 이 모든 것을 인공지능에 맡길 수는 없다며 이렇게 말합니다.

　우리는 보통 AI 프로젝트라고 하면 문제의 처음부터 끝까지 기계가 해결해 줄 것으로 기대한다. AI를 일종의 만병통치약으로 여긴다. 이것은 AI를 잘못 이해한 데서 비롯된 것이다. 인간의 손길이 없는 AI는 완전하지 않으며, 현장에서 사용할 수 없다. AI에 의한 혁신은 인간의 능력을 대체하는 것이 아니라 보완하는 것이다.

　넷플릭스는 콘텐츠의 잠재적 특성을 표현하는 태깅 작업과 세부 장르 선정 같은 일은 AI가 처리하지 않고 콘텐츠 전문가가 노동집약적으로 수행합니다. 인간과 AI의 완벽한 협업이죠. 하지만 넷플릭스가 앞으로 승승장구할 수 있을지는 회의적인 전망도 존재합니다. 바로 콘텐츠의 제왕 디즈니가 OTT^{Over The Top} 시장에 본격적으로 뛰어들면서 강력한 경쟁자로 부상했기 때문이죠. 마블의 어벤져스 시리즈를 비롯해서 디즈니는 넷플릭스에 콘텐츠를 공급하다가 자신들이 직접 스트리밍 서비스를 시작하면서-현재는 미국과 일본에서만 서비스-넷플릭스에서 자사 제품들을 내렸습니다. 넷플릭스는 이에 대해 자체 제작 콘텐츠로 맞서고 있습니다. 전 세계에서 벌어들이는 돈의 절반을 영화, 드라마 등을 자체 제작하는 데 투자하고 있습니다. 2020년도에는 173억 달러를 자체 제작에 투자할 것으로 전망됩니다. 2020년 현재 넷플릭스에서는 자체 콘텐츠의 비율이 50%를 넘었죠. 즉 넷플릭스를 극장 대신 집이나 지하철 안에서 스마트폰이나 컴퓨터로 보는 것은 극장에서 상영하는 영화를 보기 위해서가 아니라, 오직 넷플릭스에서만 볼 수 있는 작품이 많기 때문입니다. 그리고 이는 충성도 높은 고객을 확보하는 데 결정적 기여를 할 것으로 보입니다.

넷플릭스 오리지널 작품이 대히트하면서 넷플릭스는 비디오 엔터테인먼트 업체뿐 아니라 장난감이나 다른 상품 심지어 테마파크 명소에 대해서도 라이선스를 가질 수 있는 비즈니스 기회가 생기는 것입니다. 넷플릭스가 극장에 진출해 클릭 앤 모르타르(인터넷과 오프라인 기업을 같이 하는 경우) 기업으로 변신할 가능성도 있습니다. 『넷플릭스 인사이트』는 스트리밍서비스 사업을 하면서 활용하는 AI, 기계학습, 데이터 분석, UX(사용자 경험), 추천 등을 극장 사업에 적용하리라 예측합니다. 실제 넷플릭스는 뉴욕에 있는 유서 깊은 극장, 파리 극장을 장기 임대하기 시작했습니다. LA에 있는 이집트 극장도 인수를 준비 중입니다. 쉽게 말해서 넷플릭스의 미래는 디즈니라는 절대 강자가 참여해도 절대 어둡지 않다는 뜻입니다. 『넷플릭스 세계화의 비밀』의 저자 라몬 토바토는 넷플릭스의 최대 강점은 유연성과 변화 그리고 소비자의 상호작용에 있다고 봅니다. 그는 다음과 같이 말합니다.

넷플릭스가 변화하는 것과 마찬가지로 사용자들도 넷플릭스를 변화시키고 있다. 이 플랫폼은 새로운 글로벌 시청자들의 취향과 시청 습관을 추적하여 학습한다. 그 결과 플랫폼을 이용하고, 플랫폼에 관해 이야기하고,

플랫폼을 시청하는 다양한 방식이라고 할 수 있는 넷플릭스 문화가 생겨나기 시작했다. 넥플릭스는 이용과 유대라는 새로운 충돌을 겹겹이 쌓으며 끊임없이 진화하고 있다.

아마존, 애플, 구글, 페이스북 중에서 최후의 승자는?

　2018년 4월에 국내 출간된 『플랫폼 제국의 미래』는 기업가이자 뉴욕대학 스턴경영대학원 교수인 스콧 갤러웨이의 역작입니다. 언택트 기업에 관심이 있다면 꼭 읽어야 할 명저입니다. 아마존, 애플, 구글, 페이스북이 온오프라인을 합쳐서 최종 파이널 4를 형성하고 그중에서 넘버원이 나오리라 예측하는 책입니다. 책을 쓸 당시인 2017년도에는 아직 시가총액 1조 달러 기업이 등장하기 전(애플은 2018년 달성, 2020년도에도 가장 먼저 2조 달러 달성)이어서 그는 과연 넷 중 누가 가장 먼저 1조 달러를 돌파할지에 대해서 예리하게 분석합니다. 저자는 이 책을 출판할 때까지만 해도 아마존이 가장 가능성이 크다고 보았습니다. 혁신 동력이 아무래도 잡스 때보다 떨어진 애플의 성장세가 둔화될 것 같다는 판단이 있었던 듯합니다. 그의 예언이 완전히 틀렸다고 볼 수는 없는 것이 애플의 시가총액은 이후 떨어져서 2019년 초 아마존이 시가총액 1위 기업으로 올라섭니다. 2020년은 다시 애플이 1위를 차지했습니다. 아마존 CEO 제프 베조스는 4년째 세계 최고의 부자 자리를 유지하고 있지요. 아마존이 구글보다 경쟁에서 한발 앞선 이유는 실제 미국인(전 세계인이라고 해도 되죠.)이 제품을 검색할 때 아마존을 이용하는 비율이 55%로 구글의 28%를 압도하기 때문입니다. 결국 돈은 아마존에서 쓴다는 이야기죠. 구글의 핵심은 검색엔진이 아니라 유튜브에 있습니다.

다시 제프 베조스 이야기를 하면 그가 점유한 시장 규모 자체가 다릅니다. 소매유통 24조 달러, 통신 1조 4,000억, 미디어 6,020억 달러 순입니다. 구글이 인터넷 업계에서 손쉬운 경쟁을 해 온 데 반해 아마존은 오프라인 매장의 최강자였던 월마트와 치열하게 경쟁해서 올라왔습니다. 아마존의 유일한 단점은 전체 수익 중에서 미국이 차지하는 비중이 너무 크다는 데 있죠. 68%로 구글의 47%, 페이스북의 46%, 애플의 35%보다 큽니다. 페이스북은 중국을 제외한 아시아 시장에서 성공하고 있지만 아마존은 아시아 시장에서 상대적으로 고전 중입니다. 아마도 중국 시장에서 알리바바라는 강력한 경쟁자가 있기 때문일 수 있습니다.

현재는 아마존이 넘버원인 것 같은데 미래에도 그럴까요? 성장 가능성 측면에서 저자가 주목하는 기업은 아마존도 구글도 아닌 페이스북입니다. 페이스북 이용자는 2019년도에 이미 22억 명으로 중국 인구보다 많고 가장 큰 종교인 기독교인보다 많습니다. 규모만 따지면 이미 인류 역사상 가장 성공한 기업인 셈입니다. 이 추세대로라면 언젠가는 전 세계 사용자가 가장 많은 미디어이자 소통수단이자 오락수단이 되겠지요.

사람들이 페이스북과 그의 자매 앱인 인스타그램과 왓츠앱에 머무는 시간은 하루 평균 1시간입니다. 이 시간은 가족과 야외에서 먹고 마시는 시간을 뛰어넘습니다. 저자가 이 책을 쓸 당시 시가총액은 4,200억 달러(지금은 8,185억 달러입니다.)였는데 과소평가되었다고 말합니다. 만약 민영화해 인터넷 이용료를 시간당으로 받는다면 그 숫자는 어마어마하게 커집니다.

페이스북은 사용자에 대해서 정말 많은 것을 알고 있습니다. 자신이 누구인지, 무슨 일을 하는지, 무엇을 좋아하는지, 무엇을 하는지 다 드러납니다. 뭐든 게걸스럽게 먹어 치우는 괴물인 페이스북은 앞으로도 무지막지한 식욕을 보일 확률이 높습니다. 저자는 전 세계 사용자와 무한에 가까운 자본 동원 능력, 끊임없이 진화하는 데이터 분석 인공지능을 갖춘 페이스북은 구글과 손잡고 기존 디지털 미디어 세상을 완전히 파괴하리라는 전망을 내립니다.

4억 3,000만 명의 사용자, 중국 전체 소매유통의 63%, 중국 거점을 경유하는 전체 화물 포장의 54%를 차지하는 괴물 알리바바는 이들에 비해서 무엇이 부족할까요? 유동적인 중국 시장의 비율을 줄여나가 미국에서 투자자가 아닌 상업적 존재감을 드러내는 일이 선결되어야 합니다. 그리고 브랜드 파워가 부족합니다. 스콧 갤러웨이는 애플을 성적 매력을 발산하는 사치품으로 규정하는 데,

이에 비해 알리바바는 조금도 이런 요소가 없다는 것입니다. 《포브스》지가 2016년 가장 가치 있는 100대 브랜드 목록에 알리바바를 포함하지 않은 이유도 여기에 있습니다. 알리바바는 또 스토리를 전달하는 측면에서도 고전을 면치 못하고 있습니다. 알리바바는 대기업이 분명하지만 지속적으로 성공을 이어간다는 것 외에는 아직 남에게 이야기해 줄 진정한 스토리가 없다는 것이 저자의 주장입니다.

아마존, 애플, 구글, 페이스북 이 네 개의 거인 기업을 알아야 비로소 우리가 사는 디지털 세상을 이해하고 우리와 우리 가족의 경제적 안정을 튼튼하게 보장할 역량을 쌓을 수 있습니다.

제2의
애플, 아마존, 구글을 찾아라

애플, 아마존, 구글, 테슬라, 페이스북, 바이오, 그린 뉴딜 등의 주식이 좋은 줄은 알지만, 문제는 이미 너무 많이 올라 비싸다는 겁니다. 남들이 전혀 예상하지 못한 미래의 성장 가능성 있는 기업을 찾아야 합니다. 그래야 싸게 사서 비싸게 팔라는 버핏의 말을 실천할 수 있지요. 지금이 아니라 10년 뒤에 구글이 될 기업, 그런 기업을 찾는 데 통찰력을 주는 책이 있습니다.

월 가의 신사 피터 린치가 자신의 수제자로 키운 피델리티 자산운용의 조엘 틸링헤스트 대표의 『빅 머니 씽크 스몰』과 '미국 주식에 미치다'라는 커뮤니티의 해외통신원이 쓴 『불황의 시대, 미국 주식에서 답을 찾다』라는 책입니다. 틸링헤스트는 35달러 이하의 작은 기업에만 투자해서 성공한 펀드매니저입니다. 피터 린치는 틸링헤스트의 책에 추천사를 썼는데, 린치가 생각하는 틸링헤스트의 장점을 함께 말하고 있습니다. 그는 인내심이 있고, 편견 없이 유연하게 사고하며, 가장 중요한 투자의 성공을 위해 세상의 각종 뉴스거리를 무시할 수 있는 능력과 성공에 필요한 연구와 수행 능력을 갖춘 세계적인 투자자라는 점입니다.

후자의 책은 미국에서 살고 있으며 또 미국에서 투자를 하는 사람들이 우리가 아는 대표적인 기술주 업체들과 미국의 생활상을 고려할 때 관심을 가져야 할 작은 기업들을 다루고 있습니다. 현재 미국인들의 생활 패턴을 볼 때 앞으로는 이런 사업이 뜰 것이니 이런 업체들을 주목하라는 내용입니다. 즉, 장기성장주에 대한 것입니다.

버핏이나 말킬을 비롯해 수많은 투자자는 왜 장기투자를 권할까요? 투자 시간이 길수록 다른 투자자에 비해 앞서 나갈 확률이 높아지기 때문입니다. 주식 시장은 때로는 하락하기도 하지만 장기적으로는 우상향하기 때문입니다. 언제가 저점이고 언제가 고점인지 맞히는 데 고심하지 말고 '이것의 가치가 얼마나 되지'라는 질문에 초점을 맞춰 투자해야 한다는 것이 틸링헤스트의 주장입니다. 그는 대니얼 카너먼의 『생각에 관한 생각』에서 느린 사고 시스템2를 권장합니다. 조급하게 생각하면 감정에 휩싸이기 쉽고 비이성적인 상황에서는 잘못된 선택을 하기 쉽다는 거죠. 신중하게 결정해야 성공할 확률이 높습니다.

그는 규모가 큰 대기업의 주식을 소량 사기보다는 틈새시장에서 탁월한 제품을 판매하는 업체들의 주식을 다수 보유하는 전략을 좋아합니다. 모두가 닷컴 열풍에 흥분해 있을 때 그는 너무 오른 닷컴 주식보다는 한센내추럴이라는 기업의 무료 음료 제공 사업에 눈을 떴습니다. 당시에는 스내플이라는 기존의 강자가 버티고 있었죠. 한센은 에너지, 비타민, 항산화 등에 초점을 맞추어 몬스터라는 에너지 드링크 상품을 개척했습니다. 기업의 매출은 급격히 상승했고 부채는 줄어들었습니다. 주가도 같이 올랐습니다. 코카콜라가 몬스터를 인수해 상품을 유통한 뒤에는 주가가 더욱 올라 600배로 뛰었습니다.

그는 투자할 때 가격이 우선되어야 하는 것도 맞지만 차별화된 캐릭터와 포지셔닝이 있는지도 중요하다고 말합니다. "작은 틈새시장에서 유일무이한 기업을 발견하면 무조건 사라." 중요한 건 이런 기업을 찾으려면 광고와 홍보를 피해야 합니다. 그는 "매력적으로 광고하는 주식일수록 사기일 가능성이 높다."고 말합니다. 그리고 이렇게 홍보에 많은 돈을 쓰는 기업은 돈이 부족해 지속적으로 자본 조달을 하려는 경향이 강합니다.

작은 기업들에 투자할 때 위험한 일은 사기를 당할 가능성이 크다는 점입니다. 특히 위험요소를 언급하지 않고 무조건 매수를 권하는 곳은 절대 피하라고 합니다. 신문 기사나 애널리스트 의견은 무시하고 정말 잘 팔릴지에 대한 신중한 사고가 저가주로 크게 돈을 벌 수 있는 유일한 방법입니다. 투자자들이 지녀야 할 궁극적인 지향점으로, 수익성과 성장성이 좋으면서도 지속 가능한 기업을 찾는 일입니다. 저평가 기업들을 찾는 기준은 무엇일까요? 저자는 4가지 기준을 제시합니다.

1) 주식이 낮은 주가 수익률을 가지고 있는가?
2) 기업이 성장의 기회에서 굉장한 수익을 안겨 줄 만한 특별한 사업 모델을 가지고 있는가? 기업이 안전장치, 즉 해자가 있는가?
3) 기업이 지속될 수 있는가? 경쟁이나 단기 유행, 진부화, 과도한 채무로 인한 리스크가 있는가?
4) 기업의 재무 상태가 안정적이고 계속적으로 예측 가능한가? 아니면 경기를 타거나, 큰 변동성이 있어 불확실한가?

4가지 기준을 포함해 저가주를 매입할 이론적 배경을 쌓은 뒤에는 진짜 기업 중에서 앞으로 잘 나갈 기업들을 찾아보는 실전이 필요합니다. 이때 실전이 될 만한 책이 『불황의 시대, 미국 주식에 답을 찾다』입니다. 이 책을 쓴 '미국 주식에 미치다' 해외통신원 커뮤니티(이하 미주미)는 미국에서 전문직에 종사하며 투자하는 통신원 4명의 힘으로 운영되고 있습니다. 저도 미주미의 팬이었는데, 역시 현지에서 살고 현지에서 투자하는 사람들의 경험과 시각은 정말 다르다는 느낌을 받았습니다.

4명의 통신원은 바이오, IT 인터넷, 마케팅, 항공방위산업의 전문가들입니다. 책은 총 4부로 구성되어 있습니다. 파트 3인 '지금, 미국 주식 고수들이 주목하는 기업들'이 특히 투자의 통찰력을 안겨 줍니다. 파트 4는 개미들이 꼭 알아야 하는 미국의 강점, 미국이 아니면 안 되는 산업(미국이라는 초강대국이 다른 나라의 기업들, 특히 중국 기업들이 들어오지 못하도록 진입장벽을 확실히 세울 수 있는)은 무엇인지 감을 잡을 수 있게 도와줍니다.

저는 미국의 비만 인구 증가 관련 산업에 주목해야 한다는 저자의 주장에 관심이 많이 갔습니다. 웨이트 위처스, 뉴트라시스템, 매니패스트, 파인드바디, 노보 노르디스크 같은 회사들입니다. 저자는 미국과 미국인의 삶을 고려하여 비만 ETF에 분산투자하는 것을 권합니다. 참고로 상위 10종목은 당뇨 관리, 신장 투석 서비스, 휴대용 인슐린 펌프 등 거의 당뇨와 관련된 회사들입니다. 앞으로도 미국인이 계속 비만과 당뇨로 고생하고 중국의 당뇨 인구도 급속도로 증가하면(현재도 1억1천640만 명) 비만 ETF는 더욱더 잘될 것으로 전망됩니다.

클라우드 분야도 미래 먹거리 산업입니다. 클라우드에는 아마존, MS, 세일즈 포스 등의 절대 강자가 있습니다. 클라우드에서 유출될 데이터에 대한 보안과 바이러스에 대한 걱정으로, 틈새시장으로는 클라우드 보안주가 떠오를지도 모릅니다. 사이버 보안 관련 ETF는 꾸준히 오르고 있습니다. 나스닥에도 BVP라고 불리는 클라우드 ETF가 있습니다. 2013년 8월 이후 2019년 말까지 무려 492%가 올랐는데, 나스닥이 127%, S&P500 지수가 81%, 다우존스가 80%인 걸 고려하면 엄청난 성장이죠. 이 글을 쓴 'Bull of Bear'는 불경기에 접어든 미국의 기업들이 필사적으로 돈을 아끼려 할 것이고, 그렇기에 자체적으로 소프트웨어 팀을 만들어 서버를 두는 식으로 투자할 여력은 없다고 봅니다. 서버를 사고 직원을 뽑는 방식보다 외주를 주는 게 훨씬 더 싸게 먹힌다고 판단합니다.

지금은 사기라는 주장과 함께 주가가 폭락했지만 니콜라가 단 하루에 40% 가까이 폭등했던 이유도 미국에서 살아본 사람이면 충분히 이해할 수 있습니다. 니콜라는 GM과 수소 트럭을 만든다는 보도가 있고 나서 주가가 폭등했습니다. 우리는 미국 하면 승용차, SUV로 불리는 스포츠 유틸리티 자동차가 대세일 줄 알지만 2019년 한 해만 해도 가장 많이 팔린 차는 픽업트럭이었습니다. 1위부터 3위까지가 다 픽업트럭이었죠. 4위가 도요타의 SUV입니다. 자연환경이 험하고 배달비가 비싸 스스로 운전해 쇼핑하려는 미국의 시골 사정상 픽업트럭이 딱입니다. '왜 실체도 없는 니콜라의 주가가 올라갈까?' 우리의 눈높이에서 미국 자동차 업계의 주가가 전혀 이해가 되지 않는 이유는 이런 사정과 무관하지 않습니다.

이 책을 읽는 또 한 가지 재미는 이 책이 1년 전에 나온 것이라 1년이 지난 지금 해당 기업들의 주가가 정말 올랐는지 확인해 볼 수 있다는 점입니다. 쇼피파이는 국내에서는 생소한 이름인데 미국에서는 손쉬운 클릭으로 온라인 쇼핑몰을 만들어 주는 쇼핑몰 솔루션으로 알려져 있습니다. 따로 웹디자이너를 구하지 않고도 손쉽게 온라인 쇼핑몰을 만들 수 있죠. 월 100달러도 안 되는 서비스로 쇼

평몰을 운용할 수 있다는 이야기입니다. 미국은 아마존이 전자상거래를 독점하다시피 하지만 아직은 오프라인 시장이 90% 가까이 됩니다. 지금의 아마존은 온라인 상거래 시장에서 43%를 차지하지만 전체 온라인 시장이 커지면서 더욱 성장할 가능성이 있습니다. 이에 따라 아마존에 들어갈 쇼핑몰을 예쁘게 꾸며 주는 쇼피파이의 성장세도 가팔라질 것으로 예상합니다. 쇼피파이의 주가는 400달러 선에서 2020년 9월 나스닥 폭락이 진행되는 와중에도 900달러를 훨씬 넘어 1,000달러 선에서 오르락내리락하고 있습니다.

책에 소개된 기업들은 1년 뒤 더 성장했지만 중국의 화웨이에 대한 미국 주식 전문가들의 예언은 현실이 되지 않았습니다. Bull of Bear는 기술 신냉전의 시대에서 투자자에게 가장 큰 변수는 미중 갈등이라며 그 표면에는 중국이 자랑하는 5G 최대 네트워크 장비 업체 화웨이에 대한 미국의 규제가 자리하고 있다고 봅니다. 한 가지 사실은 반도체가 약한 중국이 그동안 대만의 TSMC로부터 안정적인 반도체 지원을 받다가 미국의 규제로 어려운 처지에 빠져 버렸다는 것입니다. 저자는 정치적으로는 미국이고 먹고사는 문제인 경제는 중국과 가까운 대만이 어쩔 수 없이 중립을 택할 수밖에 없다고 추측했는데 1년이 지난 지금 대만과 TSMC는 확실히 반중을 택해 미국의 손을 들었습니다.

코로나와 홍콩에 대한 탄압 등으로 중국의 이미지는 갈수록 나빠지면서 상황이 불리해지고 있습니다. 왕이 장관의 2020년 9월 유럽 순방 중에도 중국은 유럽의 단 한 나라(노르웨이)로부터 중립을 택하겠다는 의지를 확인했을 뿐입니다.

피터 린치는 10배로 성장할 기업을 찾아 투자하라는 10루타 원칙을 제시했지만 어떤 사람들은 10배에 만족하지 않고 100배로 투자 수입을 올리겠다는 마음도 갖고 있습니다. 이런 마인드라면 아마존, 애플, 테슬라, 버크셔해서웨이(한 주에 무려 31만 달러, 3억 6,000만 원입니다.)처럼 이미 너무 주가가 높아 구조적으로 큰돈을 벌 수 없는 투자는 하기 싫죠. 주식으로 큰돈을 벌고 싶은 투자자들은 크리스토퍼 메이어의 『100배 주식』을 꼭 읽어 보기 바랍니다.

100배 주식이 되려면 14%로 성장할 때 35년이 걸립니다. 36%로 성장하면 15년이 걸리죠. 책에 소개된 트랙터 서플라이는 연 23% 증가해 12년 만에 100배 기업으로 성장했습니다. 몬스터 베버리지(『빅 머니 씽크 스몰』에도 나오는 한센내추럴의 그 회사입니다.)는 10년 만에 100배 주식이 되었습니다. 연평균 50%씩 성장한 결과죠. 우리에게 널리 알려진 기업도 있습니다. 심즈로 유명한 비디오 게임업체 EA는 14년 만에 100배 주식이 되었습니다. 그런데 양상은 다릅니다. 어떤 기업들은 어려운 시기 없이 100배로 무사히 성장하는가 하면 수년간 움직임이 없거나 하락했지만 마침내 100배 주식이 된 사례도 많습니다. 결국 업종을 철저하게 공부해 100배로 성장할 기업을 찾은 뒤 느긋하게 기다리는 게 부자가 되는 빠른 방법입니다.

그런데 이런 반론도 있습니다. 1958년 S&P상장 기업의 평균 수명은 61년이었으나 요즘에는 20년 정도로 줄어들었습니다. 20년씩

기다리다가 망해 버리면 주식은 휴짓조각이 되는 것 아니냐는 질문이죠. 그는 이때 넷플릭스를 예로 듭니다. 넷플릭스 역시 100배 기업으로 2002년 이후에만 60배 성장했지만, 하루에 주가가 25% 하락한 날이 4번이나 있었고, 최악으로는 하루에 41% 하락한 적도 있습니다. 그리고 4개월 동안 80% 하락한 적도 있었습니다. 100배 기업은 하루아침에 망하지 않고 망할 듯 망할 듯 휘청대다가 결국은 올라간다는 이야기죠. 그는 이렇게 말합니다.

"좋은 주식을 꿰뚫어 보는 통찰력, 그것을 살 수 있는 용기, 그것을 쥐고 있을 수 있는 인내심이 있어야 한다. 그중에서 가장 중요한 것은 인내력이다."

그의 말대로 100배 주식에 투자한다는 것은 바닥에 굳건히 서서 버티는 전략입니다. 메이어는 100배 기업은 소유자가 경영자인 확률이 높다고 합니다. 애플의 스티브 잡스, 아마존의 제프 베조스, 월마트의 샘 월튼, MS의 빌 게이츠, 버크셔 해서웨이의 워런 버핏 등 셀 수 없이 많죠. CEO가 소유자일수록 투자자들은 확신을 얻기 쉽습니다. 그는 부유지수를 100배 기업의 조건으로 제시합니다. 5분의 1의 법칙입니다. 5억 달러 이상의 자산과 1억 달러를 초과하는 경영자 지분을 가진 기업 중에 100배 기업이 많다는 거죠.

그가 소유자-CEO 조합을 선호하는 이유는 2가지가 더 있습니다. 소유자가 경영해야 기회를 포착하는 데 더 집중할 수 있고 세금을 좀 더 효율적으로 다루기 때문입니다. CEO가 자신의 재산을 자신의 사업에 더 많이 걸고 있다는 뜻은 그만큼 확실성(돈 버는 데)이 있으면서 신중할 수 있다는 이야기죠. 단순한 투자자가 아니라 동업자가 되기 때문입니다.

또 한 가지 100배 주식을 찾을 때는 최고의 아이디어가 담긴 소수의 종목에 투자하는 것이 더 낫다는 케인스의 말을 인용합니다. 버핏과 그레이엄이 그랬듯이 보유 주식의 종목 수를 늘려 최고 종목을 희석하는 일은 피해야 합니다. 『아이디어 불패의 법칙』을 쓴 구글의 최고 혁신 전문가 알베르트 사보이아의 말처럼 돈 벌 사업은 이미 아이디어 단계에서 '된다, 안 된다'가 결정됩니다. 되는 아이템이 있고, 믿을 만하며, 능력 있는 CEO가 있는 기업에 집중 투자하는 것이 100배 주식을 발견하는 좋은 방법입니다.

당연한 말이지만, 100배 주식은 이미 성장한 초대형 기업에서 탄생할 수는 없습니다. 지금 애플 주식이 총 2조 달러인데 여기서 100배가 올라 200조 달러가 된다는 말이므로 이는 비현실적입니다. 시가총액, 매출액이 낮은 기업에서 찾아봐야 합니다. 메이어는 100배 성장한 기업 365개를 연구했는데, 그 기업들의 평균 매출액은 1,700만 달러였습니다. 인플레이션을 고려할 때 저자는 시가총액이 10억 달러 이하인 회사에 집중하라고 이야기합니다.

어떤 기업에 투자해야 100배 수익을 올릴 수 있을까요? 저자의 답은 이와 같습니다.

"자본수익률이 20퍼센트가 넘는 주식을 사라."

홍기빈 칼 폴라니 연구소장은 이 길 위에서 지금까지의 탐욕과는 손을 뗀
포스트 코로나 문명을 만들어 내지 않으면 인류는 붕괴할 것이라고 경고합니다.

코로나 이후,
인류의 미래

OPENING THE DOOR TO GETTING RICH

OPENING THE DOOR
TO GETTING RICH

코로나 바이러스는 인류의 모든 것을 바꿔 놓고 있습니다. 코로나 이후에 미국과 중국은 계속 싸울까요? 아니면 잠시 휴전할까요? 바이러스는 구체적으로 한국 사회를 어떻게 바꿔 놓을까요? 일부의 주장대로 바이러스는 세계화를 밀어붙이는 신자유주의 자본주의를 끝장낼 수 있을까요? 코로나로 인한 위기가 기회가 될 수 있다는데, 돈 벌고 싶은 나는 어디에 투자해야 할까요? 세계 최고의 경제학자 폴 크루그먼은 코로나 사태 이후 왜 모두가 망할 거라는 일본 경제로부터 배우자고 했을까요? 마지막으로 우리가 세계 최고로 올라설 수 있는 엔터테인먼트 분야 산업의 잠재력과 경쟁력을 살펴봅니다.

코로나 이후
격심해질 미·중 갈등

코로나 바이러스로 뜬 소설가가 있습니다. 바로 딘 쿤츠입니다. 코로나가 발생하기 전에 국내에서 딘 쿤츠라는 작가는 극소수 장르 소설 마니아 아니면 거의 아는 사람이 없었죠. 미국에서 스릴러와 SF를 넘나들면서 숱한 베스트셀러를 출간했는데도 국내에서는 스티븐 킹은 알아도 딘 쿤츠는 모르는 이가 다수였습니다. 그런데 1981년에 쓴 『어둠의 눈』이 39년이나 지나 국내에 출간되었는데 많은 관심을 받았습니다. 이 책이 주목받은 것은 다름 아닌 코로나 바이러스 때문인데 우한발 코로나 바이러스를 39년 전에 예측했다고 알려져 있습니다.

소설 플롯은 흥미진진합니다. 아들을 사고로 잃은 여성이 자기 아들이 죽지 않았으리라는 예감(예감이 아닌 텔레파시임이 나중에 드러나죠.)을 갖고 변호사와 함께 아들의 무덤을 파헤쳐 보려고 합니다. 변호사는 마침 사랑하는 아내를 암으로 잃은 상태였고, 이 때문인지 두 사람(여주인공도 폭력적인 남편과 이혼했습니다.)은 만남과 동시에 스파크가 튀죠. 두 사람은 아들의 무덤을 파헤치려는 시도를 방해하는 집단의 공격으로부터 자신들을 방어해 가며 아들의 죽음을 둘러싼 엄청난 음모가 존재한다는 사실을 발견합니다.

코로나 바이러스와 관련된 내용을 기대하면서 읽다 보면 400페이지가 넘어갈 때까지 답답할 수 있습니다. 한참이 지나서야 음모의 배후에 중국이 있음이 밝혀집니다. 1981년도면 중국의 국력이 미국은 물론 소련보다 한참 뒤지던 시점이고 마오쩌둥 이후에 덩샤오핑이 본격적인 개방을 시도하던 시절인데, 그 당시 중국이 치사율 100%의 바이러스를 인공적으로 만들 것이라는 상상을 어떻게 할 수 있었는지 놀랍기 그지없습니다. 당시 중국은, 미국은 물론 일본에게도 고개를 숙이면서 한 수 가르쳐 달라고 부탁하던 시절이었죠. 당연히 미국에서는 반중 감정이란 말 자체가 없었던 시절입니다. 이 책에 나오는 바이러스 이름은 놀랍게도 우한이 들어간 '우한 400'입니다. 당시 중국 연구진이 400번째로 개발한 독자생존이 가능한 종이라는 뜻이었죠. 바이러스는 인수공통전염병인 코로나와 달리 오직 인간에게만 감염되며, 매독균처럼 인간의 몸을 벗어나면 1분 이상 생존할 수 없습니다. 그리고 숙주가 죽어서 체온이 30도 이하로 내려가면 자동 소멸하도록 프로그래밍되어 있죠. 잠복기가 14일인 코로나에 비해, 저자는 4시간이라는 말도 안 되는 짧은 시간을 상상해 냈습니다. 치사율이 100%인데, 바이러스는 뇌 간으로 이동한 다음 독소를 분비해서 뇌 조직을 먹어 치웁니다. 호 흡기에 이상이 오는 게 아니라 뇌 기능이 멈춰서 호흡기가 정지한 다는 차이가 있습니다. 그는 모두가 핵무기의 공포에 빠져 있을 때 머지않아 발생할지도 모를 생화학 무기의 가능성을 소설적 상상력 으로 그려낸 것입니다.

그런데 이 소설이 39년 만에 한국은 물론 미국에서도 주목받는 데에는 나름의 음모론이 있습니다. 상당수 미국인(제 생각에는 트럼프 대통령도 그렇게 의심하는 사람 중 한 명인 듯합니다.)들이 코로나 바이러스 를 누군가(99.99%의 확률로 중국 정부를 의심)가 인위적으로 만든 바이 러스라고 생각하고 있고, 이런 음모론이 퍼지는 데 이 소설도 크게 기여했다는 주장이죠. 23만 명이라는 숫자(이 숫자는 베트남 전쟁 사망 자 수와 태평양 전쟁에서 사망한 미군을 합친 숫자보다 많습니다.)의 떼죽음에 아무 대응도 못 한 트럼프는 연일 중국을 비난하고 있습니다. 반중 국을 외치는 트럼프 대통령을 낙선시키기 위해 중국 정부가 코로나 바이러스를 준비했다는 식으로 음모론을 확산시키는 것이지요. 음 모론이 으레 그렇듯 증거는 없습니다. 이 주장은 괴담 수준에 머물 고 있음을 미국의 언론도 지적합니다.

제 생각에 저자가 우한을 배경으로 설정한 이유는 국공내전과 항 일전쟁 당시 중국 공산당의 근거지가 우한이었기 때문이 아니었을 까 싶네요. 소설에서는 중국 정부가 왜 우한에 DNA 재조합 연구소 를 설립했는지는 설명되어 있지 않습니다.

코로나 바이러스로 중국이 얻은 것은 무엇이고 잃은 것은 무엇일까요? 혹자는 코로나 바이러스 덕분에 중국이 제3차 세계대전에서 총 한 방 쏘지 않고 미국을 이겼다고 주장합니다. 그러나 코로나 바이러스와 세계대전은 성격이 분명 다를 뿐만 아니라 아직 상황이 끝나지 않았으므로 섣부른 판단이라는 생각이 듭니다. 또 한 가지는 중국이 코로나 바이러스 발생국임에도 불구하고 사망자 수가 미국이나 유럽보다 현저히 적다고 말합니다. 사람들은 그 이유가 중국이 공산주의 국가로 고도로 통제된 사회여서 그렇다고 말들을 하지요. 여기서 중국이 잃은 것, 중국의 손실이 나오는데요, 그것은 바로 중국이 권위주의 국가를 넘어서 '빅브라더' 국가로 치닫는 중이라는 인식입니다. 특히 서구 선진 국가 국민들의 생각이 더욱더 부정적으로 바뀐 것은 큰 손실입니다. 미국을 제치고 세계를 제패하는 중국몽을 실현하려면 세계인의 민심을 얻을 필요가 있는데, 중국은 과거 소련보다 더 부정적인 인상을 주어 시진핑에게도 적잖은 부담이 될 듯합니다.

그런데 저는 이런 의문이 들었습니다. 중국이 코로나에 잘 대응한 이유가 사회적 통제 때문만일까 하는 것입니다. 『언컨택트』의 저자 김용섭은 말합니다. "인구가 미국이나 EU보다 몇 배나 많은 중국이 단기간에 전염병을 통제한 원동력에는 QR 코드와 안면 인식 기술 그리고 여기에 한 가지 덧붙이면 드론 기술이 있었다."라고요. 예를 들어 중국의 랴오닝성 선양시(인구 830만)에서는 코로나19 대응 차원에서 2월부터 대중교통 실명제를 시행했습니다. 버스를 탈 때 휴대폰으로 스캔을 하면 이름과 연락처를 포함한 정보가 수집되어 동선이 파악됩니다. 확진자와 의심환자의 이동 경로와 현황 분석의 정확도를 그만큼 높일 수 있죠. 중국은 대중교통뿐 아니라 자동차도 통제했습니다. 광동성 선전시에서는 드론에 QR 코드가 새겨진 플래카드를 매달아 도로의 요금소 상공에 띄웠습니다. 운전자는 요금소에서 QR 코드를 스캔해야 하며 그 과정에서 차량 탑승자의 이동 경로를 파악할 수 있었죠. 또 중국은 재래시장에서도 QR 코드를 사용해 확진자나 의심 환자들의 출입을 막았습니다. 공안에게는 스마트 헬멧을 지급해 사람들의 체온을 자동으로 감지해 37.5도 이상의 고열이 나는 경우 경고음을 내게 했습니다.

안면 인식 기술과 드론 기술은 콜라보를 이뤄 공중에서 마스크를 착용하지 않은 사람을 식별해 경고합니다. 중국은 안면 인식 기술에서 세계 최고인데, 그 이유는 센스타임이라는 회사의 식별 기술 덕분입니다. 99%의 정확도로 마스크를 쓴 사람의 신원을 파악할 수 있다고 합니다. 저자에 따르면 세계 1~5위까지 안면 인식 기술 업체가 모두 중국 기업이라고 합니다.

이쯤 되면 조지 오웰이 예견한 『1984』의 빅브라더는 냉전 당시 소련이 아니라 지금 현재의 중국인 듯합니다. 빅브라더 기술은 군사력뿐 아니라 사회 통제의 기술이 뒷받침되어야 하는데 당시 소련은 KGB라는 조직만 있었을 뿐 기술적 뒷받침은 없었습니다. 그런데 중국은 기술로 냉전 당시 소련보다 몇 배나 더 심하게 국민을 감시하고 통제하는 사회로 변했습니다. 저자는 "언컨택트 사회는 비대면이지만 오히려 더 촘촘한 감시와 통제가 가능할 수 있다."라고 말하며 사람이 사람을 통제하는 시대는 끝났다고 말합니다. 책에 실린 대부분 사례들이 구글링을 통해서 확인할 수 있는 내용이지만 나름의 통찰력이 엿보입니다.

11월 3일 미 대선 결과는 중국 정부로서도 초미의 관심사일 수밖에 없습니다. 중국은 겉으로는 바이든이 미국의 대통령이 되기를 지지하는 것 같습니다. 그런데 바이든이야말로 트럼프보다 더한 반중국주의자일 수도 있습니다. 그는 오바마 정부 때부터 오바마를 움직여 노골적으로 중국을 경계하게 한 장본인이라는 주장도 있습니다. 오바마가 중국을 배제한 국제 공급망, 환태평양경제동반자협정TPP에 매달렸던 것도 힐러리 클린턴과 바이든이 끝없이 부추겼기 때문이라는 거죠. 바이든이 집권한 미국은 아마도 중국을 제외한 다른 나라와 협력해 중국은 트럼프 때보다 더 불리해질 수 있다는 전망도 있습니다. 분명한 사실은 가뜩이나 사이가 좋지 않은 미국과 중국 간의 관계가 코로나 이후에 더욱더 나빠질 가능성이 커졌다는 것입니다. 우리도 중국과 미국 사이에서 그만큼 힘들어지겠죠.

바이러스가
한국을 어떻게 바꿀까?

코로나 이후 달라진 어쩌면 계속 이어질 3가지 변화의 상징이 있습니다. 바로 마스크, 재택근무 그리고 원격수업입니다. 전 국민이 마스크를 항시 쓰는 문화는 코로나19 백신과 치료제가 나오더라도 당분간 지속될 것으로 보입니다. 서울대 아시아연구소 김재형 연구원은 『마스크가 말해 주는 것들』이란 책에서 "불확실성 시대에 개인적인 물건이었던 마스크는 개인의 권리이자 국가의 책임이 되었다."면서 "마스크에 공공성이 부여되는 과정은 시장의 실패와 이를 해결하기 위한 공공성의 중요한 사례"라고 말합니다. 또 그는 한국이 상대적으로 취약한 사회적 거리두기에도 불구하고 방역에 성공할 수 있었던 것에는 철저한 추적과 광범위한 검사 그리고 적극적인 치료 외에 전 국민이 마스크 쓰기에 동참했던 현상도 한몫했다고 말합니다.

재택근무 이야기는 다음 단계에서 나누고 원격수업에 대한 이야기를 하자면 2021년 대학 신입생들이 반수생으로 돌아가는 경우가 늘어날 것 같습니다. 원격수업에 대한 준비 부족으로 강의의 질이 떨어지기 때문이고, 집에서 인터넷 강의로 수업을 들으면서 시간이 많이 남아 다시 수능에 대비할 수 있기 때문입니다.

그런데 이런 생각이 듭니다. 고등학생 중에 학문에 뜻이 있는 소수의 학생을 제외하면 대다수는 대학 졸업장 때문에 대학에 다니는 현실인데요. 이미 진행되고 있는 4차 산업혁명과 앞으로 더욱 심화할 언택트 경제에서 대학 산업은 어떤 미래를 맞이할까요? 얼마 전에 미국의 애플은 입사 시험에서 대학 지원자에 대한 그 어떤 이점도 주지 않는 것으로 입사 정책을 바꿨습니다. 팀 쿡이 시도한 혁신 중에 하나죠. 그 결과 미국 법인 신규 직원 절반 정도가 대학을 나오지 않았습니다. 애플 외에 구글, 넷플릭스, IBM 등의 IT 기업들은 물론, 뱅크오브아메리카 같은 금융 회사도 대학 학위를 요구하지 않습니다. 학위를 요구하지 않는 대학은 점점 더 늘어나고 이에 따라 대학 교육 무용론도 고개를 들고 있습니다. 대학을 나온 직원이나 고등학교를 나온 직원이나 기업들은 똑같은 정도로 재교육해야 한다는 게 그 이유죠.

또 한 가지 대학의 위기는 기업이 대학의 기능을 흡수하는 데서 발생합니다. 아마존은 지난해부터 해마다 2만 명의 직원들을 재훈련하는 사내 대학을 신설했습니다. 직원들이 좀 더 보수가 많은 자리로 이동할 수 있도록 능력을 개발하는 것을 목표로 합니다. 예를 들면 물류센터에서 일하는 시간제 직원이 머신러닝 대학을 이수해, 딥러닝 개발자로 이동할 수 있습니다. 국내에서도 일부 기업들이 사내 대학을 시도하고 있습니다. 굳이 대학을 나오지 않아도 일하면서 더 좋은 교육의 기회를 얻을 수 있는 세상이 온 거죠.

시진핑 주석이 "요즘은 지식의 회전이 너무 빨라 대학 교육에서 축적한 지식만으로 세상을 살 수 없다. 따라서 평생 공부하지 않으면 살아남을 수 없다."라고 말한 적이 있습니다. 좋은 대학 졸업장으로 취업 시장은 물론 결혼 시장에서까지 승승장구하던 세상은 조만간 사라질 것입니다. 최근 들어 고3 학생 중에 수능을 포기하고 9급 공무원 시험을 준비하는 학생들이 늘고 있다는 기사를 보았는데, 앞으로 점점 더 늘어나리라 예상됩니다. 입학한 대학에 만족하지 못해 혹은 더 평판이 좋은 대학으로 옮기려고 한 번 더 입시에 도전하는 반수생들의 풍경도 아마 앞으로는 사라지겠지요. 스카이로 시작되는 학벌 사회가 지배했던 지난 70년 간의 한국을 코로나가 완전히 뒤집을 수 있을지 지켜보는 것도 또 하나의 재미입니다.

의료, 외교, 교육, 사회, 정치, 경제 등 7명의 분야별 전문가들이 모여 쓴 『포스트 코로나』도 꼭 읽어 볼 책입니다. 이 책은 한국 사회에서 진행되는 전반적인 삶의 온라인화가 여러 파생 문제를 만들어 낼 것으로 예측합니다. 오프라인 소통에 익숙한 50대 이상의 세대와 온라인이 더 친숙한 그 이하 세대 간의 갈등입니다. 정보화의 격차는 수입 격차로 이어지며 가뜩이나 자영업 시장에 몰려 힘들어지는 50대 이상의 세대를 더욱더 힘들게 만들 것이라고 내다보고 있습니다.

또 한 가지 문제점은 디지털 사회에서는 자신의 모든 흔적이 기록으로 남을 수 있다는 사실입니다. 삶의 디지털화가 진행될수록 자신의 의지와 무관하게 자기의 삶이 투명하게 사회에 드러납니다. 앞으로 AI 기술이 발달하면서 AI가 결합된 지능형 CCTV(지금도 1,000만 대가 넘습니다.)가 등장하면 범죄는 더욱더 예방할 수 있겠지만 사생활 침해 소지도 그만큼 커집니다. 우리는 코로나 이후에 어쩌면 미국보다는 중국에 가까운 사회로 변화하지 않을까 하는 생각이 듭니다.

의료계에서는 어떤 변화가 예상될까요. 책은 우선 백신과 치료제의 가능성에 주목합니다. 7월 말 기준으로 전 세계에서 175개의 코로나19 백신을 개발 중인데, 이 중 임상 3상에 진입한 것이 5개입니다. 미국 기업 모더나와 화이자, 영국의 아스트라제네카, 중국 시노팜과 시노백이 개발 중입니다. 러시아는 임상 3상을 진행하지 않은 상태에서 2020년 가을 백신을 공급하겠다고 밝힌 상태입니다. 푸틴 대통령이 자신의 두 딸 중 한 명에게 맞혔다고 할 정도로 국가적 자부심이 대단합니다.

주요 국가들은 제약사들과 백신 공급 계약 경쟁도 벌이고 있습니다. 미국은 사노피와 6억 회분, 화이자와 6억 회분, 아스트라제네카와 3억 회분 등 총 15억 회분, 52억 달러어치를 확보한 것으로 알려졌습니다. 대통령 선거전에 트럼프는 어떤 식으로든 이 보따리를 풀려고 했지만 실패했습니다. 영국은 이들 기업과 1억 9,000만 회분, 유럽연합은 7억 회분, 일본은 화이자와 1억 2,000만 회분을 확보했습니다. 브라질은 1억 회분 계약을 맺었으며, 중국과 러시아는 자국에서 개발한 백신을 우선 사용할 것으로 보입니다.

그런데 백신보다 더 급한 게 치료제입니다. 안타깝게도, 코로나만을 위해 개발된 치료제는 아직 없습니다. 에볼라 치료제인 '렘데시비르'가 가장 많이 쓰이고 있으며 HIV 치료제인 칼레트라도 많이 쓰입니다. 항바이러스 치료제인 인터페론도 효과가 있는 듯합니다. 이외에도 말라리아 치료제(하이드로시클로로킨), 항암제(아바스틴), 독감치료제(아비돌, 타미플루), 신종플루 치료제(아비칸) 등을 섞어 쓰고 있으며 심지어 발기부전 치료제인 비아그라까지 쓰는 경우도 있습니다.

코로나 바이러스와의 싸움에 인생과 전 재산을 투자한 빌 게이츠는 2020년 말이면 치사율을 지금보다 95% 정도 낮출 수 있는 치료제 개발이 이루어질 것이라고 낙관적으로 말하기도 했습니다. 그러나 언제든 변종이 나올 수 있고 코로나보다 전염성이 더 높으며 치사율도 높은 새로운 바이러스의 등장도 예상되는 상황입니다. 그래서 이 책의 저자들은 감염 전문병원 설립을 강조합니다. 일정 병상을 항시 확보해 두고 인력도 항상 준비되어 있어야 합니다.

바이러스가
자본주의를 무너뜨릴 수 있을까?

    한국은 코로나 확진자 수도 전 세계적으로 아주 낮고 무엇보다 사망률이 현격히 낮습니다. 정부가 잘 대처하고 국내 의료 기술이 워낙 뛰어나기에 이룬 성과입니다. 그러나 지금처럼 세계화된 현실에서 코로나처럼 빠른 속도로 감염되는 바이러스가 존재하는 한 어느 특정 국가가 잘 대처한다고 해서 문제가 해결되지는 않습니다.

    많은 전문가가 이번 일로 전 세계에서 진행되는 자본주의, 특히 경쟁을 강조하는 신자유주의는 종말을 맞을 거라 예측합니다. 대한민국 대표 석학 6인이 신인류의 미래를 밝힌다는 취지로 쓴 『코로나 사피엔스』는 이런 입장에 있는 진보 지식인들이 다수 참여했습니다. 앞에서도 살펴본 칼 폴라니 연구소장 홍기빈과 JTBC 〈차이나는 클라쓰〉로 스타가 된 인문학자 김누리 중앙대 독문학과 교수,

『사다리 걷어차기』 등의 책으로 불평등한 세계 경제의 문제점을 지적한 장하준 케임브리지대학 경제학과 교수 등은 코로나가 세계와 도시화, 자본화로 상징되는 21세기 세계 질서를 완전히 바꿀 강력한 자극제가 될 것이라고 말합니다.

진보 생태학자 최재천 이화여대 석좌교수는 "역사상 전례 없는 인류의 자연 침범, 그리고 바이러스에게 역대 최고의 전성기를 제공하는 공장식 축산과 인구 밀집, 지구 온난화, 이 모든 것은 인간이 만들어 냈다."라고 말하며 코로나 바이러스의 위기를 인류가 자초했다고 주장합니다. 그는 인류가 지금까지 살아온 방식을 성찰하고 자연과 공존하며, 기후 변화를 줄이기 위해 노력하는 행동 백신과 생태 백신 없이는 어떤 방역체계와 화학 백신도 바이러스 팬데믹의 재발을 근본적으로 막을 수는 없다고 주장합니다. 그는 인류 전체를 비판했지만 정확한 속내는 인간의 탐욕이 자연을 착취하는 실상에 대한 고발이었습니다.

장하준 교수는 비판의 강도를 더합니다. 그는 무한 이윤 추구와 성장이라는 수단이 모든 국민을 잘살게 하자는 목표를 압도하는 주객전도의 상황으로 현 경제 체제를 묘사합니다. 어떤 경제 체제도 인간의 생명, 복지, 공공성을 뛰어넘을 수 없는데 자본주의는 이 선을 넘었다는 것이죠. 그리고 그는 대안을 분명하게 제시합니다. 시민권에 기반한 보편적 복지국가입니다. 그에 따르면 국민 의료보험이 없는 비효율적 의료복지 시스템의 미국과, 보수 정권과 극우파 등장에 따른 복지 축소와 재정 긴축으로 서비스가 부실화된 유럽 국가들의 코로나19 재앙이 그러한 모순을 여실히 보여 준다고 꼬집습니다.

홍기빈 칼 폴라니 연구소장은 대안을 분명하게 제시합니다. 시장 근본주의의 극복, 포용적이고 효율적인 민주주의의 구축, 약자에 대한 사회적 방역, 욕망에 대한 질서 부여, 인간 서식지의 무한 확대 방지, 도시적 공간 집약화 해소가 그것입니다. 이 길 위에서 지금까지의 탐욕과는 손을 뗀 포스트 코로나 문명을 만들어 내지 않으면 인류는 붕괴할 것이라고 경고합니다.

독일 전문가로, 한국에는 진정한 좌파가 없다고 주장하는 중앙대 독어독문과 김누리 교수는 코로나19가 생각의 틀을 바꾸고 있다고 말합니다. 세계적으로는 미국 헤게모니의 쇠퇴, 국내적으로는 미국화 신화의 종언을 의미한다는 것이지요. 지난 한 세대에 걸쳐 위기 대응의 공공 인프라를 초토화해 온 신자유주의는 더 이상 당연시되지 않을 것이며, 그동안 우리를 지배해 온 생각들은 뒤바뀔 것이라고 자신 있게 말합니다. 자본주의에 비판적인 그는 자본주의를 통제하지 않고 그냥 두면 인간을 잡아먹는 야수 자본주의가 된다고 주장합니다.

한국은 전 세계 최고 수준의 실업, 불평등, 자살률, 노동시간, 산업재해율을 보이는데, 이는 자본주의 야수성이 한국 사회에서 관찰되는 증거라고 말합니다. 또한 자본주의가 생산을 멈추지 않는 한 자연의 파괴는 피할 수가 없고 자연의 훼손은 바이러스의 창궐로 돌아올 수밖에 없다고 말합니다. 스칸디나비아, 독일 같은 사회적 자본주의 경제에서는 생태 파괴 문제가 사회의 지배 담론이 되었는데 우리는 그렇지 못한 현실을 지적합니다. 그러면서 한 권의 책을 권하는데,《뉴욕매거진》의 부편집장이자 칼럼니스트인 데이비드 월러스 웰즈의 책『2050 거주 불능 지구』입니다. 이대로 가다가는 인류가 22세기를 만날 확률은 극히 낮아진다는 것입니다.

『2050 거주 불능 지구』에서 저자는 그동안 우리가 너무 자연을 우화로만 받아들였다고 말합니다. 지금 진행되고 있는 기후 변화의 이상 현상들이 너무나 명백한데도 이를 마치 영화 속에서나 벌어지는 일들이라고 믿기를 거부하는 경향이라는 거죠. 농산물 수확량, 내전, 범죄율, 심지어 가정폭력에까지 이상 기후가 미치는 징후는 너무나 선명합니다. 이렇게 폭염이 계속되고 폭우가 쏟아지는 이상 기후 때문에 사람들은 더 미치고 더 불안해집니다. 그는 이렇게 묻습니다.

"지금 우리가 미래를 낙관할 근거가 있는가?"

인류는 오랜 세월에 걸쳐 자연이라는 거울에 스스로를 투영하고 결과를 지켜보았습니다. 그러나 너무나 아쉬웠던 건 거울에서 교훈을 얻지 못했다는 겁니다. "지금부터 지구 온난화를 생각해 보자." 라고 말하는 건 불가능합니다. 깊이 생각할 시간도 없고 미래도 없다는 아주 음울한 전망을 하고 있습니다. 저자는 숫자로 제시합니다. 지구 온도가 2도 더 오르면 1.5도가 오를 때보다 약 1억 5,000만 명이 더 사망합니다. 0.5도 차이에 수억 명의 목숨이 달려 있습니다. 우리가 이런 극단적이고 비관적인 입장에 관심을 가질 이유가 있을까, 하고 반문하는 이도 있겠지만 바이러스 위기와 그것을 뛰어넘을 기후 변화의 위기 등은 실제로 진행되고 있는 인류의 악재입니다. 인간은 항상 최악을 생각하면서 이를 대비하는 자세를 갖춰야 인간 개인에게도 인류 전체에게도 희망이 생길 수 있습니다.

마지막으로 소개할 비관론자는 유럽 최고의 지적 독설가 슬라보예 지젝입니다. 그는 최근작 『팬데믹 패닉』에서 사람은 죽어도 경제는 죽일 수 없다는 미국 트럼프 대통령의 말에 정면으로 비판합니다. "트럼프는 하나의 세상을 선전하고 있다. 그는 우리가 떼죽음을 감수할 준비만 되어 있다면, 옛날과 똑같은 경제적 번영의 세상이 올 것이라고 말한다. 중국은 국가가 개인을 철저하게 통제하는 또 다른 세상을 팔고 있다."

그는 미국의 경제 지상주의도 비판하며 개인의 자유를 철저하게 억압하는 중국식 통제주의도 거부합니다. 중국이 진정한 사회주의 국가라고 믿지 않습니다. 그는 전작 『공산당 리부트 선언』에서 이렇게 말합니다.

"만약에 칼 마르크스가 다시 태어나 지금 중국에 가본다면 뭐라고 말할까? 아마 이렇게 말할 것이다. 지금 중국이 마르크스 레닌주의가 맞다면 죄송하지만 제가 마르크스주의자가 아니었던 것 같습니다."

중국식의 철저한 상명하달의 통제방식이 아니라면 무엇이 대안일까요. 그는 지금과 같은 자유방임주의적 형태로는 지속될 수 없다고 잘라 말합니다. 지금의 위기는 의료 위기, 경제 위기, 심리적 위기로, 세 위기 모두 자본주의로는 해결이 안된다고 말합니다. 초기의 마르크스로 되돌아가자는 대안을 이야기합니다. 결국은 '재난 자본주의에서 재난 공산주의'로 갈 수밖에 없다고 예언합니다.

"국가가 훨씬 적극적 역할을 떠맡아 마스크, 진단키트, 산소호흡기같이 긴급하게 필요한 물품들의 생산을 조정하고, 호텔들과 다른 휴양지들을 고립시키며, 이번에 실직한 모든 사람에게 최소한의 생존을 보장하는 등의 조치를 수행해야 함은 물론, 이 모든 일을 시장 메커니즘을 버려가며 해야 한다."

그는 바이러스 위기보다 더한 위기가 올 것이라고 웰즈처럼 말합니다. 지금은 연습이고 기후 변화가 진짜 위기라는 거죠. 코로나의 비관론이 정점에 이르렀습니다. 어떻게 살아야 할지, 어떻게 돈을 벌어야 할지에 모두 균형감각이 중요합니다.

그럼 이제 낙관론으로 가볼까요.

위기는 언제든
기회가 될 수 있다

"코로나19로 인해 대한민국은 다시 한 번 세계적으로 드라마틱한 변화를 겪은 국가가 됐다."

K팝, K뷰티에 이어 K방역까지, 전 세계를 휘청거리게 만든 코로나19가 대한민국에 파국만을 몰고 오지는 않았습니다. 바로 거의 완벽에 가까운 대응 때문이었죠. 『코로나 투자 전쟁』은 절망이 아닌 희망을 주는 책입니다. 이 책의 기획자인 삼프로TV의 김프로(김동환 대안금융경제연구소소장)는 "코로나19는 생명의 문제이자, 부와 가난의 문제다. 의료진이 환자들을 살려내는 구체적인 노력을 하듯, 이책도 구체적이고 명징한 대안을 내놓아야 한다."라고 서문에서 밝혔듯 책에 실린 분석과 대안은 외국의 전문가들이 쓴 책보다 선명합니다. 코로나19는 어떤 변화를 몰고 올 것이며 살아남기 위해서는 무엇을 준비하고 투자해야 하는지 우리의 눈높이에 철저하게 맞

춰 쓴 책입니다.

지구본 연구소 소장이자 법무법인 율촌의 전문위원인 최준영은 코로나19로 미국뿐 아니라 전 세계가 중국에 대해서 다시 생각하는 시간이 될 것이라고 말합니다. 중국에 대한 과도한 의존이 얼마나 위험한지를 다시 한 번 알려 주고 있다고 잘라 말합니다. 그는 2020년 하반기부터 글로벌 공급망의 근본적인 변화는 가속화될 것이며 공급망의 다변화 수준을 넘어서 인위적인 조정이 이루어질 것이라고 예상합니다. 미국이 코로나19로 그 많은 피해를 입은 이유 중 하나는 마스크를 비롯해 항생제 등 기본 물품 대부분을 중국에 의존하고 있기 때문이었으며 어떤 대가를 치르더라도 이러한 구조를 변화시킬 것을 다짐할 수밖에 없을 거라고 전망했습니다. 현재 그 예측 그대로 진행되고 있습니다.

그러나 중국에 대해서 부정적인 의견만 있는 것은 아닙니다. 신한금융투자 리서치센터 박석중 팀장은 중국에 대한 투자자들의 염려를 충분히 인정합니다. 하지만 그럼에도 불구하고 중국은 매력적인 시장이라는 거죠. 5G 인프라 구축과 연계 산업, 변화된 소비 패턴과 신서비스 산업, 예방 의학과 디지털 헬스케어 업종은 국적과 종교 이념을 초월해 돈을 벌게 할 캐시카우라고 주장합니다. 코로나 사태를 거치며 중국의 소비 행태가 온라인 중심의 비대면 소비로 빠르게 확산되고 있고 폭증하는 데이터 트래픽 처리를 위한 서버 확충은 필연적이기에 국내 업체들의 약진과 중국 시장 투자자들이 기뻐할 일이 생긴다는 거죠. 중국의 모든 것을 실질적으로 결정하는 시진핑 주석이 강력하게 밀어붙이는 정책이고 중국 정부는 5G 통신망, 데이터센터, 스마트시티 건설을 통해 경기 활성화와 산업구조 고도화를 동시에 추구하며 최고 존엄의 위엄을 지키려고 노력하겠죠. 이 규모가 무려 10~30조 위안(1,700조~3경 1,000조 원)입니다. 이는 중국 GDP의 30%에 육박하는 어마어마한 액수입니다.

중국 시장과 함께 국내 투자자가 관심을 가져야 할 분야는 바로 주식입니다. 애널리스트와 펀드매니저를 거쳐 지금은 전업투자가로 활발하게 저술과 방송 활동을 하는 정채진은 주식 시장이 곤두박질치는 시점(3월)에서 한국 증시는 급반등하리라 전망했습니다. 또한 투자에서 하나의 정답이 있을 수는 없지만 아무리 불황이 예상된다고 하더라도 100% 현금화는 정답이 아니라고 주장합니다. 더불어 그런 이유로 주식을 사야 한다고 말합니다. 불황 때문에 주식 시장이 많이 하락했다는 것은 그만큼 저평가된 기업이 많다는 뜻으로 해석해야 한다는 거죠. 금리가 지금처럼 낮은 상황에서 불황을 맞이하면 경제 전반적으로 신용의 규모가 작으므로 경제의 성장 여력이 그만큼 커질 수밖에 없다고 설명합니다. 적어도 자기 자산의 50% 이상은 주식에 투자해야 하며 설사 경기 확장 국면이 온다고 해도 주식의 비중을 줄여서는 안 된다고 조언합니다. 언제 불황이 다시 올지 모르고 쉽게 현금화할 수 있는 주식이 없다면 바닥 근처라고 생각해도 실제 주식을 매수하기 어렵기 때문입니다. 그의 견해는 낙관적인 사람이 주식 시장에서 살아남는다는 말을 뒷받침합니다. 주식 시장에서 불황 시장은 비교적 짧고 호황은 깁니다. 주식 시장이 쌀 때 좋은 기업에 투자하다 보면 약세장은 지나가기 마련이라는 말입니다.

반면에 부동산 시장의 전망은 어둡습니다. 부동산 전문가인 미래에셋대우 리서치센터 이광수 수석 연구위원은 한국의 부동산 시장이 코로나19 이후 경기 위축 속도에 따라 가격 하락 폭이 커질 가능성이 크다고 전망합니다. 그 이유는 다주택자의 증가 때문입니다. 종부세 대상인 다주택자는 2010년 9만 5,000명에서 2019년 26만 6,000명으로 크게 늘었습니다. 금리 인하와 부동산 상승 기대감 때문에 이렇게 숫자가 불어난 거죠. 그러나 정부의 대출 규제와 더불어 종합부동산세와 양도소득세가 거의 폭탄 수준으로 올라가면서 패닉에 빠진 이들은 부동산 시장의 변동성만 키우는 역할을 맡게 될 거란 이야기입니다. 그는 우리나라 부동산 시장이 2007년의 아일랜드와 비슷하다고 말합니다. 투자 수요 증가로 집값이 급등했고 위기가 오자 투자 수요는 반대로 투매로 이어져 집값 하락의 결정적 이유가 되었던 것처럼 말이죠.

이 책은 코로나 경제 위기가 이전의 위기들과 비교해서 비슷한 점과 다른 점이 무엇인지에 대한 통찰력을 제공합니다. KTB투자증권 김한진 수석 연구위원은 이렇게 말합니다. "역사는 반복된다. 물론 조금씩 다르게 반복된다." 그는 전염병이 장기간 부풀어 오른 부채를 타격하는 동시에 경기가 리세션(후퇴기)에 들어가는 모습은 2008년 서브프라임 사태와 판박이라는 것이죠. 그러나 차이점도 있습니다. 가장 큰 차이는 2008년의 위기가 미국만의 문제였다면, 지금은 그 위험이 지구촌 전체에 퍼져 있다는 사실입니다. 위험 분포도 마찬가지 양상입니다. 2008년에는 특정 부문(부동산과 관련된 파생상품)의 위험이 경제 전체로 번지는 걸 막는 데 초점을 두었다면 지금은 위험이 특정 부문에 쏠려 있지 않고 전반적으로 고르게 분포돼 있습니다.

그는 유망 투자처로 박준영과 정채진처럼 주식을 꼽았지만 금에 관한 관심도 필요하다고 언급합니다. 당분간 금값이 강세가 될 것으로 예상했습니다. 그의 예상대로 금값은 2020년 8월 5일 사상 처음으로 1온스당 2,000달러를 돌파했습니다. 김한진은 미국의 국가 부채 증가와 재정 수지 악화가 동시에 진행되기에 금 가격이 강세일 수밖에 없다고 확신했습니다.

코로나 경제 위기가 2008년과 다른 점에 대해 공동저자인 여의도클라스는 조금 더 심도 있게 분석합니다. 그는 3가지로 차이점을 설명합니다.

2008년은 부동산과 가계대출이 문제였던 반면, 2020년은 기업이 먼저 부실해졌다는 점이죠. 한 도시를 완전 봉쇄한 중국이나 지역 간 이동제한 조치를 실시한 미국, 유럽 등은 기업의 생산과 가계의 소비를 모두 악화시켰습니다. 이에 따라 실업률이 상승할 수밖에 없습니다. 또 한 가지 차이점은 은행이 휘청했던 2008년과 달리 2020년은 은행이 건재하다는 것입니다. 은행은 낮은 금리 때문에 수익성이 나빠지기는 했지만 우리나라는 물론 전 세계 어떤 은행도 망한 곳이 없습니다.

현재까지 제가 피부로 느끼는 위기의 강도는 1998년 IMF보다는 약하고 2008년 금융 위기 때보다는 셉니다. 우리가 맞은 두 번째 큰 위기라는 게 중론입니다. 그러나 투자자의 세계에서 위기는 곧 기회라는 말은 언제나 진리입니다. 그런 점에서 이베스트투자증권 윤지호 리서치센터장의 "숲이 아닌 나무를 봐야 한다."는 주장에 격하게 공감합니다. 그는 "미래로 가는 길은 유형자산이 아닌 무형자산이 주도한다."며 "이제 경제 생태계는 땅도 설비도 아닌 네트워크이고 수확체감이 아닌 수확체증이 지배한다."라고 말합니다. 수확체증이 지배하는 곳은 역동성이 지배하는 곳이죠. 역동성은 변동성과 통합니다. 변동성이 심할수록 좋은 기업에 투자해야 합니다. 국가도 국민도 의무이자 권리입니다. 시간을 자신의 편으로 만드는 투자자만이 생존할 것이라는 그의 말을 곱씹어 볼 때입니다.

코로나19로 다시 주목받는
일본 경제 모델

코로나 바이러스로 경제 경영서 분야가 환영받고 있습니다. 한 치 앞을 내다볼 수 없는 코로나의 확산세에 따라 불확실성이 높아지고 실물 경제가 크게 위축되었기 때문일 겁니다. 그중 폴 크루그먼 등 미국과 유럽의 석학들이 함께 쓴 『코로나 경제 전쟁』을 들 수 있습니다. 일반인의 눈높이에서 쉽게 쓴 경제 책이 아니라 학술지에 실릴 수준의 전문적인 분석과 예측을 모은 책입니다. 크루그먼을 포함해 대다수 전문가들은 2008년 금융 위기와 100년 전에 있었던 스페인 독감의 파괴력을 합쳐 이번 코로나 사태로 세계 경제는 뉴노멀이 도래할 것이라고 입을 모아 말합니다.

이들 중 가장 유명한 크루그먼(노벨상 수상자)은 코로나 이후에도 비슷한 팬데믹이 언제든 유행할 수 있으니 장기적인 대책을 마련해야 한다고 주장합니다. 미국뿐 아니라 전 세계 국가에 보내는 고언입니다. 그는 차기 미국 대통령과 의회가 고정적으로 GDP의 2% 이상을 공적 투자에 사용할 것을 제안합니다. 정부가 부채를 통해 자금을 조달하더라도 이를 갚지 않고 지속적으로 그 비율을 유지해야 한다고 말합니다.

장기 침체의 시대에서 저금리는 피할 수 없는 대세라는 말도 덧붙입니다. 파격적인 통화 정책과 재정 부양책의 조합으로 이 상황에 대응할 수밖에 없다고 합니다. 그는 GDP 대비 부채비율의 위험을 지적하는 일부 전문가들의 주장에 다음과 같은 반론을 제시합니다.

일본은 GDP 대비 부채비율이 200%를 넘었지만 눈에 띄는 위기를 겪고 있지 않다는 점입니다. 또 일본은 부채비율의 상승이라는 대가를 치르고 사실상의 완전고용을 실현하고 있다는 점을 추가로 제시합니다. 일본 정부의 재정 정책에 대단히 비판적이었던 서구의 경제학자(경제학자는 아니지만 짐 로저스 같은 일본 전문가도 여기에 포함되죠.)들은 반성해야 한다고 주장합니다. 그리고 일본은 비판의 대상이 아니라 학습의 대상이 되어야 한다고요. 그의 영구적 경기 부양계획을 도입하면 2055년까지 GDP 대비 부채비율은 겨우 150%까지 높아질 뿐이라는 추정을 또 다른 근거로 듭니다. 35년이 아닌 20년간 2% 공적 투자를 지속해도 부채비율은 100%에서 133%로 올라갈 뿐이라는 것입니다.

결국 국가의 부채가 늘더라도 경기를 부양하고 국민의 고용 상황을 개선하는 게 장기적으로는 더 이익이라는 주장이 크루그먼이 펼치는 논지의 핵심입니다. 끝으로 "매번 나쁜 일이 생길 때마다 허둥지둥 단기적인 조치들을 쏟아내기보다는 지속적이고 생산적인 재정적 경기 부양 프로그램을 가능한 한 빨리 시행하는 게 최선이다."라고 말하며 마무리합니다. 그의 말이 최선이 될지 차선이 될지 차악이 될지는 앞으로의 1년이 말해 주겠지요.

크루그먼은 일본의 저널리스트 오노 가즈모토가 진행한 전 세계 전문가 8인과의 인터뷰 책 『거대한 분기점』에서도 일본 경제에 관심을 보이면서 이렇게 말했습니다. 재정 적자를 감수하고라도 정부가 적극적으로 재정 확대 정책을 펴서 부의 재분배를 이루어야 한다고요.

"분배하기 위한 부는 이미 충분합니다. 세금을 모아서 국민에게 제대로 된 생활수준을 보장하는 데 쓰기만 하면 됩니다. 이 문제는 경제가 아니라 정치적인 문제라고 할 수 있습니다. 지금 우리는 두 갈래로 나뉘는 분기점 앞에 서 있습니다. 한쪽은 과두정치의 길입니다. 다시 말해 적은 수의 부유층이 거대한 부를 공유하는 상태로 향합니다. 그들은 정치를 교묘하게 지배하고 있습니다. 한편에서는 이러한 불균형을 해소하려고 해결 방안도 강구하겠지요. 저는 60~70년대 중산층이었는데 당시 중산층은 저절로 생겨난 게 아닙니다. 1930~1940년대의 정치 활동으로 생겨난 부산물입니다. 우리는 이 길로 나갈 수도 있습니다. 결국은 고용입니다. 일본은 완벽하게 완전고용 상태를 실현했습니다. 이제는 오히려 인플레이션을 높여야 할 필요가 있죠. 지금 상황에서는 '페달 투 더 메달' 이외의 선택지는 없습니다.

그래서 2014년의 4월 소비세 증세 같은 긴축정책을 적극적으로 펼쳐서는 안 됩니다. 다행히 구로다 하루히코 일본은행 총재가 금융 정책을 정상화하고 싶다는 유혹에 빠지지 않아 안심입니다."

『거대한 분기점』의 한국어판에는 일본에 우호적인 서구의 대표적인 경제학자 크루그먼을 정면으로 비판하는 한국 경제학자 최배근 건국대 경제학과 교수의 글이 실려 있습니다. 그는 크루그먼의 일본 경제 찬양론에 대해서 근거가 취약하다고 주장합니다. 일본 경제는 구조적으로 정상화가 불가능할 정도로 악화되었다는 거죠. 명목 GDP는 일본 통화 발행액의 14%에 불과하고 이는 아베노믹스가 실현되기 전보다 18%나 하락한 수치입니다. 수출액도 엔화로는 증가했지만 달러로는 감소했습니다. 주가 상승이 우리보다 더 크게 이루어진 것은 사실이지만 그는 일본 은행의 증권 매입으로 이뤄진 것에 불과하다고 지적합니다.

일본의 가장 큰 문제는 인구 감소에 의한 노동 생산성 저하입니다. 2001~2018년까지 일본의 노동 생산성은 0.97% 증가하는 데 그쳤습니다. 한국은 같은 기간 3.9% 상승했죠. 그는 일본의 창조산업 육성 실패는 우리 사회에 시사하는 바가 크다고 결론을 내립니다. 정부는 미국처럼 플랫폼 경제, 데이터 경제 활성화를 추진하지만 하드웨어에만 치우쳐 있고 지식과 정보를 습득시키는 교육 방식이 AI 시대에 무의미한 방향으로 진행하고 있다는 것입니다. 정시를 늘리고 수능을 강화하는 것이 장기적으로는 국가 경쟁력을 갉아 먹는 주범이라는 이야기죠.

　코로나 이후 우리 사회의 가능성을 키우려면 그는 토머스 프리드
먼의 다음과 같은 주장에 공감해야 한다고 강조합니다.

　"인간을 주목하라."

　일본이 놓쳤고 한국이 놓칠지 모르는 너무나 중요한 경제적 교훈
이 아닐 수 없습니다.

우리의 미래는 IT가 아닌
ET에 있다?

    2020년 9월에는 카카오 게임즈, 2020년 10월에는 BTS의 소속사 빅히트의 단군 이래 가장 성공적인 기업 공개(IPO)가 있었습니다. 카카오 게임즈에는 1,000만 원을 예탁금으로 넣어봐도 2만 원대(2만 4,000원) 주식을 단 한 주도 얻지 못할 정도로 경쟁률이 어마어마했습니다. 무려 58조 원이 몰렸습니다. 20대에서 70대까지 연령도 다양합니다. 그중에서도 40대 이상이 가장 많았습니다. 공모주 청약에 40대와 50대가 많이 달려든 이유가 뭘까요? 모든 주식 투자는 믿음을 갖고 하지만 그중에서도 기업의 공개, 즉 최초 시장에 투자하는 사람들의 심리는 믿음을 넘어 확신이 있을 때 투자한다는 것입니다. 지금도 돈을 벌지만, 앞으로는 더 많은 돈을 벌 것이라는 믿음을 바탕으로 합니다. 20대가 30대가 되어도 그리고 40대가 되어도 그들은 게임을 할 수밖에 없는 이유가 있다는 것을 게임을 하지 않는 40대 이상의 세대도 믿어 의심치 않는 것입니다. 결국 성공적인 투자는 내 마음을 읽는 것보다 남의 마음, 구체적으로는 해당 제품을 소비하는 사람들의 마음을 읽어야 합니다.

기술주와 플랫폼 업체가 주도하는 미국의 나스닥 시장과 달리 우리나라를 대표하는 IT주는 네이버, 카카오를 제외하면 대부분 게임업체가 주를 이룹니다. 한국은 2000년 엔씨소프트가 게임주로 처음 상장한 후 게임업체들이 고속 성장했습니다. 단 한 기업도 무너지지 않았고 시총 1조 기업을 돌파한 숫자만 늘려갔죠. 한국의 IT 전반의 경쟁력은 2000년대 초기에 비해 떨어진 게 분명한데, 왜 게임업체만은 계속 잘 나가고 있을까요? 그 이유는 게임은 일종의 엔터테인먼트(ET) 산업으로, 사람들이 힘들고 고통스러울수록 더 많이 찾기 때문입니다. 특히 코로나로 집에서 많은 시간을 보내야 할 때 젊은 사람들은 TV 대신 게임을 선택하는 경향이 많습니다.

또 한 가지 한국 게임업체들이 성장하는 이유는 시장을 보는 눈과 유연성입니다. 원래 게임은 오락실에서 코인을 집어넣고 하는 아케이드 게임과 집에서 TV와 연결하여 사용하는 비디오 게임 시장이 압도적이었습니다. PC 게임은 시장이 아주 적었고, 모바일 게임은 존재 자체가 없었죠. 국내 기업들은 미국과 일본이 양분하는 아케이드 게임과 비디오 게임 대신 PC 온라인 게임과 모바일 게임에 집중 투자해 시장을 선점했습니다.

우리나라 게임업체들이 앞으로도 잘 나갈까요? 『투자의 태도』를 쓴 곽상준 신한금융투자 본점 영업부 부지점장은 한국 사람은 먹고 마시고 놀고 즐기는 걸 원래 잘하는 민족이라, 엔터테인먼트는 장차 한국을 대표하는 미래 먹거리 산업으로 성장할 수 있다고 전망합니다.

10월에 상장한 BTS 소속사 빅히트가 엔터테인먼트 기업을 넘어 국민 기업으로 성장한 이유도 한국의 미래 먹거리가 엔터테인먼트에 있다는 주장에 힘을 실어 줍니다. 2018년 현대경제연구원에서는 BTS의 경제 효과가 1년에 5조, 2023년까지는 56조 원으로 늘어날 것으로 전망합니다. 2018년 평창 올림픽보다 경제 효과가 더 크다는 분석입니다. 빅히트는 코로나 위기가 엔터테인먼트 산업 전체를 강타한 올 상반기만 해도 2,900억 원을 벌어들였고 영업이익이 30%에 이릅니다. 업계 2위인 YG의 영업이익 3%와 비교하면 너무나 놀라운 수치입니다. 쉽게 말하면 BTS는 단군 이래 한국이 만들어 낸 최고의 문화상품이라 해도 과언이 아닙니다.

BTS를 좋아하는 20대와 30대는 빅히트 사에 아낌없이 투자할 겁니다. 빅히트는 상장을 위해 총 713만 주를 공모했습니다. 제시한 주당 공모가 희망 범위는 10만 5,000원~13만 5,000원으로, 공모 예정 금액은 7,487억 원에서 9,626억 원 사이입니다. 공모가가 13만 5,000원으로 결정되었고 이 액수는 상반기 최대 IPO인 SK바이오팜이나 9월에 사상 최고를 기록했던 카카오 게임즈의 공모가를 4배에서 5배 정도 압도하는 수준입니다. 이에 따라 시가총액은 처음 예상했던 3조 원을 넘어 그 2배인 6조 원에 이를 것으로 추정됩니다.

BTS는 삼성전자 등 국내를 대표하는 기업들이 부족했던 혁신의 힘을 갖고 있습니다. 미국을 대표하는 IT전문지《패스트 컴퍼니》는 BTS의 소속사 빅히트를 가장 혁신적인 기업 4위에 선정하기도 했습니다. 그동안 국내 수출 기업들은 외국이 하는 것을 가장 빨리 따라 해서 2위의 자리에 올라서는 패스트 팔로워 전략을 택했는데 BTS는 누구를 모방해 2위에서 1위로 올라간 게 아니라 처음부터 새로운 무언가를 창조해 1위의 자리에 올라 선 거죠.

　여기서 ET와 IT의 만남을 생각해 볼 만합니다. BTS의 성공에는 IT DNA가 숨어 있다는 주장도 있습니다. 참고로 빅히트 사는 NBA 방송을 송출하는 미국 회사의 기술에 관심을 두고 미국의 빅데이터 전문가들을 집중적으로 영입하고 있습니다.

　BTS의 인기가 한순간에 사그라들 것 같지 않다는 주장은 여러모로 근거가 있습니다. 일단 BTS는 다른 아이돌과 달리 플랫폼을 구축하는 데 성공했습니다. BTS를 좋아하는 사람들이 모여서 사이버 상에서 생활하고 경제 행위를 하는 그들만의 공간을 만든 겁니다. 이런 사례는 없었습니다. 좋아하는 가수의 음원을 다운로드받고 유튜브로 동영상을 감상하는 것이 고작이었습니다. 그런데 BTS는 이를 생활과 연결해 삶의 한 부분으로 스며들게 하는 데 성공했습니다. BTS의 플랫폼은 위버스이며 하루 방문자만 140만 명, 한 달에 올리는 콘텐츠만 1,100만 개입니다. 팬들은 BTS와도 소통하지만 자신들끼리도 소통하면서 시간을 보냅니다. 가상으로 BTS 멤버들과 연애를 즐기기도 하며 법적인 테두리 안에서 자신들의 욕망을 채워

나갑니다.

코로나로 인해 공연 사업이 직격탄을 맞았습니다. 그런데 BTS는 이걸 피해갔습니다. 어떻게 그럴 수 있었을까요? 바로 증강현실 기술을 응용한 온라인 콘서트입니다. BTS의 2019년 웸블리 콘서트에는 14만 명이 몰렸죠. 관람료는 오프라인보다 저렴한 4만 원이지만 코로나가 한창일 때 BTS가 열었던 온라인 콘서트에는 107개국에서 75만 명이 돈을 주고 감상했습니다. 그날 하루 공연 수입만 75억 원이었습니다.

BTS가 애국자라는 사실은 이제 누구도 부인하지 못합니다. 10월에 상장하면서 국내 주식에는 외국인 투자자가 다시 늘어날 가능성이 큽니다. 한때 40%가 넘었던 외국인 투자자가 30%로 줄어들었으나 새로운 20대 외국인 투자자가 BTS 때문에 한국에 들어올 가능성은 충분합니다. 외국인 투자자가 늘어날수록 국부는 늘어납니다.

물론 세상사에는 밝은 면이 있으면 어두운 면도 있기 마련입니다. 가장 큰 위험은 BTS 멤버 중에 무슨 일이 일어나거나 군대 문제를 해결하지 못하는 상황이 생기는 게 대표적입니다. 또 한 가지 리스크는 정말 사람들이 계속해서 BTS를 좋아할까입니다. 주로 20대인 팬들이 30대, 40대, 50대가 되어도 BTS를 좋아하고 BTS를 위해서 돈을 쓸까 하는 문제입니다. 쉽지 않은 질문입니다.

분명한 사실 한 가지는 사람들은, 특히 젊은 세대는 돈이 없습니다. 2018년 기준 20대 미혼남녀의 평균 월급은 237만 원입니다. 코로나로 올해는 더욱더 줄어들 것으로 예측됩니다. 좋은 일자리는 갈수록 줄어들고 가처분소득은 점점 더 줄어들 게 분명한 현실입니다. 그런데 게임을 포함한 엔터테인먼트 산업의 최대 장점은 불황에 오히려 강하다는 사실입니다. 기성세대는 믿지 못하겠지만 20대와 30대 일부는 자신이 아니라 자기가 좋아하는 것을 위해 돈을 씁니다.

그래서 투자로 돈을 벌려는 사람들은 지난 20년간 승승장구해 온 한국의 엔터테인먼트 산업 그리고 그 선봉에 서 있는 BTS가 앞으로도 잘 나갈 수 있을지에 대해 공부할 필요가 있습니다. 요컨대 ET는 IT 기술의 발달과 인간 심리의 변화라는 2가지 키워드에 발맞춰 고도성장이 예상됩니다.

ET 산업의 미래에 대한 통찰을 주는 책이 있습니다. 『감각의 미래』와 『테크 심리학』입니다.

『감각의 미래』는 만만치 않은 지적 깊이와 재미를 주는 책입니다. 총 3부로 구성된 이 책은 1부에서는 인간의 오감이 현재 어느 수준까지 진화해 있고 앞으로는 어떤 방향으로 나아갈지 예측합니다. 2부에서는 오감에 포함되지 않지만 너무나도 중요한 3가지 감각, 시간과 고통, 감정에 대해서 논합니다. 1부와 2부를 통해서 인간이 이 세계를 얼마나 주관적으로 인식하는지 설명한 뒤 마지막으로 3부에서는 가상현실과 증강현실을 양대 축으로 4차 산업혁명이 인간의 인식을 어떻게 그리고 얼마나 유연하게 바꾸어 놓고 있는지를 보여 줍니다.

인간의 감각과 관련해 다양한 관점에서 많은 이야기를 하고 있지만, ET 산업과 관련해서 크게 2가지로 정리해 보면 다음과 같습니다.

1) 고통이 심할수록 엔터 산업은 더 잘될 수 있다.

인간이 느끼는 고통에는 2가지가 있습니다. 하나는 신체적 고통이고 다른 하나는 사회적 고통입니다. ET 산업은 후자와 관련이 있습니다. 우선 고통에 대해서 더 알아보죠.

신체적 고통은 육체적 고통을 뜻하고 사회적 고통은 우리가 흔히 정신적 고통으로 부르는 비육체적 고통을 뜻합니다. 서양에서는 정신적 고통이란 표현보다 사회적 고통이라는 표현을 자연스러워합니다. 이는 고통을 거부에 대한 두려움으로 해석하기 때문입니다. 사회적 동물인 인간은 공동체 혹은 타인들로부터 거부당하는 것을 본질적으로 두려워하고 거부당했을 때 큰 고통을 느끼도록 진화해 왔습니다. 즉 또래 사람들이 다 BTS를 좋아하는데 자신만 싫다고 하면 사회적으로 거부를 당할까 봐 두려워한다는 이야기입니다.

사회적 고통과 신체적 고통 중에 무엇이 인간을 더 괴롭힐까요? 저자는 우리 인간이 신체적 고통보다는 사회적 고통에 더 민감한 존재라고 합니다. 육체적 고통은 시한이 정해져 있지만 사회적·정신적 고통은 언제 끝날지 모르는 불확실성 때문에 더 크고 괴롭다는 게 저자의 주장이죠. 지금 코로나 이후 게임업체가 더 잘나가고 BTS가 빌보드 싱글차트를 석권하는 데에는 불확실한 상황에 처한 인간들이 지닌 사회적 고통이 크게 작용하고 있기 때문입니다. 실제 사람들은 게임을 하고 BTS 플랫폼에 글과 동영상 사진을 올리면서 사회적 고통과 싸워가는 중입니다.

2) 가상현실의 발전은 엔터 산업의 발전을 더욱 몰고 올 것이다.

가상현실의 모토는 몰입입니다. 몰입의 정도는 결국 기술에 달려 있지요. 시각과 청각 외에 후각, 미각 무엇보다도 촉각의 리얼리티가 현재 기술 수준보다는 훨씬 진일보해야 진정한 가상현실이 구현될 수 있습니다. 책에서도 촉각의 현실감을 높이기 위한 노력을 강조합니다. 저자는 "VR의 마지막 퍼즐인 촉각이 맞춰지면 그라운드의 삶과 클라우드의 삶을 분리하기 힘들어질 것"이라고 예측합니다. 가상현실 기술은 게임과 공연 등 엔터테인먼트 산업에 가장 먼저 사용돼 더욱더 많은 사용자가 자신의 지갑을 아낌없이 여는 데 기여할 것입니다. 저자 카라 플라토니는 책의 마지막에서 이렇게 말합니다.

"인간의 한계를 넘어서는 뭔가를 할 수는 없어도 인간의 한계를 넘어서는 뭔가를 경험할 수는 있는 존재가 되고 싶어 하는 것. 이것이야말로 진정으로 인간다운 바람이다. 그렇기에 우리는 계속 우리의 한계를 향해 나아간다."

가상현실 기술이 차별을 줄여 인간의 고통을 줄여 준다는 명분이 있기 때문에 미국과 중국 등 많은 국가가 앞다투어 투자할 것입니다. BTS를 포함해 잘나가는 게임 및 엔터테인먼트 업체들은 이 가상현실 기술을 적극적으로 활용해 음악과 뮤직비디오, 콘서트, 게임, 동영상을 엮어 새로운 유튜브를 만들 겁니다. 사람들은 실제의 삶이 허구라 여기고 엔터테인먼트와 합일된 삶을 진실로 여겨 희망과 삶의 의미를 새롭게 발견해 나갈 것입니다. 인공지능과 빅데이터에 이어 세 번째로 주목받는 4차 산업혁명의 기술인 가상현실은 단언컨대 게임업계와 엔터테인먼트업계, 특히 BTS의 팬들을 즐겁게 할 것이 틀림없습니다.

웨버 주립대학교 컴퓨터과학 초빙교수이며 기술봉사활동센터 공동책임자인 루크 페르난데스 교수와 역사학 교수로 재직 중인 수전 맷 교수가 함께 쓴 『테크 심리학』은 지난 200년 동안 발전한 기술이 인간의 감정에 어떤 영향을 주었는지 밝힌 책입니다.

저자들은 말합니다. "기술의 발전으로 인간의 생활은 더욱 편리해졌지만 더욱 외로워진 것도 사실이다." 저자에 따르면 기술이 발전하기 전에도 인간은 외로웠습니다. 그 외로움을 위해 인간은 신을 발명했죠. 19세기 종교 서적들은 하나님을 고독의 구원자로 묘사했습니다. 고독은 신의 창조 질서라고 말하기도 했죠. 문제는 신이 외로움이라는 징벌을 주면서 해결책을 주지 않았다는 점입니다. 사람들은 같은 공간에서 신을 믿으며 외로움을 이겨내려 했죠. 40대 이상의 연령층에서는 종교가 인간의 외로움을 극복하는 데 이처럼 큰 역할을 했다면 30대 이하 세대에게는 종교가 그 영향력을 잃었습니다. 바로 그 빈자리를 게임과 BTS 같은 연예인들이 차지하고 있지요.

저자는 미국인들은 고독에 대해 걱정하고, 이리저리 따지며 분석하는 태도 때문에 홀로 있는 시간을 못 견디는 성격이 되었다며 "신기술과 심리학은 그것을 긍정적인 경험, '즐거운 고독'으로 바꿀 수 있다."고 말합니다. 신기술과 심리학이 손을 잡아 엔터테인먼트에서 사람들의 고독을 잊게 합니다. BTS 마니아들은 위버스 플랫폼에서 긴밀하게 교류하면서 고독과 소외는 과거의 일이 되었다고 증언합니다. 이에 따라 BTS를 좋아하지 않았던 사람들도 BTS의 음악이 좋다기보다는 인간과 교류가 그리워서 이들 커뮤니티로 몰려갑니다. 온라인 게임 역시 이런 사람들의 심리를 파고듭니다.

기술은 종교가 유지되는 데 필요한 또 한 가지 감정인 경외감을 키워 줍니다. 게이머가 되어 총을 쏘는 순간, 위버스 플랫폼에서 BTS와 함께한 순간, 유저들은 마치 신과 만났을 때와 같은 숭고한 초월을 느낍니다. 전문가들의 이런 통찰을 받아들인다면 ET 산업이 앞으로도 얼마나 더 잘 나갈지 확신해도 될 것 같은 느낌이 듭니다.

310

투자는
처음인데요

마지막 장은 투자의 방법론과 관련된 구체적인 팁입니다. 주식에 투자하려면 회사의 재무제표를 제대로 보는 눈을 키워야 합니다. 그리고 주식 시장을 움직이는 원리가 무엇인지 파악하는 게 중요하죠. 요즘 대세인 미국 주식에 관심은 있는데 잘 몰라서 고민인 분들은 ETF가 대안일 수 있습니다. 주식의 불안전성이 두려운 분들은 채권 같은 안전한 자산, 금과 달러 같은 더 안전한 자산이 대안으로 있습니다. 이어 전 국민이 하는 재테크이면서 가장 관심이 적은 보험에 대해서도 알아봅니다. 마지막으로 부동산을 심도 있게 다룹니다. 모두가 부동산은 끝이라고 이야기하지만 그렇지 않다는 주장들도 있습니다. 대신 오를 곳만 오른다는 거죠. 경매는 영원할 것이라는 주장도 있습니다. 4차산업혁명 시대 리츠에도 주목하자는 주장도 살펴봅니다.

회사 재무제표부터
공부해야 하는 이유

2020년도에는 주식 열풍이 대단했습니다. '동학개미운동'이라는 말처럼 코로나 쇼크로 외국인이 팔고 떠나는 국내 증시에 개미들이 엄청나게 늘어났습니다. 현재 우리나라의 주식 투자 인구는 연초 500만 명에서 600만 명으로 늘었습니다. 총 442만 계좌가 새로 개설됐는데 이 중 57%가 20대와 30대입니다. 금리는 낮고 1,100조 이상의 여유 자금이 시중에 풀려 있는데, 정부가 부동산은 철저하게 규제를 하니 돈이 주식 시장에 몰릴 수밖에 없습니다. 주가지수가 3월에 폭락하는 것을 보고 전문가들은 1,400에서 더 떨어질 거라고 전망했는데, 국내 개미들의 돈이 몰리면서 1,900선을 회복했습니다.

실물 경제는 계속 추락 중인데 주식 시장을 중심으로 금융 시장은 V자 성장 국면에 들어선 게 분명해 보입니다. 특히 코스닥의 선전이 인상적입니다. 코로나 발생 이후 주가가 오른 주식 시장은 미국 나스닥과 한국 코스닥밖에 없다고 합니다.

예전 박근혜 정부 때 최경환 장관이 "빚내서 집 사지 않으면 바보"라고 했던 것처럼 지금은 빚내서 주식 사지 않으면 바보가 되는 세상입니다.

그런데 주식 시장은 장기적으로 오를 수밖에 없어 사실 투자자 누구나 돈을 벌 수 있는 시스템이어야 하는데 주변을 보면 주식 투자로 돈 번 사람이 적습니다. 개미들이 기관투자가들보다 정보 싸움에서 원천적으로 불리하므로 돈을 버는 사람들은 대형 투자자나 기관투자자, 자본이 많은 외국투자가들이고, 개미들은 주로 잃는 쪽에 해당하는 경우가 많습니다. 통계로도 나와 있습니다. 2008년 금융 위기 때는 물론 2011년과 2012년도 전체 투자자는 손해를 보았습니다. 주식 시장에서 개미들의 한 가지 특징은 돈을 번 사람들은 적게 벌고, 잃은 사람은 크게 잃는 구조라는 거죠. 예를 들면 10명 중 6명이 평균 10%의 이익을 낸다면 4명은 평균 20%의 손실을 기록해 전체적인 평균 수익률은 마이너스를 기록합니다.

손해 보기 쉬운 시장이 주식 시장이라면 주식을 공부할 때 마인드도 달라야 합니다. 한방으로 대박을 노릴 주식을 찾기보다 어떻게 하면 손해 보지 않는 투자를 할 수 있을지를 고민해야 합니다. 공인회계사로 증권사의 스타 강사인 사경인이 쓴 『재무제표 모르면 주식 투자 절대로 하지 마라』와 같은 책이 꼭 필요한 이유입니다. 그는 자신의 책을 유도에 비유해 상대를 쓰러뜨리기 위한 필살기가

314

아니라 크게 다치지 않는 낙법에 해당한다고 말합니다.

그에 따르면 많은 투자가가 재무제표만 제대로 읽고 투자를 해도 손해를 보지 않을 수 있는데 그런 노력을 기울이지 않는다는 것입니다. 대부분 매수 의견을 내는 증권사 애널리스트의 의견을 참조하지 그 회사의 재무 상태를 꼼꼼히 분석한 뒤 투자하는 투자자는 의외로 적다고 합니다. 자신이 없으면 수수료를 각오하고 펀드매니저에게 맡기는 것도 좋습니다. 하지만 그렇게 소중한 돈을 남에게 맡기는 리스크 또한 엄청나죠.

책은 수많은 실례와 아주 친절한 설명 그리고 적절한 비유를 섞어서 최대한 가독성을 높였습니다. 저자는 강의력도 뛰어나지만 글솜씨는 더 뛰어난 태생이 작가인 사람입니다. "칼로 누군가를 살해하려는 사람에게서 칼을 빼앗았다고 안심할 수 있을까?" 투자자를 속이려고 하는 기업가들은 국제 회계 기준을 도입하고, 연결재무제표를 의무화한다고 해서 안심할 수 없다는 말입니다.

그는 상장 기업 중 영업이익을 내지 못하는 기업들에 특히 주의하라고 주문합니다. 그에 따르면 4년 연속 적자를 보인 기업은 코스닥에서 퇴출당하는 규칙을 피하기 위해 4년마다 한 번씩 흑자를 내는데, 저자는 이러한 '올림픽 기업'을 무엇보다 조심하라고 지적합니다. 그리고 대표 이사와 회사명이 자주 바뀌는 곳도 피해야 할 회사입니다. 마지막으로 유상증자를 통해서 자본금을 늘리고, 적자액을 만회하려는 기업 또한 조심해야 합니다. 재무제표에서 영업이익만 주목할 게 아니라 특수관계자와의 거래 또한 유념해야 합니다.

이런 식의 내부거래는 순전히 영업이익을 만들기 위한 거래일 가능성이 농후합니다. 기업들은 교묘히 분식해서 증거를 찾기 쉽지 않지만 투자자들은 정황만으로도 충분히 알 수 있다는 것입니다.

저자는 가치투자를 중시하는 워런 버핏을 적극 지지합니다. 가치투자를 위한 여러 공식 중에서 그는 RIM을 선호합니다. 적정주가를 선정하는 기준으로 자신의 이니셜을 따서 S-RIM이라고 부릅니다. 식은 이렇습니다.

기업 가치 = 자기자본 + 초과이익/할인율. 초과이익/할인율의 분모는 요구수익률이고, 분자는 자기자본에 ROE(return on equity, 자기자본이익률)에서 요구수익률을 뺀 수치를 곱한 것입니다. 이 중에서 자기자본은 주어진 상수이고, 요구수익률도 채권수익률로 대체할 수 있습니다.

결국 투자자가 열중해야 할 지수는 ROE입니다. 투자자들은 ROE의 구성을 분해해서 분석하고 앞으로 어떻게 변할지 예측하는 게 중요합니다. 이 공식에 의존한 가치투자가 싸게 사서 비싸게 파는 방법입니다.

그는 주식을 예측하는 것은 전문가도 못 하는 일이니 예측하지 말고 재빨리 대응하는 게 더 중요하다고 말합니다. 이것만 알면 된다는 책보다는 최소한 이 정도는 알아야 한다는 책이 훨씬 믿음이 간다는 저자의 말에서 책과 저자의 진정성이 전해지는 그런 책이었습니다.

단 한 권의 투자서를
읽을 시간이 있다면

대한민국에서 노동의 가치는 몇 살까지일까요? 평균적으로 50세 전후라고 합니다. 특별한 능력의 소유자가 아니면 노동으로 돈을 벌 기회는 50대 이후에 급속하게 줄어든다고 봐야겠죠. 그러나 문제는 노동의 가치는 50세면 끝나는데 인간의 수명은 점점 늘어나 80세 아니 100세까지 살아야 한다는 아이러니입니다. 일도 없고, 돈도 없고, 몸마저 아픈 노년을 떠올리면 정말 끔찍합니다. 특히 노인 자살률과 빈곤율이 압도적으로 높은 우리나라에서 노후 문제는 심각한 걱정거리입니다. 정부가 책임질 수 없다면 결국은 쉰 이후에도 돈을 벌 수 있는 기회를 개인이 만들 수밖에 없습니다.

지금까지 국내외 투자 전문가의 책을 많이 읽었는데 그중에서 단한 권만 고르라면 저는 이 책을 추천하고 싶습니다. 정보가 알차고 무엇보다 재미있고 이해하기 쉽습니다. 워런 버핏, 피터 린치와 함께 미국 투자 업계의 전설이라 불리는 전 예일대학 교수 버턴 말킬의 『랜덤워크 투자수업』입니다. 하버드대학, MBA, 푸르덴셜 이사, 미국금융협회 회장 역임 등 이력이 다양하죠.

이 책은 1973년에 초판이 나온 이래 숱하게 개정판이 나왔습니다. 2019년에 블록체인과 비트코인의 허구성을 적나라하게 비판한 내용을 첨가하여 국내에 새 버전이 출간됐습니다. 아흔을 바라보는 노학자가 블록체인 기술과 비트코인에 관심을 두고 이것이 네덜란드 튤립 투기, 영국의 남해회사 투기에 못지않은 거품인지 아닌지를 논리적으로 설명하는 데서 압도적인 존경심이 느껴집니다.

저자는 2만 달러에 거래되던 것이 하루 만에 절반으로 폭락하는 불안전성을 갖춘 투기 수단은 절대로 화폐를 대체할 수 없다고 말합니다. 그의 랜덤워크 투자 이론은 기존의 투자 이론들, 역사는 되풀이된다며 차트 분석을 통해 시장을 이길 수 있다고 주장하는 기술적 이론과 효율적 시장 이론에 입각한 기본적 이론을 모두 비판합니다. 눈을 가린 원숭이가 다트를 던져 선택하는 종목이 펀드매니저 등 전문가가 골라주는 종목보다 낫다는 그 유명한 비유도 그의 책에서 나왔습니다. 그는 이렇게 비꼽니다.

"투자에는 손목 힘이 때로는 머리보다 낫다."

그가 특히 비판하는 것은 과거를 통해 미래를 예측하려는 기술적 이론 지지자들입니다. 랜덤워크 투자 이론은 장기적으로 주식 가격은 오르지만 단기적으로는 아무도 예측할 수 없다는 것입니다. 투자 자문 서비스나 주식 예측 도표 분석이 다 쓸모없다는 이야기입니다. 그는 버핏처럼 주가는 내재적 가치를 반영한다는 견고한 토대 이론의 신봉자도 아니고, 투자자는 내재 가치에는 관심 없고 다른 투자자들이 어떻게 나올 것이냐에 관심 있다는 공중누각 이론의 지지자도 아닙니다. 후자는 나 말고 또 다른 바보가 있어서 내 주식을 누군가는 사주리라 믿는 어리석은 바보 이론이라고 합니다. 버핏 같은 사람은 투자는 논리 90, 심리 10이라면 후자의 이론에서는 심리 90, 논리 10의 세상입니다. 그는 논리와 심리가 5 대 5로 움직이는 곳이 투자의 세계라고 합니다. 또한 어떤 기법도 절대적으로 신뢰해서는 안 된다고 주장합니다. 증권 분석가들이 미래 예측에 어려움을 겪는 이유를 그는 5가지로 압축했습니다.

1) 무작위한 사건의 영향

2) 창조적 회계기법을 동원한 의심스러운 이익 보고

3) 분석가의 실수

4) 영업팀이나 포트폴리오 관리자 자리로 최고 분석가 유출

5) 대규모 조직을 운영하는 투자 기업의 증권 분석가가 직면하게 되는 이해 상충 문제

여기서 5번을 살펴볼까요. 저는 주식 투자에서 애널리스트 분석이 얼마나 도움이 되는지 모르겠습니다. 그의 주장으로는 기업에서 돈을 받고 일하는 애널리스트는 기본적으로 매수 의견을 낼 수밖에

없으므로 자기가 조사한 바에 따르면 최대 1 대 100의 비율로 매수 의견이 많다고 합니다. 그러나 보통 10년 주기로 대폭락이 있고 어떨 때는 최고 플러스 53%에서 마이너스 37%까지 극단적으로 넓은 스펙트럼 속에서 무조건 주식을 사는 건 어쩌면 위험한 전략일지도 모릅니다.

흔히 주식 시장의 위력을 보여 줄 때 드는 사례가 있습니다. 1998년 IMF 때 삼성전자 주식을 3만 원(그때는 50분의 1로 액면분할하기 전입니다.)에 샀다면 지금은 그 200배를 벌었을 거라는 이야기입니다. 이는 생존자 편향에 의거한 것입니다. 당시로는 삼성전자가 지금처럼 잘 나갈지 아무도 예측할 수 없었던 결과론적인 말일 뿐이었죠.

랜덤워크 투자 이론에서는 생애 주기별 투자 이론을 적용합니다. 20대에는 주식에 70%, 그것도 소형주 중심의 공격적인 투자 전략이 필요하다면 저 같은 50대 중반의 연령층에서는 주식 비율을 55%(그것도 미국 기술주와 신흥 국가 시장의 성장주처럼 따로 움직이는 주식을 통한 헤지가 중요합니다.)로 줄이고 채권을 15%에서 27%로 늘리는 게 필요합니다. 60대 중반 이후 투자자라면 채권의 비율을 더욱 높여야 합니다. 그 이유는 투자에는 어느 정도 위험이 따르고 보상을 더 많이 원할수록 위험을 감수해야 하며 그렇지 못한 인생 후반기에는 도전보다 안정을 택하는 것이 낫기 때문입니다.

초보 투자자에게 제시하는 가장 좋은 전략은 인덱스펀드 활용입니다. 인덱스펀드는 구체적인 종목에 투자하는 것이 아니라 S&P500처럼 지수에 투자하는 전략입니다. 또한 미국 시장만 바라보지 말라고 요구합니다. 미국 시장이 아무리 커도 세계 시장의 3분의 1 정도이니 투자자라면 중국과 인도 같은 신흥 시장에도 주목해야 합니다. 국제적인 분산 전략이 인덱스펀드에도 필요합니다. 그럼에도 불구하고 시장에 도전하는 것이 너무 매력적이어서 종목을 스스로 고르고 싶다면 혼합 전략을 강력히 추천합니다. 그는 포트폴리오의 핵심은 인덱스펀드로 구성하고, 다음으로 큰 위험을 감수할 여력이 되는 자금으로 종목 선택 게임에 뛰어들라고 합니다. 노후 자금의 상당 비중을 광범위한 인덱스펀드를 통해 주식과 채권, 부동산에 잘 분배해 놓았다면 보다 과감하게 종목 선택에 뛰어들 수 있습니다.

요즘 경제 서적, 투자 서적이 압도적으로 많이 팔리는 시점에서 단 한 권의 책을 추천한다면 버턴 말킬의 이 책입니다. 사족을 하나 덧붙이자면 감수자인 김수인 퓨처스비즈 대표가 미국 사정과 다른 한국 금융 시장의 정보들을 미주로 달아놓아 국내 독자들을 적극적으로 배려한 점도 칭찬할 만합니다.

미국 주식에 관심 있다면
ETF에 주목하라

국내 주식에 만족하지 않고 세계 주식까지 관심을 두는 분들은 ETF^{exchange traded fund}에 주목할 필요가 있습니다. 2020년 7월 현재 한국의 주식 투자자 중에 10%는 미국 주식에 투자하고 있습니다. 8월 현재 매수매도액이 1000억 달러를 돌파했습니다. 미국 주식에 투자하는 2가지 방법은 애플, 아마존, 구글(모회사는 알파벳) 등의 회사에 직접 투자하는 방법이 있고 이들 주식들을 묶은 테마, 즉 지수에 투자하는 방식이 있습니다. 후자를 '인덱스 투자'라고 합니다. 인덱스 투자는 국내의 경우 주식 시장을 대표하는 200개 종목으로 편성된 코덱스 200이라는 상품이 있습니다. 개별 종목이 아닌 묶음으로 투자한다는 점에서 ETF는 인덱스펀드와 차이가 없어 보입니다.

그러나 이 둘은 구분하는데, 그 이유는 2가지가 있습니다. 하나는 수수료의 차이입니다. 인덱스펀드는 펀드매니저들이 대신 투자해 주는 간접 투자 방식이라 수수료가 2%로 비쌉니다. 반면 ETF는 개인투자자들이 직접 사고팔기에 수수료가 0.5%로 낮지요. 또 한 가지 차이는 ETF는 실시간 거래가 가능하지만 인덱스펀드는 실시간 거래가 아닌 환매한 날의 다음 날이나 그다음 날에 이루어지는 방식입니다. ETF가 훨씬 빠르게 시장에 반응할 수 있습니다.

ETF의 창시자는 뱅가드vanguard라는 뮤추얼 펀드를 1974년에 설립한 존 보글입니다. 존 보글은 뱅가드를 설립할 때 1,000만 달러에 못 미치는 돈을 모았습니다. 그러나 90년대 말에 운용 규모 1,000억 달러를 돌파하죠. 성과도 좋습니다. 1995년부터 10년 동안 210%에 이르는 놀라운 수익률을 보여 준 것입니다. 존 보글은 도넛보다는 베이글이라는 유명한 말을 투자자들에 남겼죠.

"도넛은 맛있지만 건강에 해롭죠. 베이글은 맛은 떨어지지만 건강에는 좋습니다."

보글은 이 명언에서 도넛을 주식 시장에, ETF를 베이글에 비유했습니다. 도넛형 투자자가 투자 심리를 중시하며 단기 매매로 이익을 보려는 반면, ETF 투자자들은 배당수익과 주당순이익 등을 고려해 기업을 넘어 산업 전체에 장기적으로 투자하기 때문입니다. 국가 혹은 세계 경제에도 ETF가 도움이 될 수밖에 없습니다.

전문가들은 초보자라면 해당 종목에 대한 직접 투자보다는 ETF를 통한 분산투자로 위험을 줄이는 전략을 적극 추천합니다. 구글,

애플, 아마존 등 나스닥의 대표 기술주가 모인 QQQ(나스닥 상위 100 종목)에 투자하면 애플의 주가가 떨어지더라도 아마존의 주가가 오른다면 그만큼 투자 손실을 줄일 수 있기 때문입니다.

『뷔페처럼 골라서 투자하는 해외 ETF 백과사전』의 저자 김태현은 다우존스 지수 상위 종목으로 구성된 SPY나 DIA보다 QQQ를 더 추천합니다. 그 이유는 3대 대표 지수 중에서 기대 수익률이 가장 높고 앞으로 미국의 실리콘밸리가 4차 산업혁명 기술을 주도하면서 더욱더 발전하리라 기대하기 때문입니다. 인공지능, 블록체인, 사물인터넷, 자율주행차 등 선도 기술 업체들이 나스닥에 잔뜩 포진해 있습니다. 네이버, 카카오, 엔씨소프트 등 국내 굴지의 IT 기업들이 코스닥이 아닌 코스피 시장에 등록된 것과는 사정이 다르죠. QQQ 지수는 운영 보수가 0.2%에 불과하고 2019년 한 해에만 무려 37.25%의 수익을 올릴 정도로 이름에 걸맞은 실적을 보여 주고 있습니다. 2020년 11월 초 현재 286달러를 돌파했습니다. 연초보다 70달러 가까이 오른 가격입니다.

저자는 고등학교 시절부터 주식에 투자한 현직 공군 대위입니다. 20대 중반이라는 이른 나이에 ETF 투자자가 되어 이 분야의 스테디셀러를 쓴 저자로 성공했죠. 그는 국내 기업의 주식보다 미국의 ETF에 투자해야 하는 이유를 6가지로 꼽습니다.

1) 글로벌 1등 기업에 투자할 수 있다.

애플 한 곳에 투자하는 것보다 아마존, 애플, 구글, 마이크로소프트, 페이스북에 분산투자하는 것이 안전성을 높일 수 있습니다.

2) 국내 경제는 활력이 떨어진다.

코로나 사태를 맞기 전부터 이미 국내 경제는 활력이 떨어져 있었습니다. 한국은행 조사에 따르면 70년대 9.5%, 80년대 9.1%, 90년대 6.7%, 2000년대 4.4%로 해마다 성장률이 둔화되고 있습니다. 2010년대에는 2% 중반 정도의 성장률로 떨어졌죠. 2009년 OECD가 한국 정부의 2010년대 성장률을 4% 중반 정도로 예상했던 것에 비하면 국내 경제는 활력이 떨어져도 너무 떨어져 버렸습니다. 그에 따라 주가도 일정 틀 안에서 갇혀 버린 박스권 추세에 머물러 있죠. 반면 ETF는 세계 최고의 미국 시장뿐 아니라 중국, 베트남, 브라질 등 떠오르는 신흥 국가들의 주식에도 투자할 수 있어 높은 수익률을 기대할 수 있습니다.

3) 환율 수익을 기대할 수 있다.

해외 ETF는 원화를 달러로 환전해서 투자해야 합니다. 환율이 하락(원화 가치 절상)하면 손실이 발생하고 환율이 상승(달러 가치 하락)하면 환이익이 발생합니다. 전통적으로 경제 위기 시에는 안전 자산인 달러의 가치가 올랐던 사례들을 보면 ETF는 또 하나의 수익 모델을 안겨 줄 가능성이 큽니다.

4) 최소한 은행 이자 이상의 수익이 가능하다.

2020년 8월 현재 은행의 정기 적금 금리는 6개월짜리가 0.5%. 1년 만기가 0.6%에 불과합니다. 물가 상승률을 고려하면 은행에 돈을 맡기는 게 사실 손해 보는 장사인 셈입니다. ETF로 돈 버는 것은 주가 상승에 따른 매매 차익과 함께 보유에 따른 배당 분배율도 있습니다. 미국의 ETF들은 2019년만 해도 1.8~2.99%를 기록했습니다. 은행 이자를 압도하는 수치입니다.

5) 한국보다 해외 주식 시장 상승률에 올라탈 수 있다.

2020년 들어서 한국 주식 시장이 상대적으로 강세를 보이지만 최근 5년간 한국 주식 시장은 거의 제자리걸음이었습니다. 코스피의 인기 종목 200개로 구성된 국가대표 ETF 코덱스 200의 5년 수익률은 14.4%인 반면, 미국 나스닥과 다우존스 지수를 모두 포괄하는 SPY의 5년 수익률은 해마다 복리로 10.6%였습니다. 미국뿐 아니라 5년간 50% 정도 상승한 일본 니케이 225 지수나 30% 정도 상승한 중국 상해 종합 지수에도 투자할 수 있습니다.

6) 우리나라의 저성장과 고령화를 극복할 수 있다.

그러나 이런 생각이 들 수도 있습니다. 나라가 위태로운데 내가 해외 증시로 돈 버는 것은 매국노가 되는 지름길이 아닌가? 2017년 이후 1 이하로 떨어진 합계출산율과 높은 청년실업률을 생각하면 그래도 한국 증시를 살려야지 하는 생각이 들 수도 있습니다. 하지만 사회가 급속히 늙어가는 현실에서 더 젊고 역동적인 해외 주식 시장에 분산투자를 해 성공하는 개인들이 많아져야 국내에 부자들이 더 많이 생기고 이들이 해외 ETF에서 번 돈을 좋은 국내 기업에 투자하는 선순환이 마련될 수 있습니다. 그렇다면 해외 ETF는 매국이 아닌 애국이 길이 될 수도 있습니다.

물론 해외 ETF에도 단점이 있습니다. 투자 정보를 찾기가 힘들다는 거죠. 하지만 저자는 정보가 많다고 반드시 수익률로 이어지는 것은 아니라고 주장합니다. 맞는 말입니다. 그렇지만 주식 시장에서 개미들이 돈을 잃고 기관투자자가 돈을 버는 이유는 정보의 비대칭성이라는 주장도 일견 타당합니다. 정보는 성공의 충분조건이지만 필요조건이 될 수는 없습니다.

저자는 책에 자신이 투자할 때 도움이 되었던 사이트들을 공유하고 있습니다. 하나는 ETF를 다양한 조건으로 검색할 수 있는 ETF. COM입니다. 이곳에서는 관련 뉴스나 전문가들의 리포트와 투자 전략을 확인할 수 있습니다. 그는 투자할 때 이 사이트의 보완재로 ETFdb.com을 활용했습니다. 데이터베이스로서의 기능이 충실해 가로축에서는 알파벳, 자금흐름, 수익률, 시가총액, 운용보수, 배당을 선택할 수 있고 세로축에서는 가로축에서 선택한 메뉴의 자산, 섹터, 산업, 지역, 국가, 채권, 사이즈, 스타일, 멀티에셋 등의 검색 결과를 확인할 수 있습니다.

주식의 변동성이 무서울 땐
채권

주식 시장의 특징은 조기 은퇴입니다. 쉰이 넘어서 투자 현업에 종사하는 사람은 많지 않습니다. 워낙 체력 소모가 많기 때문일 겁니다. 전설의 투자자 피터 린치도 48세에 은퇴했고, 우리나라에서 특히 유명한 퀀텀 펀드 공동 설립자 짐 로저스는 37세에 은퇴했습니다. 주식은 오를 때는 왕창 오르지만 폭락할 때는 한없이 폭락해 스트레스가 심합니다. 밤에 편히 자려면 주식 투자를 하지 말라는 말이 있을 정도입니다.

반면 채권은 주식보다 수익성은 떨어지지만 안전성이 높습니다. 채권왕으로 불리는 빌 그로스가 지난 2019년 75세(만 나이는 74세)에 은퇴한 것을 보면 채권업계가 주식업계보다 덜 힘든 곳이라는 세간의 인식이 맞는 것 같습니다. 물론 예외도 있습니다. 버핏은 90이 넘은 나이에도 여전히 주식 시장의 현업에서 일하고 있으니까요.

빌 그로스는 어떻게 해서 채권의 왕이라는 별명을 얻었을까요? 그는 미국 채권 시장의 창시자였고 개척자였습니다. 그가 설립한 핌코PIMCO 내에 토털 리턴 펀드는 1987년 설립 이래 그가 퇴사한 2014년까지 연평균 7.8%의 수익률을 안겨 주었고, 2013년에는 자산이 무려 3,000억 달러로 불어났습니다.

미국 경제 방송 CNBC의 명칼럼니스트인 티머시 미들턴이 쓴 『채권왕 빌 그로스 투자의 비밀』은 최고의 채권·펀드 기업인 핌코와 CEO 빌 그로스가 어떻게 성공했는지 그 비결을 분석한 책입니다. 책을 소개하기 전에 채권에 대해 좀 더 알아볼까요.

채권이란 발행자들이 자금을 조달하기 위해 발행하는 채무증서입니다. 투자자는 정해진 시기에 정해진 이자와 원금을 받습니다. 주식과 가장 큰 차이점은 3가지가 있습니다. 이자가 있다는 점, 만기에 원금을 돌려받는다는 점, 회사 외에 정부, 지자체, 공공기관, 공기업들도 채권을 발행할 수 있다는 점이죠. 주식을 사면 나는 그 회사의 주주로서 주인의 한 명이 됩니다. 채권을 산다는 것은 채권자가 되어 빚을 받을 권리가 생기는 거죠. 주식은 주주로서 의결권을 가지지만 채권은 그렇지 않습니다. 채권의 이자는 금리와 아주 상관관계가 높습니다. 정부가 발행하는 국채의 이자율이 사실상의 금리로 기업들도 이를 기준으로 이자율을 책정합니다.

채권 시장과 주식 시장 중 어디가 더 클까요? 2019년 기준으로 한국의 채권 시장은 1,720조 원으로 주식 시장의 총액인 1,717조 원과 비슷합니다. 미국은 어떨까요? 미국은 주식을 재테크 수단으로 가장 많이 활용(미국인의 전 재산에서 거의 절반 정도)하는 나라로 주식 시장이 더 큽니다. 미국은 2019년 15조 달러의 채권을 발행했고, 주식 시장의 규모는 26조 8,720억 달러입니다. 올해는 아마 30조 달러를 돌파할 것이 거의 확실합니다.

채권의 이자율은 금리에 따라 결정되고, 미국을 비롯한 주요 국가의 금리가 0%에 육박할 정도로 낮아서 채권의 이자도 전보다 무척 감소했습니다. 빌 그로스가 활동하던 1981년에는 미국 재무부가 발행하던 채권의 이자율이 15%까지 올랐는데 그 후로 금리가 지속적으로 떨어지면서 현재 10년 만기 미국 국채의 이자율은 0.768%입니다. 즉 100만 원짜리 미국 국채를 산다면 10년 뒤에 이자까지 포함해서 7만 원이 약간 더 늘어난 돈을 받는 셈이죠. 물가 상승률이 2% 내외인 걸 고려하면 사실상 손해라고 할 수 있습니다.

그런데 이렇게 이자율이 낮은 채권을 사람들은 왜 구입하려 할까요? 2가지 이유가 있습니다. 주식 시장에서 돈을 벌어 일단 승자가 되면 불필요한 위험을 감수할 필요가 없어지기 때문입니다. 채권은 돈을 빌려준 곳이 파산하지 않는 한 돈을 떼일 걱정이 없습니다. 미국 국채 같은 경우는 자본주의 아니 인류가 망하지 않는 한 절대 손해를 볼 일이 없는 안전 자산 중의 안전 자산이죠. 나이가 들면 안전성에 대한 욕구가 커지기 마련입니다. 미국의 전설적인 투자자이며 『랜덤워크 투자수업』의 저자 버턴 말킬은, 35세 이상 미국인들은 주식 90 채권 10의 비율로 투자하지만 65세 이상에서는 채권 47 주식 53의 비율로 채권의 비중을 늘린다고 합니다. 사람들은 채권 시장이 보수적이고 지루하다고 하지만 그만큼 안전한 건 사실입니다. 말킬은 채권을 공부하는 투자 자산 운용가들에게는 말킬의 법칙으로 절대 잊을 수 없는 인물입니다. 말킬의 5대 법칙은 다음과 같습니다.

1) 채권 가격과 수익률은 반대 방향으로 움직인다.

사람들은 이자를 한 푼이라도 더 받으려고 하므로 이자율이 낮은 채권은 값을 더 내려야 팔린다는 이야기입니다. 채권 가격은 금리까지 포함해 고정되어 있는데 금리가 낮아지면 기존 채권 가격을 비싸게 팔 수 있다는 거죠. 금리가 떨어지면 채권 수익률이 낮아질 것 같지만, 그 반대인 이유입니다. 저금리 시대에도 채권을 사는 이유는 이자보다 금리가 하향할수록 비싸게 팔아서 자본 이익을 챙길 수 있어서입니다. 채권 투자자들이 금리 인상을 그렇게 싫어하는 이유도 금리가 인상되면 자신의 채권이 떨어지기 때문입니다. 사람들이 새로 발행된 채권을 사려고 하지, 이자를 적게 주는 기존의 채권을 사지는 않을 테니까요.

2) 채권의 잔존기간이 길수록 수익률 변동에 대한 가격 변동률이 높아진다.

채권의 만기가 많이 남았다면 불확실성이 커져 가격이 요동칠 확률도 그만큼 커진다는 말입니다.

3) 잔존기간이 길어짐으로써 발생하는 가격 변동률은 체감한다.

시간이 지날수록 불확실성이 커지고 이에 따라 가격 변동폭도 커집니다. 앞으로 금리가 낮아지려는 걸 예상하는 투자자들은 급하게 채권을 사겠죠. 만기가 길수록 가격의 불안전성이 커져 가격 상승도 커지겠지만 20년 만기 채권이 10년 만기 채권의 2배가 되는 것은 아닙니다. 잔존 기간이 길어지면 금리가 다시 낮아질 우려도 있어서 처음에 예상했던 것보다는 덜 오를 수 있습니다. 즉 만기가 갈수록 채권 가격은 상승하지만 그 비율은 갈수록 체감한다는 이야기입니다.

4) 수익률이 하락할 때의 채권 가격 상승 폭이 상승할 때의 하락 폭보다 크다.

채권 가격과 수익률은 음의 상관관계를 갖지만 정확히는 블록형 곡선으로 선형이 아닌 비선형으로 움직이기 때문에 상승 폭이 하락 폭보다 큽니다.

5) 표면이자율이 높을수록 채권 가격 변동률은 낮아진다.

채권 가격은 이자 더하기 액면 가격(원금)입니다. 복리채는 만기에 채권자에게 고정된 원금 더하기 이자를 안겨 줍니다. 이표채는 중간중간 이자를 받고 마지막에 최종 이자와 원금을 받습니다. 표면 이자율의 상승은 채권 가격의 하락을 동반하는데 이자와 원금을 비교해 보면 원금의 규모가 압도적으로 클 수밖에 없습니다. 따라서 표면 이자율의 변화와 채권 가격의 변화율만 비교하면 상대적으로 덩치가 훨씬 더 적은 표면이자율 쪽이 더 클 수밖에 없습니다.

이제 다시 빌 그로스의 이야기로 돌아와 보죠. 그가 채권왕으로 올라설 수 있었던 으뜸 비결은 '독서의 힘'이라고 말합니다. 대학에서 심리학을 전공하고 그리스어를 부전공한 그는 인문학의 달인입니다. 그는 투자 관련 책만 읽지 않았으며 버지니아 울프의 『자기만의 방』이나 영국의 철학자 이사야 벌린의 『고슴도치와 여우』, 전설의 투자자였으나 자살이라는 비극적 방법으로 생을 마감한 제시 리버모어의 일대기 같은 책을 탐독했습니다. 그리고 다수의 불교 서적을 읽으며 사유의 깊이를 더했죠. 채권 펀드매니저가 되기 전에는 카지노 도박판에서 일하며 투자가 아닌 투기에 빠지는 인간의 심리를 이해하려고 했습니다. 블랙잭 게임을 하면서 미래의 사건에 대한 확률을 평가하고 측정하는 법을 배웠지요. 인간을 이해하고 미래 확률을 계산하는 능력을 키운 그는 당시 대부분의 채권 투자자가 우량 회사채에만 투자하는 전통적인 방식과 달리 어느 정도 리스크를 감수하고 수익이 높은 정크 채권의 보유량을 늘려 수익률을 높였습니다. 그가 읽은 책들이 절대 망하지 않을 것 같은 기업을 골라내는 혜안을 가져다주었지요. 그리고 세미나를 주기적으로 열어 회사 펀드매니저들이 시장을 정확하게 분석하고 그 영향을 예측하도록 훈련시켰습니다.

채권 투자의 승부는 얼마나 내가 금리를 확실하게 예측할 수 있는가에 달려 있습니다. 또 한 가지는 국채보다 신용도가 낮은(즉 파산 가능성이 높은) 그러나 이자율은 높은 회사채를 살 때 그 회사의 파산 가능성이 얼마인지 따져 보는 능력입니다. 그로스에게는 이 2가지 능력이 있었습니다. 예를 들어 90년대 초반 일본의 버블이 터지고 일본 은행들이 휘청일 때 그는 일본 은행들의 채권에 투자했습니다. 일본 정부가 절대 은행만큼은 망하도록 내버려 두지 않고 국유화를 해서라도 살려 내려 할 거라는 것을 알았기 때문입니다. 그렇다고 아르헨티나처럼 디폴트를 선언할 정도로 신용도가 낮은 나라의 채권에는 투자하지 않았습니다. 아르헨티나와 비슷한 브라질의 경우 새롭게 당선된 브라질 대통령이 해외 투자를 유치하고, 재산권을 보호하기 위한 정책을 펴리라는 확신이 있어야 브라질 국채에 투자했죠.

그는 현미경 같은 트레이더의 감각과 조지 소로스, 워런 버핏, JP 모건의 배짱을 겸비한 인물입니다. 감정을 배제하고 장기적인 관점에서 경제를 파악하려고 노력했습니다. 시장의 트렌드를 읽으면서 채권 가격 트렌드에 미치는 영향을 거의 100%에 가깝게 정확히 예측해 냈죠. 세부적인 본능을 넓은 시각에서 접목하는 것, 그것이야말로 빌 그로스가 채권계의 베이비 루스로 불리게 된 결정적인 이유입니다.

금 투자와 달러 투자는
어떻게 할까?

채권보다 더 안전한 자산을 고르라면 금과 달러를 들 수 있습니다. 코로나19로 한 치 앞도 내다볼 수 없는 이런 시국에서는 금과 달러의 중요성이 더욱 커집니다. 경제를 금리와 달러라는 2가지 키워드로 명쾌하게 설명하는 오건영 신한금융그룹 팀장은 저서 『부의 대이동』에서 실제 금과 달러를 사두면 어떻겠냐고 묻는 분들이 정말 많아졌다고 합니다. 특히 실물 경기가 안 좋은데도 주식은 폭등하고 있으니 많은 사람이 이를 불안하게 여기는 것이죠.

불안한 사람들이 늘고 좀 더 안전한 자산을 찾다 보니 금값이 폭등하고 있습니다. 지난 8월 4일 금값이 1온스당 2,000달러를 돌파했습니다. 코로나 위기의 직격탄을 맞은 3월 1,500달러 밑이었으니 6개월도 안 돼 33%가 올랐습니다. 그만큼 금에 돈이 몰린다고 할 수 있습니다.

그런데 금에 투자한다는 것은 단점이 있습니다. 주식처럼 배당이 나오는 것도 아니고 채권처럼 이자를 받을 수도 없습니다. 금을 실물로 보유할 경우에 그렇습니다. 골드바를 사 두면 마음이 편할지는 모르겠지만 보관에 대한 불안감과 사고팔 때 내는 10% 부가세를 고려하면 어쩐지 손해 보는 느낌이 듭니다. 기본적으로 20% 정도를 세금으로 내는 것은 큰 부담입니다. 이에 전문가들이 권하는 금 투자는 금 관련 ETF, ETN(상장지수채권)에 투자하는 것이 좋습니다. 둘 다 금 시세를 상장지수화하여 금값의 시세 변동에 투자하는 상품입니다. 주식처럼 사고팔 수 있지만 주식과 달리 시세차익에 금융 소득세를 내야 한다는 단점이 있습니다.

달러는 IMF를 겪은 우리에게는 특별할 수밖에 없죠. 경제 위기가 닥치면 달러 가격, 즉 환율이 오를 가능성이 언제든 있습니다. 달러를 미리 가지고 있으면 달러가 강세일 때 환차익을 얻을 수 있습니다. 또 한 가지 보유 이유는 주식 투자 때문입니다. 요즘 미국 주식에 투자를 많이 하는데, 이때 달러가 필요합니다. 그런데 경제가 불황인 요즘 예상과 달리 달러 강세가 찾아오지 않고 있습니다. 11월 5일 현재 93.200입니다. 즉 1973년 3월을 기준점(100)으로 해서 주요 6개국(유로, 일본 엔, 영국 파운드, 캐나다 달러, 스웨덴 코로나, 스위스 프랑)의 통화 가치에 비교해서 6% 정도 떨어진 셈입니다. 50년 동안 보유했을 때 본전도 안 된다는 이야기죠. 미국 제품의 수출 경쟁력을 위해서 미국 정부가 인위적으로 달러 약세를 부추긴 결과라는 설도 있지만 그보다는 저금리를 유지해 주가를 떠받치고 싶은 트럼프 정권의 바람이기도 합니다. 미국 금리가 높아지면 달러에 대한 수요가 높아져 저금리 정책을 펴기가 어렵습니다. 이런 추세라면 환차익을 노리고 달러에 투자하는 것은 대단히 위험한 일입니다. 그러나 안전자산으로의 달러의 가치는 충분합니다. 그래서 달러를 보유하고 싶다면 수시 입출금이 가능한 외화통장이나 외화 예적금 통장을 구비하는 것이 좋습니다.

『부자들의 습관 버티는 기술』의 저자 김광주는 총 금융자산의 10% 정도는 달러로 보유할 것을 추천합니다. 약달러 시대에 접어든 지금은 거의 보험 이상의 의미가 있지는 않겠지만 언제 위기가 찾아올지, 언제 내 자산 가격이 크게 하락할지, 언제 달러 환율이 다른 자산을 대비해 크게 오를지 예측할 수 없다면 우리는 달러를 포트폴리오 보험이라고 생각하고 달마다 조금씩 조금씩 적립해 나가는 것이 좋습니다.

서민에게 안전한
재테크 수단, 보험

보험은 가장 일반적인 재테크 수단입니다. 아무리 주식 시장이 호황이라도 주식 시장에 뛰어든 국민은 성인 중 20%가량입니다. 그보다 집을 소유한 사람들이 훨씬 더 많죠. 대략 10가구 중 6가구는 집을 가지고 있습니다. 그렇지만 집 없이 월세나 전세로 사는 사람들도 보험 상품 한 개쯤은 가지고 있습니다. 국내 보험 가입률은 2020년 3월 현재 98.2%입니다. 40만 명의 보험설계사가 보험업계에 종사하는 만큼 주변 지인 중에 보험설계사가 한두 명쯤은 있습니다. 이처럼 보험은 가장 흔한 재테크 상품이지만 그만큼 또 사람들의 관심이 덜한 것도 사실입니다.

매달 들어가는 보험료는 마치 공과금처럼 빠져나가고, 보험료를 받는 순간에 투자에 대한 보상이 이루어지기 때문에 사람들은 가입해 놓고 잊고 지냅니다. 보험은 중간에 해지하지 않는 한 고객이 손해를 볼 일이 별로 없는 가장 안전한 상품이기 때문에 주식이나 부동산보다 훨씬 덜 신경 쓰게 됩니다. 보험 중에 보장성 보험처럼 생존 시 지급되는 보험금의 합계액이 이미 낸 보험료를 초과하지 않는 보험보다, 저축성 보험(생존 시 지급되는 보험금의 합계액이 이미 납입한 보험료를 초과하는 보험)이 훨씬 더 재테크 상품에 가깝습니다. 연금 보험, 저축 보험 및 각종 금융형 보험이 있습니다. 또 유니버설 보험처럼 매달 정해진 보험료를 내는 게 아니라 자유롭게 납입할 수 있고 중도 인출할 수 있는 상품도 재테크 수단이 될 수 있습니다. 변액 보험처럼 투자 실적에 따라 보험금과 예약환급금이 변동되는 실적 배당형 보험은 주식의 펀드와도 유사합니다.

사실 보험이 가진 재테크의 의미를 누구도 부인할 수 없지만 문제는 재테크 수단으로 보험에 과잉 의존하는 자세입니다. 보험설계사로 일하는 최성진은 저서 『당신의 보험을 바로 잡아드립니다』에서 보험은 가입이 목적이 아니라 유지가 목적이라며 긴 시간 납입해야 하는 보험의 특성상 고객의 성향과 경제 성향을 제대로 파악하는 것이 중요하다고 말합니다. 그는 부동산, 주식, 펀드, 투자 등 위험 부담 있는 재테크는 주로 고소득층이 할 수 있는 재테크이며 보험은 은행보다 높은 금리를 적용받을 수 있고 비과세 한도 역시 충분하게 적용받을 수 있어서 서민을 위한 재테크라고 말합니다.

반면 『돈의 속성』의 저자 김승호는 보험은 저축이 아니므로 보험을 많이 드는 것은 쓸데없는 재테크라고 말합니다. 보험을 드는 대신 그 돈으로 주식이라든지 더 좋은 투자 수단에 쓰라고 조언합니다. "100세 시대 어떻게 대비할 계획이세요?"라는 질문으로 시작되는 보험회사의 불안 마케팅과 설계사에게 지급되는 사업비를 고려하면 실제 받아야 할 몫보다 언제나 많은 돈을 보험사에 내기 때문에 보험이 재테크 수단이 될 수 없다고 말합니다. 분명히 일리가 있는 주장이죠. 그런데 저는 이미 부자인 사람에게 보험이 갖는 의미와 부자가 아닌 상태에서 만날지도 모르는 위험에 대한 리스크 관리 차원에서 드는 보험은 의미가 다르다고 생각합니다.

자영업자나 중소기업에서 일하는 일반 직장인이 큰돈이 필요한 부동산 투자나 많은 공부와 정보가 필요한 주식 시장에서 성공하기는 쉽지 않습니다. 돈이 많을수록 '하이 리스크 하이 리턴'을 추구하고 돈이 없을수록 '로우 리스크 로우 리턴'을 추구할 수밖에 없으니까요. 서민들이 부동산이나 주식에 투자 열풍이 불 때마다 마음이 흔들리다가도 동참하지 못하는 이유는 두려움 때문입니다. 조금의 돈이라도 잃어서는 안 되기 때문이죠. 일반 서민들에게는 낮은 확률로 큰돈을 버는 것보다 적은 확률이라도 확실한 보상을 받는 것이 중요하고 보험은 이런 상황에 있는 사람들에게 좋은 재테크 수단이 됩니다.

저자는 보험이 서민에게 재테크 수단으로서 의미가 있는 것은 이자소득세 때문이라고 주장합니다. 현재 우리나라 이자소득세는 15.4%입니다. 그런데 선진국인 일본은 40%, 스위스는 50.9%, 네덜란드는 60.0%입니다. 이처럼 높은 비율의 이자소득세를 적용받을 날이 올 거라고 주장합니다. 서민에게 비과세냐 아니냐는 중요합니다. 우리나라도 2017년 4월부터 한도가 축소되고 있지만 아직 보험에는 비과세 한도가 충분합니다. 서민이 많이 이용하는 만큼 정부가 세금을 많이 부과하기 어렵기 때문입니다.

보장성 보험보다 저축성 보험이 재테크 수단에 가깝습니다. 저축성 보험은 어떤 전략으로 가입해야 할까요? 그는 "과거와 달리 요즘은 금리가 너무 낮아졌기 때문에 저축성 보험이 고객에게 줄 수 있는 보험금 역시 크지 않다."고 말합니다. 이런 이유로 요즘은 최저보증이율이 높은 보장성 보험에 추가 납입을 활용한 상품에 적립 목적으로 가입하는 고객이 많아졌다고 합니다. 그럼에도 보험사들은 새로 출시되는 연금 보험의 이자율을 계속해서 내리는 추세입니다. 저금리 시대에 연금 보험의 가치도 흔들릴 수밖에 없는 상황이 도래한 거죠. 그는 여전히 확정금리를 적용하는 보험회사 상품이 있다며 보험에서도 공부가 중요하다는 사실을 강조합니다. 목적 자금에 맞춰 그때그때 추가로 보험료를 낸다면 '나를 위해 일하는 보험'을 만들 수 있습니다.

주식 시대에
부동산 투자자가 살아남는 법

재테크 서적들은 뜨겁게 달아오르지만 금방 식는 편입니다. 경제 환경이 계속해서 바뀌는 탓이죠. 그럼에도 불구하고 장기적인 스테디셀러가 있습니다. 주로 미국의 투자자들이 쓴 주식 관련 책으로 부동산 분야에서도 롱런하는 책이 있습니다. 부동산 분야의 대표적인 재테크 책인『아기곰의 재테크 불변의 법칙』입니다. 이 책을 보면 부동산 투자와 주식 투자의 차이를 일목요연하게 정리해 둔 부분이 있습니다.

첫째로 부동산은 실물입니다. 반면 주식은 증권이죠. 일종의 권리라, 원래는 종잇조각에 불과하죠. 그러나 집은 노후화되어도 그 존재는 남아 있습니다. 주식은 망하면 원래의 휴지로 돌아가지만 부동산은 가격이 폭락하는 일이 발생하기 어렵습니다.

여기서 주식과 부동산의 두 번째 차이점이 나옵니다. 바로 부동산에는 가격의 하방경직성이 있다는 것입니다. 집은 안 팔리면 계속 주인이 살면 됩니다. 그러나 주식은 안 팔리면 이론적으로 0원까지 떨어질 수 있습니다. 막강한 권력을 쥔 현 정부가 그렇게 집값을 잡으려고 해도 쉽게 잡히지 않는 이유는 부동산의 하방경직성 때문입니다.

세 번째 차이는 부동산 투자에는 레버리지 투자가 가능하다는 점입니다. 즉 자신의 돈을 일부만 투자하고 대출을 받아 집을 산 뒤 대출금은 전세금으로 갚는 식이죠. 우리나라에만 있는 전세제도 때문에 가능합니다. 현 정부가 집값을 잡기 위해 대출을 규제하고, 전세제도를 월세로 바꾸려는 이유도 바로 이러한 '갭 투자'를 막기 위해서입니다. 주변에 부동산을 수십 채 보유해서 돈을 번 사람들은 그 수십 채를 살 정도로 현금이 많은 사람이 아니라 레버리지 투자가 가능했던 제도적 허점을 이용했던 겁니다.

네 번째 차이는 부동산은 주식보다 거래 비용이 많이 든다는 점입니다. 취득세에 양도소득세까지 많은 자금이 들어갑니다. 주식과 다른 점이죠. 주식은 20~30% 싼 가격에 사서 20~30% 비싼 가격에 언제든 팔아도 상관없습니다. 0.25%라는 낮은 거래세만 지불하면 됩니다. 그러나 부동산은 사고팔기가 어렵습니다. 신중에 신중을 기해야 합니다. 바로 거래 비용 때문입니다. 그러다 보니 부동산 가격은 주식처럼 수시로 가격이 변해서 시점에 따른 차익을 보기가 대단히 어렵습니다.

다섯 번째 차이는 부동산은 주식보다 반응이 느리다는 점입니다. 가격이 폭락하기도 어렵고 폭등하기도 어렵습니다. 정부가 강한 규제책을 만든다고 해서 바로 가격이 조정되지 않습니다. 앞의 특징들과 연관이 되어 있죠.

여섯 번째 가장 중요한 차이점입니다. 바로 부동산에는 기관투자자가 없다는 점이죠. 아이비리그, MBA 출신의 화려한 전문가들이 포진한 기관투자자들이 있는 한 주식 시장에서 개미는 돈을 벌기 어렵습니다.

2017년도에 《조선일보》가 조사한 결과에 따르면 지난 10년 동안 주식 시장의 수익을 비교한 결과 충격적인 데이터가 공개됐습니다. 외국인은 78% 수익, 기관투자자는 9%의 수익률을 올렸지만 개인 투자자인 개미는 마이너스 74%의 손해를 입었습니다. 외국인 투자자들 역시 외국의 전문가들입니다. 2020년 이전까지 주변에 부동산으로 돈을 번 사람들은 흔하게 발견해도 주식으로 돈을 번 사람들이 극히 적었던 이유는 주식 시장의 정보 비대칭 때문입니다.

반면 부동산 시장은 그보다 개인투자자가 접근하기에 훨씬 더 공평한 시장이라는 게 저자의 주장입니다. 일곱 번째와 여덟 번째는 부동산의 수요와 공급이 제한적이고 그에 따라 환금성에도 제한적이지만 주식은 특별한 날(9·11 테러 다음 날처럼 모두가 팔려고 하는 날)이 아니면 언제든 현금처럼 바꿀 수 있는 환금성이 있습니다.

아홉 번째는 부동산은 주식보다 돈이 많이 필요하다는 것입니다. 그래서 20~30대 젊은 사람들은 부동산 투자에 한계를 느낍니다.

마지막 차이는 멋진 비유로 끝납니다. '부동산 시장은 고스톱, 주식 시장은 포커'라고요. 주식 시장에서는 패가 안 좋으면 건너갈 수 있습니다. 즉 참여를 안 할 수도 있습니다. 참여를 안 하면 잃을 돈도 없습니다. 부동산은 무조건 참여해야 합니다. 참여하지 않으면 집 없는 세입자 처지가 되기 때문이죠.

주식과 부동산에 대해서 또 한 가지 재미있는 비교가 있습니다. 스타 강사이며 회계사인 사경인은 자신의 책『진짜 부자 가짜 부자』에서 부동산과 주식의 차이를 이렇게 말합니다.

"부동산은 임대 조건을 내가 정할 수 있고, 리모델링을 통해 수익률을 높이는 등 적극적인 개입이 가능하다. 반면 주식은 회사 경영에 내가 관여할 수 없고(주주 총회에 참가해 의결할 수 있지만, 소액주주의 의사대로 회사가 운영되는 일은 거의 없다) 배당 여부도 회사의 결정에 따라야 한다."

지난 70여 년간 부동산은 압도적인 재테크 수단이었습니다. 부동산 불패의 신화는 정말 굳건했습니다. 그러나 부동산을 투기의 수단이 아니라 투자자의 수단으로도 생각하지 못하도록 정부가 강하게 규제하고 있습니다. 역대 어느 정부도 시도하지 못한 강도 높은 규제책을 연이어 내놓고 있습니다. 그중에서도 갭 투자를 원천적으로 차단하고 다주택자에게 세금 폭탄을 퍼부은 7.10대책의 파급력은 정말 막강합니다. 7.10대책에 따르면 정부는 분양권 양도세와 다

주택자에 대한 취득세를 대폭 강화할 예정입니다. 높아진 세금 부담을 안고 부동산 투자에 나설 용기와 배짱 그리고 실탄을 소유한 사람은 그리 많지 않습니다. 정말 부동산은 이렇게 무너지고 마는 걸까요?

그렇지 않다는 반론도 있습니다.『부의 공식』을 쓴 이지윤은 강남 부동산이 평당 1억 원에 이르는 현상이 절대 거품이 아니라고 주장합니다. 그녀는 홍콩은 평당 1억 9,000만 원, 런던은 1억 6,000만 원, 싱가포르는 1억 2,000만 원, 스위스 제네바는 1억 1,000만 원, 뉴욕과 시드니, 파리는 평당 1억 원이라고 합니다. 한때 사회주의 나라였던 러시아의 모스크바조차 평당 9,300만 원이라고 합니다. 더 놀라운 사실은 평균가라는 겁니다. 우리나라에서 서울 그리고 강남은 아파트값이 가장 비싼 곳이고, 주택 규제가 강력하지만 여전히 상승 여력은 충분하다고 주장합니다.

부동산 전문가들이 쓴 책에 따르면 앞으로 부동산은 오를 곳만 오르고 나머지 지역은 떨어지는 양극화 현상이 더 심해질 전망입니다. 스마트튜브 부동산 조사연구소 김학렬 소장은 최근에 출간한 책『이제부터는 오를 곳만 오른다』에서 딱 20곳만 제시합니다. 서울과 수도권 19곳 그리고 세종시입니다. 나머지 지방에 대해서는 부동산 전문가인 그도 "글쎄요"라고 답합니다. 이 책은 부동산 투자에 관심이 있는 초심자에게 딱 알맞은 입문서입니다. 그는 부동산 투자에 꼭 필요한 5가지 원칙을 강조합니다.

첫째, 대한민국에서 부동산 투자를 한다는 것은 나만의 보금자리를 만들기 위한 노력이고, 나만의 경제 시스템을 만드는 것입니다.

둘째, 부동산은 현재 가치만 파악해도 절반의 성공입니다. 부동산의 현재 가치를 확실하게 분석하는 노하우를 습득하면 됩니다.

셋째, 부동산은 미래 가치를 사는 것입니다. 현재 가치보다 높아질 미래 가치를 파악하는 노하우를 만들어 가면 됩니다.

넷째, 부동산 수요 파악이 가장 중요합니다. 그래야 지역별, 상품별 수요를 추정하고 적정 가격을 파악할 수 있기 때문입니다.

다섯째, 결국은 '그래서 어디를, 어떻게 살까요?'에 대한 의사를 결정하는 것이 투자입니다. 여러분만의 미래 가치가 확보된 핵심 입지 포트폴리오 지역 10개 이상을 꼭 알고 있어야 합니다.

이 세상에 공짜는 없고 부동산도 주식처럼 열심히 공부해야 합니다. 부동산은 여기에 실천이 추가됩니다. 즉 부동산에서는 첫째도 입지, 둘째도 입지, 셋째도 입지이기에 직접 찾아가 두 눈으로 보면서 손으로 만져 보고 발로 두드려 보는 과정이 추가되어야 합니다.

종잣돈이 부족할 땐
경매와 리츠

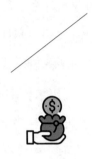

『진짜 부자 가짜 부자』의 사경인 저자는 주식을 전공으로 하지만 부동산 파트에서 관심 있게 배우고 싶은 분야는 경매라고 합니다. 실제로 돈이 없는 사람이 부동산 투자에 나설 수 있는 방법이 경매입니다. 경매에서는 무자본 투자인 무피투자가 가능하기 때문이죠. 부동산에는 경매와 공매가 있습니다. 경매는 민사집행법에 따라 강제 집행의 수단으로 행해지는 경쟁 방식의 매매입니다. 공매는 국세체납절차에 따라 재산 압류 절차 과정에서 이루어지는 매매입니다. 경매는 법원에 나가야 하고 공매는 매주 월요일부터 수요일까지 온라인에서 입찰이 이루어집니다.

경매는 초기 입찰금인 10%만 부담하면 나머지는 전세금으로 채울 수 있어서 소액으로도 투자할 수 있습니다. 급히 나온 물건들이라 시중 가격보다 훨씬 싼 가격에 구입할 수 있죠. 낙찰가보다 대부분 전세가가 높아 무피투자이므로 자산의 종잣돈은 더욱 늘어나는 구조입니다.

『부의 공식』의 저자 이지윤은 경매에도 공부가 필요하다고 합니다. 저자를 비롯한 수많은 부동산 전문가들을 경매의 세계로 빠져들게 한 책이 있습니다. 경매 투자 전문가인 우형달의 저서『나는 부동산 경매로 17억 벌었다』는 이 분야에서 고전 중의 고전, 바이블이 되었습니다. 종이책은 절판되었지만 e북으로 구입하실 수 있습니다.

저자는 3,100만 원의 종잣돈을 경매를 통해 17억 원까지 불린 경험을 바탕으로 책을 썼습니다. 그는 부동산 경매가 남자든 여자든 어떤 학교를 나왔든 직업이 무엇이든 상관없이 현재 돌파구를 찾고 있다면 경매에 관심을 가지라고 말합니다. 아파트가 아닌 빌라지만 서울과 수도권에는 1,000만 원만으로 20평 내외에 방 3개 화장실 1개가 딸린 1억 원대의 빌라를 얼마든지 구할 수 있다고 합니다. 또 경매에는 유찰이 있어 유찰될 때마다 가격이 내려가 2억 2,000만 원 빌라가 1억 4,000만 원까지 내려가기도 합니다.

앞으로도 경매를 통해 돈을 벌 수 있을까요? 지금까지는 경매에 대한 규제가 없지만 앞으로는 손보지 않을까요? 저자는 한마디로 말합니다. "자본주의가 망할 때까지 경매 시장의 좋은 물건은 말라붙지 않을 테니, 조급해하지 말고 실력을 쌓는 것이 먼저다."

좋은 물건을 발견하기 위해서는 경매를 공부해야 합니다. 그에 따르면 부동산 투자의 왕도가 있다면 첫째는 공부고, 둘째는 부지

런함, 셋째는 어떤 상황(정부의 강한 규제)에서도 절대 흔들리지 않는 끈기를 가져야 한다고 말합니다. 운은 신의 영역이니 마음 쓰지 말라는 말입니다.

　부동산에 관심이 있다면 경매 외에 한 가지 더 알아야 할 사항이 있습니다. 코로나19로 인해 재택근무가 확대되고 있는데, 이는 부동산에 어떤 영향을 미칠까요? 우리보다 피해가 훨씬 심한 미국에서도 페이스북, 트위터 등의 유명 기업들이 전원 재택근무로 전환했습니다. 재택근무가 늘어나면 2가지 변화가 예상됩니다. 집값을 결정했던 첫 번째 요인인 '일자리와 가까운 역세권'이라는 개념이 사라지거나 약해질 가능성이 큽니다. 강남의 아파트 가격이 높은 이유는 여러 가지가 있지만, 그중에서도 으뜸은 일자리입니다. 강남은 인구수(54만 명)보다 더 많은 일자리(70만 개)가 있습니다. 일자리가 많은 곳에 사람들이 몰리고 아파트 가격은 올라갔는데, 이제 재택근무가 확산하면 그 추세가 꺾일 것이 뻔합니다. 미국에서도 집값 비싸기로 소문난 뉴욕과 샌프란시스코의 중심가 집값이 내려가기 시작했습니다.

　재택근무가 늘어나면 선호도가 높은 아파트보다 마당도 있고 마당에 나가 공기를 마시며 운동이라도 할 수 있는 단독주택의 인기가 높아집니다. 실제 재택근무를 하는 사람들의 고충은 이렇습니다. 한 신문 국제면 기사를 보면 우리도 이런 날이 올 것 같습니다.

　"하루 종일 집에서 일하면서 집과 업무공간이 분리되지 않는 데서 오는 스트레스가 크다. 특히 좁은 실내에서 지내야 하는 뉴욕 거주민들은 답답함을 호소한다. 교외의 주택에 거주하는 사람들은 하다못해 뒤뜰에서 바비큐를 해 먹거나 간이 수영장을 설치해서 아이들을 놀게 하거나 애완동물을 산책시키는 등 야외활동이 가능한 반면 뉴욕의 좁은 아파트에 거주하는 사람들은 야외공간이 아예 없기 때문이다."

재택근무가 가져 올 또 한 가지 변화는 정부의 부동산 규제에서 벗어나 있는 상가 투자입니다. 재택근무와 외식배달 사업이 활성화되고 자영업이 휘청거리면 상가 투자의 가치도 떨어질 수밖에 없습니다. 상가 투자는 사실 아파트 투자보다 더 어렵습니다. 집값이 오르는 데는 일자리, 학군, 역세권 등의 몇몇 정보를 고려하면 되지만 상가 투자에는 월 고정 수익, 높은 부가가치를 창출할 수 있는 물건을 고르는 능력이 필수적이기 때문입니다. 지금은 코로나 때문에 더욱 어려워진 것이죠.

『상가 투자 비밀 노트』를 쓴 홍성일 소장은 상가 투자는 섣불리 뛰어들 대상이 아니라며 다음 다섯 가지 습관을 형성해야 한다고 주장합니다. 첫 번째는 목표 금액을 정하는 것입니다. 두 번째는 주제별·지역별로 부동산 뉴스를 스크랩하는 작업이 직결돼야 합니다. 세 번째 습관은 꼼꼼하게 현장을 조사하는 일이죠. 네 번째로 전문적인 지식을 쌓는 것입니다. 상가는 아파트나 경매보다 더 전문적인 지식이 필요한 까닭에, 상가만 전문으로 하는 학원도 있습니다. 마지막으로 부동산 커뮤니티를 활용해 고수들로부터 배워야 합니다.

　코로나 이후 부동산의 미래에서 한 가지 더 관심 있게 보아야 할
분야는 바로 미국 부동산에 투자하는 리츠 투자입니다. 리츠는 부
동산 투자를 전문으로 하는 회사로 부동산에 대한 건전한 투자를
활성화하기 위해 김대중 정부 때 처음 도입된 제도입니다. 투자자
들에게 돈을 받아 부동산 개발 이익, 임대소득, 매매차익 등으로 수
익을 낸 뒤 투자자들에게 배분하는 간접 투자 상품입니다. 소액 투
자자도 부동산 전체가 아닌 일부를 주식 형태로 소유할 수 있어 수
익 창출을 할 수 있습니다.

　미국 주식을 선호하는 사람들이 날이 갈수록 늘면서 미국의 4
차 산업혁명 관련 부동산에 투자하는 전문 리츠가 설립되기도 했
습니다. 부동산과 건설 업종 전문 애널리스트였던 채상욱은 연봉 2
억 5,000만 원을 받던 증권사를 그만두고 4차 산업혁명 관련 미국
의 부동산에 투자하는 회사를 차렸습니다. 그는 조용준, 윤승현 등
의 다른 전문가들과 함께 최근 『미국 리츠로 4차 산업 건물주가 되
라』라는 책을 출간했습니다. 5G 시대를 맞아 더욱 복잡해지고 정교
해지는 통신 인프라, 빅데이터에 맞춰 늘어나는 데이터센터, 온라
인 쇼핑의 성장과 함께 갈 수밖에 없는 물류, 인프라 등은 비대면 세
상이 더욱더 가까이 와도 꼭 필요한 오프라인 공간들입니다. 이들
에 미리 투자하는 것이 장기적으로는 더 높은 수익률을 안겨 줄 것
이라고 말합니다.

물론 세상 모든 투자에는 양지가 있으면 음지도 있습니다. 리츠도 부동산이기 이전에 산업이니 산업의 외형 성장과 직결됩니다. 일시적으로 업황이 나빠지면 부동산 초과 공급이 나타나 공실률 상승과 이에 따른 임대료 상승으로 이어지기 때문에 분명 손해를 볼 수도 있습니다. 이런 리스크를 감안하면 리츠는 부동산의 장점과 주식의 장점을 합친 금융상품으로써 부동산 대신 리츠를 지원하는 현 정부의 정책에도 편승하는 효과가 있어 미래에 더욱더 가치가 주목받는 상품입니다.

돈 공부, 8가지만
꼭 실천하자!

책을 마무리하던 2020년 11월 3일, 미국 대선이 드디어 끝났습니다. 말도 많고 탈도 많았던 선거였죠. 미국 대선은 예상대로 코로나 바이러스라는 미국이 치른 사상 최악의 재앙에 대한 심판이었습니다. 또 중국과의 전쟁(코로나 전쟁이면서 무역 전쟁이기도 했죠.)에서 패배한 장수에 대한 미국 국민의 심판이기도 했습니다. 역사적으로 전쟁에서 패한 장수에 관용을 베풀었던 과거의 미국 국민들과 달리 2020년 미국 국민은 장수의 교체를 선택했습니다. 2019년 12월 중국에서 시작된 코로나가 1년 뒤 2020년 11월 미국의 대통령을 바꾼 것입니다.

코로나는 미국의 대통령만 바꾼 게 아닙니다. 우리 삶의 전반을 바꿔놓았습니다. 건강에 대한 관심이 높아졌으며 무엇보다 투자 열기로 확실하게 증명한 돈에 대한 관심입니다. 지금까지 '투자'하면 많은 사람이 부동산을 가장 먼저 떠올렸지만 이제는 많은 이들이 주식 시장으로 관심을 돌려 빚을 내어 투자하는 상황에 이르렀죠. 그러나 이 과정에서 사람들이 놓친 게 있습니다. 바로 투자 이전에 돈 공부가 선행되어야 한다는 사실이죠. 저는 지금까지 돈 공부의 중요성이 얼마나 크고 돈 공부를 체계적으로 어떻게 해야 하는지 이 책에서 설명했습니다. 돈 공부의 변함없는 원칙 8가지를 다시 한 번 정리해 보면서 책을 마무리하고자 합니다.

원칙 1. 우선 돈의 속성부터 공부해야 합니다. 돈이란 무엇인지 돈의 가격이 어떻게 결정되는지 돈의 가치가 증시 부동산 시장, 외환 시장, 채권 시장에는 어떤 영향을 미치는지 알아야 합니다. 돈 공부의 중심에는 금리가 자리 잡고 있습니다.

원칙 2. 슈퍼 리치에 대해서 공부해야 합니다. 워런 버핏, 피터 린치, 벤자민 그레이엄, 하워드 막스, 필립 피셔, 윌리엄 오닐, 버턴 멀킬 등 슈퍼리치이면서 강연이나 명저로 자신이 돈을 번 방법을 후세에 남긴 사람들을 집중적으로 공부해야 합니다. 부자가 되는 가장 빠른 방법은 부자가 돈을 번 방법을 배워 내 삶에 창조적으로 적용하는 길입니다.

원칙 3. 돈을 이해하기 위해서는 인간, 특히 인간의 심리를 알아야 합니다. 투자로 돈을 벌든, 사업으로 돈을 벌든, 노동으로 돈을 벌든 인간은 다른 누군가와 상호작용하며 돈을 법니다. 나 아닌 다른 사람들의 마음을 읽을 줄 아는 사람들은 투자에서든, 사업에서든, 노동에서든 성공할 수 있습니다. 앙드레 코스톨라니의 "투자는 심리게임 그 이상도 이하도 아니다."라는 말은 언제든 진실입니다.

원칙 4. 사회에서의 돈의 흐름을 읽어야 합니다. 사회를 움직이는 것은 개개인의 욕망이지만 그 욕망이 구체적으로 모습을 드러낼 때는 정의, 공정성, 시민의식 때로는 형평성의 제약을 받아 그 욕망이 탐욕으로 발전하지 않도록 제동을 겁니다. 그것이 바로 정치입니다. 정치와 경제가 어떻게 상호작용하면서 사회가 굴러가는지 그 상호작용을 보면 돈이 다니는 길목이 보입니다.

원칙 5. 세계 정치에 대해 공부해야 합니다. 미국과 중국의 무역전쟁은 코로나를 거쳐 미국 대선을 통해 새로운 양상으로 전개되고 있습니다. 미국은 4차 산업혁명을 선도하며 구글, 애플, 아마존, 페이스북 등 혁신 기업들을 배출해내는 세계 최대 강국입니다. 중국은 14억 내수 시장을 바탕으로 인공지능과 빅 데이터에서 미국을 뛰어넘을 정도의 막강한 기술력을 보여주고 있습니다. 미국과 중국의 새로운 냉전을 중심으로 유럽과 일본이 이 고래 싸움에서 어떤 스탠스를 취하는지 계속해서 관심을 가져야 합니다.

원칙 6. 산업을 공부해야 합니다. 주식에 투자하든 채권에 투자하든 부동산에 투자하든, 투자 공부는 자본주의를 이해하고 자본주의에서 어떤 산업이 발전했고 발전하는지 그 과정을 공부하는 일입니다. IT와 BT 그린 뉴딜 그리고 게임과 엔터테인먼트 산업을 양대축으로 하는 ET에 주목해야 합니다.

원칙 7. 역사에 대해 공부해야 합니다. 자본주의는 인간의 욕망을 가장 잘 실현시킨 고마운 존재이기도 하지만 수요와 공급의 불일치로 인해 주기적으로 공황이라는 악마를 인간에게 보내는 얄미운 존재이기도 합니다. 지금 경제가 양극단에서 어떤 방향으로 움직일지는 지난 역사를 되돌아보면서 파악할 수 있습니다.

원칙 8. 코로나19의 영향에 대한 변화와 세계 기후 환경을 공부해야 합니다. 코로나 바이러스는 또 다른 이름으로 또 다른 시기에 인간을 공격할 것입니다. 앞으로는 누구든 바이러스와 전염병에 대해서 공부해야 합니다. 그것이 경제적 기반과 사랑하는 가족을 지키는 길입니다.

피할 수 없다면 즐기라고 했습니다. 어쩔 수 없는 집콕이지만 돈 공부하는 시간이라면 그 시간을 알차게 보낼 수 있습니다. 유튜브도 있고 경제 신문도 있지만 집콕의 시간을 더욱 알차게 만들어주는 것은 '책 읽기'입니다. 책 읽기는 돈에 대한 공부이면서 마음의 평화도 얻고 자아도 실현할 수 있는 가장 좋은 수단이기 때문입니다. 책에서도 언급했듯이 2020년의 대한민국은 유튜브와 넷플릭스의 시대였지만 미래를 준비하고 자신에게 투자하고 싶다면 동영상에 머물지 않고 책 읽기까지 확장할 것을 권합니다.

책을 읽으며 돈에 대해서 생각해 본다는 것은 3가지 의미가 있습니다. 책을 읽으면 지식이 그냥 늘어나는 게 아니라 체계적으로 늘어납니다. 그리고 미래를 내다보는 통찰력이 길러집니다. 마지막으로 금리를 기초로 경제에 미치는 다양한 변인들의 상관관계가 눈에 보이기 시작합니다.

월스트리트의 최고 투자 전략가이자 성공한 투자자였던 윌리엄 오닐은 명저 『최고의 주식 최적의 타이밍』에서 이렇게 말했습니다.

"힘들게 번 돈을 저축하고 투자할 때는 자신이 무슨 일을 하고 있는지 더 많은 시간을 들여 훨씬 더 많이 배워야 한다."

부자가 재산을 자랑하더라도
그 부를 어떻게 쓰는지 알기 전에는 칭찬하지 마라.
소크라테스

진정 부유해지고 싶다면
소유하고 있는 돈이 돈을 벌어다 줄 수 있도록 하라.
존 데이비슨 록펠러